中國學術思想 研究輯刊

十二編

林慶彰 主編

第 18 冊

老子《道德經》與《論語》教育思想之比較（上）

張峻源 著

花木蘭文化出版社

國家圖書館出版品預行編目資料

老子《道德經》與《論語》教育思想之比較（上）／張峻源
著 ── 初版 ── 新北市：花木蘭文化出版社，2011〔民100〕
目 4+212 面；19x26 公分
（中國學術思想研究輯刊 十二編；第 18 冊）
ISBN：978-986-254-659-8（精裝）
1. 道德經　2. 論語　3. 教育哲學　4. 比較研究
030.8　　　　　　　　　　　　　　　　100015774

ISBN-978-986-254-659-8

中國學術思想研究輯刊
十二編　第十八冊　　　　　　ISBN：978-986-254-659-8

老子《道德經》與《論語》教育思想之比較（上）

作　　者　張峻源
主　　編　林慶彰
總 編 輯　杜潔祥
出　　版　花木蘭文化出版社
發 行 所　花木蘭文化出版社
發 行 人　高小娟
聯絡地址　新北市永和區中正路五九五號七樓
　　　　　電話：02-2923-1455／傳眞：02-2923-1452
網　　址　http://www.huamulan.tw 信箱 sut81518@gmail.com
印　　刷　普羅文化出版廣告事業
封面設計　劉開工作室
初　　版　2011 年 9 月
定　　價　十二編 55 冊（精裝）新台幣 90,000 元

老子《道德經》與《論語》教育思想之比較（上）

張峻源　著

作者簡介

張峻源，臺中市人，現擔任臺中市國民小學教師。

提　　要

　　本論文之研究目的有三：1. 探討老子《道德經》與《論語》二者教育思想之蘊含與主張。2. 分析老子《道德經》與《論語》二者教育思想體系之異同所在。3. 總結老子《道德經》與《論語》二者教育思想之主張。

　　本論文乃針對老子《道德經》與《論語》之教育哲學思想予以「以古觀今、以今摩古」之對比與詮釋分析。全文共分五章：第一章闡明撰寫本文之動機與研究方法、目的。第二章就老子《道德經》與《論語》二書之作者內容、及其時、空背景因素、思想內涵分別探討並比較。第三、四章則分別就老子《道德經》與《論語》二書各自探討其教育意義、目的、內容、方法等實質教育內涵。第五章則就老子《道德經》與《論語》二書教育思想之異同加以分析比較，並於最後提出本書總結。

　　本論文之研究結果發現到：1. 均係對周文化思考的對反；2. 均對教育提出「積極肯定」之主張；3. 同樣注重「人」的實踐與「天下有道」、「天人合一」之理想境地；4. 雖老子、孔子分別具消極、積極之教育意涵，而則注重「身教」勝於「言教」、「精神」勝於「物質」、與道德之「自覺、反省、實踐」態度卻仍一致。5. 兩者皆注重「因材施教」、「知行合一」、「勤而行之」、「循序漸進」與教育之大愛，更要人真正能「轉識成智」。

上　冊

第一章　緒　論 ·· 1
　第一節　研究動機與目的 ································ 1
　　一、研究動機 ··· 1
　　二、研究目的 ··· 3
　第二節　研究架構與內容 ································ 3
　　一、研究架構 ··· 3
　　二、研究內容 ··· 4
　第三節　研究資料與方法 ································ 4
　　一、研究資料 ··· 4
　　二、研究方法 ··· 5
第二章　老子《道德經》與《論語》之背景探討 ·· 7
　第一節　老子《道德經》之背景探索 ············ 7
　　一、老子《道德經》其書其人 ·················· 7
　　二、老子《道德經》思想背景 ·················· 24
　　三、老子《道德經》思想概述 ·················· 39
　第二節　《論語》背景探索 ·························· 51
　　一、《論語》其書其人 ··························· 52
　　二、《論語》思想背景 ··························· 64
　　三、《論語》思想概述 ··························· 77
　第三節　本章小結：異同比較與分析 ············ 85
　　一、《道德經》與《論語》之其書其人 ······ 85
　　二、《道德經》與《論語》思想背景之異同 ·· 86
　　三、《道德經》與《論語》思想概述之比較 ·· 90
第三章　老子《道德經》教育思想之探討 ········ 93
　第一節　老子《道德經》之教育意義 ············ 94
　　一、老子《道德經》主張「反智」、「反教育」？
　　··· 94
　　二、老子之「正言若反」 ······················ 106
　第二節　老子《道德經》之教育目的 ············ 119
　　一、老子之「道」中之教育哲理 ·············· 120
　　二、老子《道德經》中理想之人格 ············ 123
　　三、老子《道德經》中理想之國家 ············ 130
　第三節　老子《道德經》之教育內容 ············ 133
　　一、生存的知能 ··································· 135
　　二、生活之知能 ··································· 137

目

次

　　　三、道德及精神修養的理念和方法 ············· 141
　　　四、社會服務的正確觀念和做法 ············· 146
　　　五、合理的人生觀與世界觀 ············· 152
　第四節　老子《道德經》之教育方法 ············· 178
　　　一、老子《道德經》之教育原則 ············· 181
　　　二、老子《道德經》之教育方法 ············· 191
　第五節　本章小結：老子《道德經》教育思想概
　　　　　觀 ············· 202
　　　一、老子《道德經》之教育意義 ············· 202
　　　二、老子《道德經》之教育目的 ············· 203
　　　三、老子《道德經》之教育內容 ············· 204
　　　四、老子《道德經》之教育方法 ············· 207

下　冊

第四章　《論語》教育思想之探討 ············· 213
　第一節　《論語》之教育意義 ············· 214
　　　一、《論語》之教育態度 ············· 214
　　　二、《論語》之教育主張 ············· 234
　第二節　《論語》之教育目的 ············· 238
　　　一、孔子之「道」中之教育哲理 ············· 238
　　　二、《論語》中理想之人格 ············· 241
　　　三、《論語》中理想之國家 ············· 265
　第三節　《論語》之教育內容 ············· 272
　　　一、生存的知能 ············· 273
　　　二、生活之知能 ············· 277
　　　三、道德及精神修養的理念和方法 ············· 285
　　　四、社會服務的正確觀念和做法 ············· 293
　　　五、合理的人生觀與世界觀 ············· 299
　第四節　《論語》之教育方法 ············· 317
　　　一、《論語》之教育原則 ············· 317
　　　二、《論語》之教育方法 ············· 326
　第五節　本章小結：《論語》教育思想概觀 ············· 346
　　　一、《論語》之教育意義 ············· 346
　　　二、《論語》之教育目的 ············· 347
　　　三、《論語》之教育內容 ············· 349
　　　四、《論語》之教育方法 ············· 353

第五章　結　論‥‥‥‥‥‥‥‥‥‥‥‥‥‥‥‥361
　第一節　老子《道德經》與《論語》教育思想之
　　　　　異同‥‥‥‥‥‥‥‥‥‥‥‥‥‥‥361
　　　一、老子《道德經》與《論語》教育意義之
　　　　　異同‥‥‥‥‥‥‥‥‥‥‥‥‥‥‥361
　　　二、老子《道德經》與《論語》教育目的之
　　　　　異同‥‥‥‥‥‥‥‥‥‥‥‥‥‥‥364
　　　三、老子《道德經》與《論語》教育內容之
　　　　　異同‥‥‥‥‥‥‥‥‥‥‥‥‥‥‥368
　　　四、老子《道德經》與《論語》教育方法之
　　　　　異同‥‥‥‥‥‥‥‥‥‥‥‥‥‥‥378
　第二節　總　結‥‥‥‥‥‥‥‥‥‥‥‥‥‥389

參考書目‥‥‥‥‥‥‥‥‥‥‥‥‥‥‥‥‥395
　一、古　籍‥‥‥‥‥‥‥‥‥‥‥‥‥‥‥‥395
　二、現代書籍著作‥‥‥‥‥‥‥‥‥‥‥‥‥396
　三、學報、期刊‥‥‥‥‥‥‥‥‥‥‥‥‥‥400
　四、碩、博士論文‥‥‥‥‥‥‥‥‥‥‥‥‥403

圖次
　圖一：老子《道德經》、《論語》教育思想比較研
　　　　究架構圖‥‥‥‥‥‥‥‥‥‥‥‥‥‥3

表次
　表一：《道德經》與《論語》之其書其人比較‥‥‥86
　表二：《道德經》與《論語》之老子、孔子思想背
　　　　景比較‥‥‥‥‥‥‥‥‥‥‥‥‥‥‥89
　表三：《道德經》與《論語》之思想概述比較‥‥‥91
　表四：老子《道德經》教育思想體系概要‥‥‥‥210
　表五：《論語》教育思想體系概要‥‥‥‥‥‥‥358
　表六：老子《道德經》與《論語》之教育意義異
　　　　同比較‥‥‥‥‥‥‥‥‥‥‥‥‥‥‥364
　表七：老子《道德經》與《論語》之教育目的異
　　　　同比較‥‥‥‥‥‥‥‥‥‥‥‥‥‥‥368
　表八：老子《道德經》與《論語》之教育內容異
　　　　同比較‥‥‥‥‥‥‥‥‥‥‥‥‥‥‥376
　表九：老子《道德經》與《論語》之教育方法異
　　　　同比較‥‥‥‥‥‥‥‥‥‥‥‥‥‥‥387

第一章　緒　論

第一節　研究動機與目的

一、研究動機

春秋、戰國時代，周天子權位式微，諸侯群雄並起，戰爭連綿、民不聊生，為求一統天下，各國莫不集納群賢，養士之風盛行，諸子百家或為求一己之溫飽、或為求天下蒼生之安寧，莫不發出鏗鏘之言、救世之語，是以促成中國在此先秦時期百家爭鳴，學術思想莫不達到登峰之境。而此高峰之思想，綿延數千年來唯儒、道、墨、法四大家思想流傳至今，其中又以儒、道兩家可謂影響千古。

在中國教育思想中，老子《道德經》〔註1〕常被人所忽略是有其原因的。如從《道德經》之內容〔註2〕來看，以下幾點乍看之下就可被認定是反智、反

〔註1〕 老子《道德經》亦稱《老子道德經》、《道德經》或《老子》⋯⋯等，為便統一，本文統稱之《道德經》。

〔註2〕 吾人據嚴靈峰先生所書：《老子帛書甲本》及《老子帛書乙本》在其「避諱字」、「偽字」、「脫文」、「衍文」、「倒誤」、「形近而誤」、「聲近而誤」、「缺壞而誤」、「通用字」、「本文錯簡」等的校勘上，均較《王弼注本》為多，為避免因此而產生極大差異之見解，是以本文中不採用《老子帛書甲本》及《老子帛書乙本》。參見，嚴靈峰著《老子研讀須知》，頁4～20，臺北市：正中書局，1996年5月臺二版第二次印行。

　　另，據丁原植先生所書，《郭店楚墓竹簡》中對應現通行之《王弼注本》，可分為《道德經・甲本》、《道德經・乙本》、《道德經・丙本》三種資料。但《竹

教育的：

1、絕聖棄智，民利百倍。〔註3〕

2、絕學無憂。〔註4〕

依據第一段引文的意思是：「若將聖與智去掉，老百姓就會有百倍於前的利益。」既認為棄絕聖與智，百姓就可得百倍之利，那表示《道德經》是主張反智的；而第二段引文則告訴我們：「不要學習就沒有憂愁。」既此，那表示《道德經》是反對學習的。若以學習為教育之重點所在來說，那《道德經》就又是反教育的。然而若《道德經》真是反智、反教育，那麼在傳統中國社會中以「士」階級為主，講求學習、教育的情形下，此一哲學應早就煙消雲散了，如何還能與儒家共成先秦思想之巨擘？研究者認為那應該是個錯誤的觀點。但我們如何能確定它是錯誤的觀點呢？此便有待後面篇章來進一步深入探討。

《論語》一書為儒家典籍，在漢代獨尊儒家以後數千年來，儒家思想便緊扣著中國人政治、教育思想，然則令人驚訝的是台灣這近二十年來，在九年一貫教育改革前，我們看不到儒家教育所呈現「禮儀之邦」的現實社會，且在實施九年一貫教育改革之後，我們更看到一堆滿口仁義道德卻作出許多寡廉鮮恥的無賴政客、商人，學校的道德教育逐漸流為教條和口號，學校教育成為政治鬥爭的工具，大人如此又何況是莘莘學子呢？這情形在研究者眼中代表著兩種意涵：一是教育的實質不彰，二是儒家教育思想已經被嚴重誤解、誤用。有鑑於此，研究者期望藉由《論語》一書的研究，來匡正學校教育對孔子教育思想的誤解與誤用。

簡老子》在章句、章序上，與帛書本或今通行本，完全不同，見解有極大差異。然而，那三種文本均非足本，且有許多錯字與脫文，是以本文亦不採《郭店竹簡老子》來作探討。參見丁原植著《郭店竹簡老子釋析與研究》，頁Ⅲ～Ⅴ，臺北市：萬卷樓圖書有限公司，1998 年 9 月 1 日增修版。

又，本文探討需涉及原典章節詞義辨解，因《王弼注本》以「自然無為」為詮釋之主要依據，較《河上公注本》以道家養生及政教之說為特色之詮釋，更貼近老子思想之特色與精神。且王弼為魏晉玄學重要代表，其注解多為一般學者所接受。

是以，本文對《道德經》的了解以《王弼注本》為主要依據，採用版本為：（晉）王弼著、（唐）陸德明釋文《老子道德經注》乙書（臺北市：世界書局，2001 年 8 月初版十一刷。）

〔註3〕同註2，（晉）王弼著、（唐）陸德明釋文《老子道德經注・第十九章》，頁10。

〔註4〕同註2，（晉）王弼著、（唐）陸德明釋文《老子道德經注・第二十章》，頁11。

　　教育當隨著時代的腳步而講求因、革、損、益，這才能不爲時代所淘汰。清代以前的教育因「揚儒抑道」而迷失在儒家的泥淖中，然則現代的教育卻又因於多元化、國際化所講求開放與自由而迷失了原有的理想與精神。面對教育的窘境，教育實應走向「揚儒尊道」，以《道德經》、《論語》老、孔二者的教育思想互爲補充協調，藉由兩人不同思考面向的激盪，或可讓教育的內涵更爲深化與全面。因此研究者希望藉由對老子《道德經》、《論語》二書教育思想的比較中，開啓老、孔互補互濟之大門，以活絡整體教育之實施。

二、研究目的

　　根據以上的研究動機，本論文研究目的如下：
（一）探討老子《道德經》與《論語》二者內容中教育思想之蘊含與主
　　　張。
（二）分析老子《道德經》與《論語》二者教育思想體系之異同所在。
（三）總結老子《道德經》與《論語》二者教育思想之主張。

第二節　研究架構與內容

一、研究架構

　　本論文之研究架構圖如下所示：

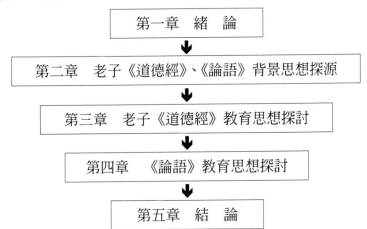

圖一：老子《道德經》、《論語》教育思想比較研究架構圖

二、研究內容

基於研究架構如上圖，架構中各章節內容與各章相扣環節之情形簡要說明如次：

第一章「緒論」是說明本論文之研究動機、目的，研究架構、內容與研究資料、方法。

第二章「老子《道德經》、《論語》背景思想探源」。分從《道德經》、《論語》中的地域背景、所傳承的歷史文化與天人關係三個向度，歸納出儒、道兩家之所以在相同時代背景下所產生兩者不同面向的根源所在。進而對《道德經》、《論語》的思想差異性做初步瞭解與認識。

第三章「老子《道德經》教育思想探討」接續前章兩者背景思想之後，本章開始先就《道德經》一書，進一步探討其「教育思想」概念，諸如教育意義、教育目的、教育內容、教育方法……等。期望在探討中尋求到對現代教育思想的新啟迪與見解。

第四章「《論語》教育思想探討」亦接續第二章之背景思想之後，次就《論語》一書，進一步探討其教育意義、教育目的、教育內容、教育方法……等「教育思想」概念。亦期望在探討中尋求出對現代教育思想的新省思與批判。

第五章「結論」則就老子《道德經》與《論語》二書教育思想之異同加以分析比較後，於最後提出本書總結。

第三節　研究資料與方法

一、研究資料

共分為「《道德經》」、「《論語》」、「《道德經》與《論語》共同」以及「教育思想」四部分參考資料以茲說明：

（一）《道德經》部分

原典以（晉）王弼著、（唐）陸德明釋文《老子道德經注》版本與王財貴編訂《老子莊子選》、劉福增編著《老子精讀》、陳鼓應著《老子今註今譯及評介》為主，再輔以余培林之《新譯老子讀本》，以明其句讀。其他有關之專書，以魏元珪《老子思想體系探索》、劉福增《老子哲學新論》、吳汝鈞《老莊哲學的現代析論》、陳錫勇《老子校正》、劉笑敢《老子：年代新考與思想

新銓》、陳德和《道家思想的哲學詮釋》、傅佩榮《傅佩榮解讀老子》等，作為研究者理解老子深闊見解的參考引用範本。

（二）《論語》部分

原典以（魏）何晏注、（宋）邢昺疏《十三經注疏・論語　孝經》、朱熹《四書章句集注》、王財貴編訂《學庸論語》等為主，再輔以謝冰瑩等人編譯之《四書讀本》，以明其句讀。專書部分以譚家哲《論語與中國思想研究》、邱鎮京《論語思想體系》、陳大齊的《孔子學說》、韋政通《孔子》等作為理解孔子見解的參考引用所在。

（三）《道德經》與《論語》共同部分

因需探討老子、孔子生平的資料，故以《史記》、《漢書》、《禮記》、《古史辨》（第四冊）、（第六冊）等為主。其他參考範本以牟宗三《中國哲學十九講》、牟宗三《中國哲學的特質》、蔡仁厚《中國哲學史大綱》、勞思光《新編中國哲學史》、馮友蘭《中國哲學史新編》、徐復觀《中國人性論史》、余英時《歷史與思想》等近代學者的書籍為參考資料。另外尚有近年來學者針對兩者思想所闡發的各類期刊、論文等。

（四）教育思想研究資料部分

研究者關注焦點以現今國民教育為主，除參考當今學校教育實施教材、教學綱要之外，亦參考現代「教育哲學」相關書籍，如：高明士《中國教育史》、陳榮波《哲思之鑰》、郭為藩、高強華《教育學新論》、陳迺臣《教育哲學》等人之書籍，以及具教學實務經驗之老師、學者專家所寫之期刊論文期刊與資料，以作為學校教育困境與實施現況討論的依據。

二、研究方法

本論文對於第二章老子《道德經》與《論語》思想背景的探源，採用歷史分析法，經由先秦時代相關古籍與歷來學者之探討，以分析並探求二書思想背後的淵源及演變；對於第三章、第四章老子《道德經》與《論語》各書教育思想的探討，則採取文件分析法，研究者除了先行細讀原典資料外，並參考歷代以來各家注解、論述，以契合現今時代意義的思想方式，加以詮釋、分析並編排羅列要點；對於第五章《道德經》與《論語》教育思想之比較與結論部分，則兼採比較分析方法，儘量以彙整表格或繪製簡圖的方式呈現要

點，以求清晰明瞭，分析態度力求客觀，注重忠實呈現原典原義。但因研究者學養不足，故內容未臻理想成熟，深引為憾；疏陋之處尚祈諸位師長、先進不吝斧正，深切盼禱。

第二章　老子《道德經》與《論語》之背景探討

　　《道德經》為道家代表經典，相傳為老子所著，對於老子當時所處的時空背景，以及此書所蘊含的哲學智慧，理當先行探討，始能進一步探究此書之教育思想。

　　《論語》則為儒家經典，傳為孔子門人及再傳弟子所著，其獨特處是全書採紀錄對話內容方式編纂而成，但卻又未依時間順序排列篇章；是以，對照於孔子當時的時空背景，及編纂者於篇章所意欲傳遞的哲學智慧，頗值得吾人進一步探討之。

第一節　老子《道德經》之背景探索

　　吾人欲探討任一事物之前，必須先確認此一探討對象之定義為何？並於明白其定義後，方能進一步確定所探討的對象內容及其範圍。是以對於《道德經》一書之探討亦復如是：首先，需確認所謂之《道德經》一書，其作者、年代為何？其次，在此一時空背景中，所影響及《道德經》所蘊含的道家哲學思想為何？以下即分就《道德經》其人其事、時空背景與思想中心分別討論之。

一、老子《道德經》其書其人

　　老子《道德經》一書，一般人多直接以《道德經》簡稱之。此書作者可謂之眾說紛紜，有老子、李耳、老聃、太史儋、老萊子等種種不同的意見。〔註1〕

〔註1〕此因司馬遷《史記·老莊申韓列傳》中內容所提語焉不詳之故，本文後將接

此外，就目前學界所知老子《道德經》的重要版本，依時代先後來分，至少有戰國「郭店楚簡」，漢代「帛書」，以及魏代王弼所使用的「通行本」這三種；若依照重要的注本來看，也有嚴遵本、王弼注本、傅奕古本、想爾注本、河上公注本、唐玄宗御注本……等等不同的注本。

歷史上對老子《道德經》其人其書最早、且最完整之記載，始見於漢‧司馬遷所著《史記‧老莊申韓列傳》中，今摘錄如下：

> 老子者，楚苦縣屬鄉曲仁里人也，姓李氏，名耳，字聃，周守藏室之史也。
>
> 孔子適周，將問禮於老子。老子曰：「子所言者，其人與骨皆已朽矣，獨其言在耳。且君子得其時則駕，不得其時則蓬累而行。吾聞之，良賈深藏若虛，君子盛德容貌若愚。去子之驕氣與多欲，態色與淫志，是皆無益於子之身。吾所以告子，若是而已。」孔子去，謂弟子曰：「鳥，吾知其能飛；魚，吾知其能游；獸，吾知其能走。走者可以為罔，游者可以為綸，飛者可以為矰。至於龍，吾不能知其乘風雲而上天。吾今日見老子，其猶龍邪！」
>
> 老子脩道德，其學以自隱無名為務。居周久之，見周之衰，迺遂去。至關，關令尹喜曰：「子將隱矣，彊為我著書。」於是老子迺著書上下篇，言道德之意五千餘言而去，莫知其所終。
>
> 或曰：老萊子亦楚人也，著書十五篇，言道家之用，與孔子同時云。蓋老子百有六十餘歲，或言二百餘歲，以其脩道而養壽也。
>
> 自孔子死之後百二十九年，而史記周太史儋見秦獻公曰：「始秦與周合，合五百歲而離，離七十歲而霸王者出焉。」或曰儋即老子，或曰非也，世莫知其然否。老子，隱君子也。
>
> 老子之子名宗，宗為魏將，封於段干。宗子注，注子宮，宮玄孫假，假仕於漢孝文帝。而假之子解為膠西王卬太傅，因家于齊焉。
>
> 世之學老子者則絀儒學，儒學亦絀老子。「道不同不相為謀」，豈謂是邪？李耳無為自化，清靜自正。〔註2〕

續探討之。參見（漢）司馬遷撰、（宋）裴駰集解、（唐）司馬貞索隱、（唐）張守節正義《史記卷六十三‧老子韓非列傳第三》，頁2139～2143，臺北市：大申書局，1982年12月修訂版。

〔註2〕同註1，（漢）司馬遷撰《史記卷六十三‧老子韓非列傳第三》，頁2139～2143。

研究者依據太史公所載，試臚列要點如下：

1、老子係楚苦縣厲鄉曲仁里人，姓李，名耳，字聃，曾擔任周朝守藏室（今國立圖書館）的官吏。

2、孔子遊學諸國時，曾經向老子請益，並稱讚老子猶如一條乘風上天的龍。

3、老子修道德並隱學無名，晚年因見周室式微，所以辭官而去。

4、老子遁世前為關令尹喜所求，遂著《道德經》一書而出關離去，且不知去處。

5、有人說，和孔子同時間的楚國有老萊子，著有十五篇講道的書，也是老子。因為老子修道養壽，有一百六十多歲甚至到二百多歲。

6、又有人說，孔子死後二百多年，去見秦獻公的史官儋也是老子。不知是否正確。

7、老子以下第二代兒子李宗為魏將；第三代稱注；第四代為宮；第五、六、七未列名；到第八代李宮的玄孫為假，在漢孝文帝時當過官；第九代假的兒子解則擔任膠西王的太傅。

由第 1 點來看，那麼老子當是李耳、也稱李聃，此三稱皆指同一人而名稱有所不同罷了。而則，在第 5、6 項中太史公卻又如此寫著：又有人稱老萊子、太史儋是老子，那麼到底老子又是何人？以及《道德經》是否為老子所作？《道德經》成書年代為何？……等諸相關議題，無怪乎成為後世學者議論不斷之話題。

（一）老子與《道德經》成書年代爭議

史上對《道德經》人與書的年代爭議，自北魏的崔浩（？～450）開始歷代皆有議論，〔註3〕自民國以後議論內容，則以《古史辨》所收錄諸學者資料為最多，魏元珪先生對此曾作如下簡述：

> 《道德經》一書的作者及其成書之年代，《古史辨》中曾聚論紛紜，在學界中頗引起爭議而值得重視。按疑老之問題始於北魏，唐人亦偶及之，至宋儒、清儒論辯漸多，今人繼之在哲學史上對老子之時代與位置問題爭論不休，其文見於《古史辨》者凡二十九篇，其他散見於各國內外學術期刊之文章未及收錄者尚不計其數，前後約略

〔註3〕參見（宋）王十朋《梅溪王先生文集》卷十三〈問策〉，頁156，臺北市：臺灣商務印書館，1979年。

百萬餘言。〔註4〕

此中顯見當時學者〔註5〕討論極爲熱烈；〔註6〕魏元珪先生接著說道：

> 《古史辨》中所收錄有關老子其人其書辨證之論文著者，較顯著的
> 有胡適、錢玄同、馮友蘭、梁啓超、顧頡剛、葉青、高亨、譚戒甫、
> 馬敍倫、錢穆、張福慶、熊偉、唐蘭、郭沫若、羅根澤、張煦、張
> 壽林、黃方剛、張季同等等，其中有的予以肯定、有的予以否定，
> 大多是民國十幾年，或二十幾年的考證。大抵言之，胡適先生是肯
> 定老子其人其書的，而梁啓超、錢穆、顧頡剛諸氏則皆提相反的論
> 調。〔註7〕

依上所論，對於老子與《道德經》的作者是一致與否，〔註8〕以及《道德經》
這本書的成書年代，〔註9〕甚或老子出生的年代，〔註10〕均造成當時學者不斷

〔註4〕 參見魏元珪著《老子思想體系探索（上）》，頁 109，臺北市：新文豐出版社有
限公司，1997 年 8 月初版。

〔註5〕 相關的討論，因多收錄於羅根澤編著《古史辨》第四、六冊〈諸子叢考〉（其
餘一至三、五、七等冊由顧頡剛編著）（香港：太平書局，1963 年 2 月版）中，
是故魏元珪先生通稱之「古史辨學者」。

〔註6〕 聶中慶先生以爲：「如果沒有關於老子的那場爭論，我們對老子的認識，能達
到今天的程度嗎？」參見聶中慶著《郭店楚簡老子研究》，北京：中華書局，
2004 年出版。

〔註7〕 同註4，魏元珪著《老子思想體系探索（上）》，頁 109。

〔註8〕 又魏元珪先生於書中續言：「大抵言之，胡適先生是肯定老子其人其書的，而
梁啓超、錢穆、顧頡剛諸氏則皆提相反論調。此中有以先立大前提，而承認
大前提就必承認其結論的論證，故難逃邏輯上丐辭之嫌。有的以思想系統、
思想線索去證明老子之書不可能出於春秋時代，主張應屬戰國晚期之作品；
如梁啓超、錢穆、顧頡剛等氏屬之。有的以文字、術語、文體來證明老子書
是戰國晚期的作品，這些疑老的作品大都論證不足，而遽下定論。此中著名
之反論者如錢穆、馮友蘭二氏之論證，頗受一般人之注意和引用，……」此
說明當時的論證，主以《道德經》成書之年代爲討論的中心問題。相關詳細
之辨證資料，於本書中第六至十二章中，有極爲詳盡的論證解說，請同註4，
魏元珪著《老子思想體系探索（上）》，頁 109～196。

〔註9〕 據熊鐵基、馬良懷及劉韶軍於所著《中國老學史》一書中，依據以《道德經》
成書年代爲主，而歸納出研究學者的三期觀點：第一爲「早期說」，此說法認
爲老子稍早於孔子，而《道德經》成書於春秋末年。第二爲「中期說」，認爲
老子係戰國時代人，《道德經》則作於戰國時代（惟此中亦有戰國初期及戰國
末年之分）。第三爲「晚期說」，此種主張將老子與《道德經》分開看待，老
子爲春秋末年人，但《道德經》成書於戰國後至秦漢間或至漢文帝時。參見
熊鐵基、馬良懷及劉韶軍著《中國老學史》，頁 4～5，福州：福建人民出版社，
1997 年出版。

的爭議與探討。爲便了解，吾人繼續探討《道德經》成書年代之疑。

（二）《道德經》成書年代探討

前文提及，由於司馬遷於《史記・老莊申韓列傳》中記載著「或曰老萊子……或曰儋即老子……」〔註11〕的語句，以致造成後世對於老子及《道德經》成書年代的爭議不休。〔註12〕吾人先就《道德經》成書年代來看，在秦漢之時均認爲是春秋時代老子的著作，而自北魏的崔浩提出疑問後，對於《道德經》是否爲一戰國時集結而成，藉以批判孔墨顯學之作；〔註13〕抑或者是秦漢之際《呂氏春秋》之後之作品，〔註14〕此便成爲《道德經》成書年代所謂「老孔同期」、「孔莊之間」、「莊前老後」〔註15〕這所謂之「三期說」的三類觀點。〔註16〕劉笑敢先生歸納學者對於老子與《道德經》的「三期說」年

〔註10〕劉笑敢先生以老子出生年代爲分類依據，歸納出學者討論之三期觀點，指出：「關於老子或《道德經》年代考證中的觀點，有人分爲十六種，有人分爲七類，也有人分爲兩大派，這些問題都不是提綱挈領的全面概括。我們認爲關於《道德經》年代的觀點大體可概括爲爲早期說、中期說、晚期說三種。早期說認爲《道德經》出於春秋末年，這也就是出於《史記》的傳統的「老孔同期」說，或老子年長於孔子的說法。中期說認爲《道德經》作於戰國中期，老子或《道德經》介於孔子之後莊子之前，可曰「孔莊之間」說。晚期說認爲《道德經》是戰國後期的作品，莊子在前，老子在後，可簡約「莊前老後」說。我們的分類不把老子其人和《道德經》其書分爲兩個獨立的部分。如果認爲《道德經》完成於戰國時期但反映了春秋末年的老子的思想，我們則歸之於早期說。」見劉笑敢著《老子：年代新考與思想新銓》，頁7～8，臺北市：東大圖書股份有限公司，2005年2月，修訂二版一刷。及同著者〈關於老子考證的歷史考查與分析〉，《中國文哲研究通訊》20號第5卷第4期，頁77～94，臺北市：中央研究院中國文哲研究所，1995年12月。

〔註11〕同註1，（漢）司馬遷撰《史記》，頁2141～2142。

〔註12〕見劉光義著《莊周與老聃——道家發生發展的兩哲人》，頁2～17，臺北市：學富出版社，2000年11月初版一刷。

〔註13〕見孫次舟〈跋古史辨第四冊並論老子之有無〉，同註5，羅根澤編著《古史辨》第六冊，頁76。

〔註14〕見顧頡剛〈從呂氏春秋推測老子之成書年代〉，同註5，羅根澤編著《古史辨》第四冊，頁462～520。

〔註15〕如錢穆先生說：「據其書思想議論，及其文體風格，蓋斷在孔子後，當自莊周之學既盛，乃始有之。」此即「莊前老後」之提倡者。不過如一意以文體風格斷定《道德經》年代，似乎有所牽強，後文當探討之。參見錢穆著《先秦諸子繫年》，頁223，臺北市：東大圖書股份有限公司，1991年2月1日初版。

〔註16〕此處研究者指劉笑敢先生歸納的三期說。同註10，劉笑敢著《老子：年代新考與思想新銓》，頁7～8。

代研究，曾提出了以下的說明：

> 有關老子年代和《道德經》作者問題的討論，已經有一千多年的歷
> 史，進入二十世紀，討論已經擴大到日本、歐洲以及美洲的漢學界。
> 關於老子或《道德經》書的年代，出現了許許多多不同的疑問和假
> 設，這些觀點大體可概括爲早期說、中期說和晚期說。從漢代以來，
> 早期說是傳統的觀點，宋代以來，懷疑逐步發展，出現了中期說對
> 早期說的質疑和挑戰。在二十世紀上半期，伴隨著古史辨運動，老
> 子討論出現高潮，各種觀點競相發表，出現了晚期說和老子不是歷
> 史人物的觀點。但是，在二十世紀後半期，特別是近十幾年來，中
> 國本土（大陸、香港、台灣）早期說大有回復的趨勢，而晚期說卻
> 在日本和歐美成爲主流觀點。〔註17〕

接著劉笑敢先生又說：

> 關於老子年代問題和《道德經》作者問題的提出，從一開始就不是
> 建立在新發現的證據或嚴密的考證之上的，往往是出於某種立場目
> 的而對原有的史料產生懷疑。這種懷疑當然不是憑空產生的，歷史
> 記載的確留下了很多疑點，懷疑的精神的確有利於更深入的探索。
> 然而歷史在爲我們留下疑點的時候並沒有爲我們留下足夠的材料去
> 建立一個新的更爲可靠的假說，這就造成許多關於老子年代的新假
> 設完全是以懷疑和臆斷爲根據。〔註18〕

由上可知，對於老子其人或《道德經》其書的考證，其實已經延續了千年以
上。但因諸多考證皆非奠基於客觀的立場之上，且係基於個人立場或目的而
作之考證，故不僅喪失公正立場，且結論亦自然流於主觀之可能。〔註19〕胡

〔註17〕 同註10，劉笑敢〈關於老子考證的歷史考查與分析〉，《中國文哲研究通訊》
20號第5卷第4期，頁77；及同作者著《老子：年代新考與思想新銓》，頁7
～9。

〔註18〕 同註10，劉笑敢〈關於老子考證的歷史考查與分析〉，頁82；及同作者著《老
子：年代新考與思想新銓》，頁9。

〔註19〕 同註4，魏元珪著《老子思想體系探索（上）》，頁109～196，筆者曾引用魏
元珪先生所言：「……此中有以先立大前提，而承認大前提就必承認其結論的
論證，故難逃邏輯上丐辭之嫌。有的以思想系統、思想線索去證明老子之書
不可能出於春秋時代，主張應屬戰國晚期之作品；如梁啓超、錢穆、顧頡剛
等氏屬之。有的以文字、術語、文體來證明老子書是戰國晚期的作品，這些
疑老的作品大都論證不足，而遽下定論。……」此亦說明對《道德經》成書
之年代之討論，常有客觀資料不足卻作主觀認定之疑難。

適之先生便針對此類二十世紀初期的疑古運動，提出了如下反思：

> 我已說過，我不反對把《道德經》移後，也不反對其他懷疑《道德經》之說，但我總覺得這些懷疑的學者都不曾舉出充分的證據。……至於我自己對於《道德經》年代問題的主張，……我只能說：我至今還不曾尋得老子這個人或《道德經》這部書有必須移到戰國或戰國後期的充分證據，在尋得這種證據之前，我們只能延長偵察的時期，展緩判決的日子。懷疑的態度是值得提倡的，但在證據不充分時肯展緩判斷（Suspension of judgment）的氣度是更值得提倡的。〔註20〕

雖然「懷疑」固然是為學的起點，但「追求真理」才應是為學的最終目的。吾人如以具預設立場或有目的性之態度去考證《道德經》其書或老子其人，便喪失了哲學追求真理的意義。在《古史辨》學者眾說紛紜、莫衷一是的情況下，相信藉由考古來發掘出古代的珍貴文獻資料以為釐清，當是格外重要的。

　　由於科技進步，關於《道德經》年代的考證，便因近年來大量地下文獻的出土，有了進一步的釐清。首先在 1973 年，於湖南省長沙市出土了馬王堆漢墓帛書《道德經》甲、乙本，對於當時此二本書的價值，黃釗先生作了如

諸如：梁啓超先生常以「漢賢」手筆、「兩晉」佳文、「六朝」文體、「經」體、「散文」體去判定文獻之時代性，並據此斷定《道德經》為後期成書，胡適先生便認為同一時代也可以有諸多不同的文體，迨及《敦煌變文》史料出現並發現同一時代之諸多文體，茲證明不可以文體貿然論斷其年代。

又如：《論語・衛靈公》第五章有言：「無為而治者其舜也與？夫何為哉？恭己正南面而已矣。」，胡適先生認為如此推崇「無為而治」可證明孔子受老子之影響，因此可證老子和《道德經》在孔子之前（胡適著《中國哲學史大綱》，頁 79），而則顧頡剛卻認為：「《論語》的話儘有甚似於老子的，如〈顏淵篇〉中季康子三問，與老子書上的『以正治國』、『我無為而民自化』……何等相像，若不是老子的作者承襲孔子的見解，就是他們的思想偶然相合。」（《史學年報》第 4 期，頁 28）。

又如：顧頡剛認為：「更就其所用名詞及仿語觀之，『公』這個字，古書只用作制度的名詞（如公侯、公田）等，沒有用作道德的名詞（如公忠、公義等）。《呂氏春秋》有〈貴公篇〉，又有『清淨以公』等句，足見這是戰國時新成立的道德名詞。荀子與呂氏春秋同時代，故書中言『公』的也很多，可見此種道德在荀子時最重視。老子言：『容乃公，公乃王』正與此同。」（《史學年報》第 4 期，頁 25）胡適便反駁言：「若《道德經》書中有『公』字就應該減壽三百年，而《論語》書中也有『公』字，也應該減壽三百年，貶在荀卿與呂不韋的時代了。」

〔註20〕參見姜義華主編，章清、吳根樑編《中國哲學史・胡適學術文集下冊》，頁 765，北京：中華書局，1991 年 12 月初版。

下說明：

> 一九七三年長沙馬王堆第三號漢墓出土的帛書《道德經》兩種寫本，
> 一本用篆書書寫，被稱之爲甲本。一本用隸書書寫，被稱之爲乙本。
> 甲本不避劉邦之諱，其抄寫年代當在劉邦稱帝之前；乙本避劉邦之
> 諱，而不避劉盈和劉恒的諱，其抄寫年代當在劉邦稱帝之後，劉盈
> 和劉恒登極之前。〔註21〕帛書甲、乙兩種本子，是我們今天所能見
> 到的最古的《道德經》抄本，他同傳世的河上公本、……等流行較
> 廣的《道德經》本比起來，有著自己的特有風格，是我們研究《道
> 德經》書及其思想極爲珍貴的古文獻，值得特別重視。〔註22〕

而丁四新先生就《韓非子》中最早解釋《道德經》的〈解老〉、〈喻老〉二篇
文章反覆研究推敲後，也說道：

> 在反覆研讀〈解老篇〉、〈喻老篇〉的作文體例後，正可推知《韓非
> 子》引《老》所據之文本很可能是一個完整的本子，以致於韓非子
> 一再稱其爲「書」，如〈解老篇〉釋『治人事天莫若嗇』句云：『書
> 之所謂治人者，……。』釋『行於大道』云：『書之所謂大道也者，……。』
> 釋『深其根，固其柢，長生久視之道』云：『根者，書之所謂柢也。』
> 毫無疑問『書』指《道德經》一書，〈解老〉、〈喻老〉兩篇名亦可以
> 反悟出來，且與《史記》所謂『著書上下篇』相表裡。所以詹劍峰
> 在其所著《老子其人其書及其道論》中說：『準此，從韓非〈解老篇〉
> 的本文更充分證實了《道德經》書存在於韓非之前。』〔註23〕

因之，隨著馬王堆漢墓帛書《道德經》甲、乙本之出土，證明了《道德經》
至少是秦代以前的作品，使原先主張《道德經》成書於秦漢之際、甚至時代
更晚的學者，不得不認同《道德經》成書的早出。

〔註21〕 陳育民先生亦指出：「其中帛書《道德經》甲本中『邦』字出現多次，但在乙
本中皆改爲『國』字，故可推之乙本在避劉邦名諱，而改『邦』爲『國』。若
然，帛書《道德經》甲本年代當抄寫於劉邦稱帝前。其實，這兩個版本內容
大同小異，它們都是〈德經〉在前而〈道經〉在後，並且皆沒有分章。」參
見陳育民撰〈老子其人其書的定位——對司馬遷所作老子列傳的肯定與修
正〉，《國立新竹教育大學語文學報》第13期，頁111，2006年12月。

〔註22〕 參見黃釗著《帛書老子校注析》——〈論帛書老子的資料價值（代序）〉，頁7，
臺北市：台灣學生書局，1999年9月初版2刷。

〔註23〕 參見丁四新著《郭店楚墓竹簡思想研究》，頁3，北京：東方出版社，2000年
10月1日初版。

　　其次更讓國內外學者震驚與雀躍的，是 1993 年 10 月在湖北省荊門市沙洋區四方鄉郭店村的一號楚墓中，所出土的戰國楚簡本《道德經》甲、乙、丙三組，〔註 24〕由於文物的考定指出此墓當葬於西元前四世紀中期至前三世紀初，亦即戰國中期左右，這便顯示出郭店楚簡抄寫年代自然早於墓葬的年代，〔註 25〕是故陳育民先生指出：

> 若將先秦時代文字書寫困難、書籍流通速度緩慢與當時交通不便等因素，都列入考慮，那麼《道德經》從成書到流傳各地，並且還要許多學者稱引，〔註 26〕進而更成為隨葬品，可想而知，其中過程並不短。〔註 27〕

另據丁四新先生比對研究竹簡《道德經》甲、乙、丙本時曾指出：

〔註 24〕據尹振環先生提及當時發掘之情形：「郭店一號楚墓……南距楚故都紀南城約 9 公里，處於龐大的貴族楚墓葬區。1993 年 8 月 23 日第一次被盜，掘至槨板；10 月中旬再次被盜，在槨蓋板東南角據開了一個 0.4×0.5 米的洞，撬開邊箱，盜取文物，致使墓內器物殘損混亂，雨泥侵入。1993 年 10 月 18 日至 24 日被迫進行了搶救性的清理發掘，因而出土了竹簡 804 枚，出土時因邊線腐朽而散亂無序。全部竹簡約 1.3 萬字，大部分完好，少部分殘斷，其中部分竹簡被盜。竹簡內容豐富，包含多篇古籍，而最引人注目的是《道德經》。……由於楚簡《道德經》不同於已知《道德經》之各種傳本，年代最古，因此它可以直接幫助我們了解帛書、今本《道德經》成書過程。」見尹振環著《楚簡老子辨析——楚簡與帛書老子的比較研究》，頁 1，北京：中華書局，2001 年 11 月 1 版北京 1 刷。

〔註 25〕參見荊門市博物館編著《郭店楚墓竹簡》，頁 1，北京：文物出版社，1998 年出版。

〔註 26〕學者曾研究古籍中稱引《道德經》者，諸如：
聶中慶先生說：「先秦典籍《墨子》、《莊子》、《尹文子》、《荀子》、《韓非子》、《呂氏春秋》、《禮記》、《戰國策》等都稱引過老子或老聃，這說明在先秦時期老子是個具有廣泛影響的歷史人物。」參見聶中慶著《郭店楚簡老子研究》，頁 12，北京：中華書局，2004 年出版。
余培林先生統計過先秦典籍篇章直接或間接引用《道德經》的次數情形，諸如《戰國策》共 2 次，《莊子》共 25 次，《韓非子》2 次（另〈解老〉、〈喻老〉篇專論老學），《呂氏春秋》4 次。參見余培林先生注譯，《新譯老子讀本》，頁 12，臺北市：三民書局股份有限公司，2003 年 2 月初版十七刷。
陳鼓應先生則嘗將《莊子》、《列子》、《管子》、《荀子》、《韓非子》與《呂氏春秋》等先秦諸子引用《道德經》之文句一一列出。參見陳鼓應先生著《老莊新論》，頁 395～419，臺北市：五南圖書出版股份有限公司，2007 年 2 月三版一刷。

〔註 27〕同註 21，陳育民撰〈老子其人其書的定位——對司馬遷所作老子列傳的肯定與修正〉，頁 112。

所謂甲、乙、丙三者依附的竹簡形制的不同，乃是由於歷時性的原因造成的，是一個自然發生的過程。……甲組的假借字、古字、怪字特多，則深刻的反應文本甲可能是更古更原始的傳抄本，與乙組比較起來，時間當在前。甲組和丙組，亦可以把它們的時間性區別開來。……甲組用字更古更原始，丙組用字更現代，與帛書相近。……甲組至少是公元前 4 世紀上半葉流行的，而其抄寫時間上推到公元前 400 年前後是頗為可能的。……具體來說簡甲比簡乙，簡乙比簡丙早，這可以從語言的變遷，或是本文的比較上加以證實。〔註28〕

質是，這也證明了《道德經》的成書年代，不僅最遲不會晚於戰國中、晚期，且可能再往前推至春秋末年。

此外，郭店楚墓位於貴族葬區，且郭店一號楚墓之埋葬制度僭越周制，因此研究顯示的墓主極可能是東宮太子之師；〔註 29〕於此觀之，吾人便不能將郭店楚簡本《道德經》等閒視之，而僅當作是戰國時代民間通俗而流行的一種版本而已。是以至此為止，認為《道德經》晚於莊子之「莊前老後」說法、甚至晚於《呂氏春秋》的種種說法和考證，於此後便不攻自破、消聲匿跡，而我們得以確認的是：「《道德經》的成書年代，當在春秋末期。」

（三）老子其人及年代探討

前面論及劉笑敢先生研究學者對老子出生年代之觀點，歸納出「老孔同期」的「早期說」；「孔莊之間」的「中期說」；〔註30〕以及「莊前老後」的「晚

〔註28〕同註23，丁四新著《郭店楚墓竹簡思想研究》，頁 6～9。

〔註29〕尹振環先生認為：「從《周禮》看，墓主人身份當屬"士"一級，並屬有田祿之士，亦即上士。而從出土大批竹簡看（屬已發掘的楚單墓中最多的），這與墓主人職業有關。從出土刻有"東宮之不（杯）"的耳杯看，極可能是東宮太子之師，因為其隨葬器物品種繁多，數量也較大，在埋葬制度上僭越周制，也可說明墓主人的特殊地位。」同註24，尹振環著《楚簡老子辨析——楚簡與帛書老子的比較研究》，頁1～2。

〔註30〕陳德和先生以為牟宗三先生將老子其人，定於孔子後之春秋戰國之際，他說：「牟宗三先生雖然沒有直接說老子到底起於何時，但是周文疲弊士春秋以來的事實，那麼要說作為一個大教的道家，是一直要到戰國中期才對一個已經發生數百年的事實作出反應，這實在是太不合情理，因此只有定在從春秋末年道戰國初期（請注意在春秋戰國之間還有幾十年的時間難以歸類而被史家稱之為『春秋戰國之際』）才最有可能是牟先生的意見，更何況牟先生從來只認定老子是在孔子之後，從未說過老子是和孟子同時、甚至是孟子之後。」此處研究者認為此種認定似有不妥，蓋以司馬遷忠於史實之情，所記載孔子

期說」三類觀點。〔註31〕而在湖南長沙馬王堆帛書《道德經》初版後，學者們已將《道德經》成書年代往前推至秦代以前；在郭店楚墓竹簡《道德經》出土後，則更將《道德經》的成書年代往前推至春秋末期。

而則對於老子其人及其年代，卻也因竹簡《道德經》的出土而仍引發不少爭議，〔註32〕當學者將《道德經》通行本、帛書本與楚簡本的相互參照，以及竹簡《道德經》甲、乙、丙三種版本相互對照後，發現到老子與《道德經》一書作者，呈現了分歧的現象。其中最爲明顯的，是竹簡《道德經》甲本與丙本皆出現了〈六十四章〉，但是內容卻有著相當的差異，〔註33〕這似乎

曾問禮於老子之情節當非虛構，且《論語》及相關古籍均有記載，故如此認定難以使人接受。參見陳德和著《道家思想的哲學詮釋》，頁75，臺北市：里仁書局，2005年1月10日初版。

〔註31〕不過劉笑敢先生強調：「我們的分類不把老子其人和《道德經》其書分爲兩個獨立的部分。如果認爲《道德經》完成於戰國時期但反映了春秋末年的老子的思想，我們則歸之於早期說。」，同註10，劉笑敢著《老子：年代新考與思想新銓》，頁7～8。

〔註32〕如，孫以楷先生曾將相關爭議作如下簡述：「這個問題，在戰國秦漢時代是不成問題的，沒有人懷疑《道德經》一書的作者就是老子（老聃），老子是孔子同時代而略早於孔子的人，……。歷魏晉南北朝隋唐宋元明諸代，一千多年，雖有學者對《道德經》一書是老子所著說有所質疑，但那僅僅是個別的聲音。直到清代中期汪中才提出《道德經》的作者是太史儋之說。至20世紀20年代、30年代，梁啓超、羅根澤等人重提汪中舊說並加以系統化，一時間老子晚於孔子說聲浪甚高。……直到20世紀末，雖然郭店楚簡出土簡本《道德經》，已足證《道德經》一書形成應當在春秋末或戰國早期，應當早於《論語》，但學術界依然有人堅持《道德經》爲太史儋所著說。」請參見孫以楷著《老子通論》，頁65，合肥：安徽大學出版社，2004年6月1日初版。

〔註33〕本章各版本臚列如下（因各書版本古字不同，筆者依據廖名春所著《郭店楚簡老子校釋》，頁112～138（北京：清華大學出版社，2003年6月第1版第一次印刷）之考證爲依準，凡有"（ ）"者均爲古字改爲今體字，而"□"者均爲原本闕漏字。）：

《王弼本・第64章下段》：「爲者敗之，執者失之。是以聖人無爲，故無敗；無執，故無失。民之從事，常於幾成而敗之。慎終如始，則無敗事。是以聖人欲不欲，不貴難得之貨；學不學，復眾人之所過。以輔萬物之自然，而不敢爲。」

《竹簡甲本・六》：「爲之者（敗）之，（執）之者遠之。是以聖人亡爲，（故）亡（敗）；亡（執）（故）亡（失）。臨事之紀：（誓）（冬）（若）（始），此亡（敗）事矣。聖人（欲）不（欲），不貴難（得）之貨；（學）不（學），復眾之所（過）。是（故）聖人能（輔）萬（物）之自（然），而弗能爲。」

《竹簡丙本》：「爲之者（敗）之，（執）之者（失）之。聖人無爲，（故）無（敗）也；無（執），（故）□□。（誓）（終）若（始），則無（敗）事（主）。

也說明了楚簡本的三種《道德經》可能又各有其所依據的版本。〔註34〕亦即
《道德經》一書的作者，可能並非成於一人、一時、一地之手，是以丁原植
先生以爲：

> 透過竹簡《道德經》的研究，我們似乎要將「老子」、老子與《道德
> 經》三者不同的意涵，加以明確地分辨。「老子」代表一種思潮的發
> 展，它與《道德經》資料的產生有關。老子是形成《道德經》思想
> 的一個重要關鍵人物，他確有其人。而《道德經》卻指對此種思潮
> 資料編輯的思想文獻。……傳說中的老子應當對早期「老子」資料
> 的編輯與撰寫，起著重要的作用。……「老子」的原始資料，應當
> 接受漢人的說法，產生於春秋末葉。但它卻是以不定型的方式流傳
> 於戰國初期。其中包括生命真實體驗的格言，哲人的雋語或精要的
> 語錄，與思辨觀念探析的解說。其資料的內容似較今日《道德經》
> 文本爲多。〔註35〕

此中涵意即是：老子確有其人，並且影響《道德經》的形成。假設果真如此，
那麼爲求嚴謹客觀，接下來便要回到司馬遷的《史記》中，來推論老子究竟
是誰！

前文論及因於《史記》所載對老子的「不確定性」，是以造成《古史辨》
學者的爭議：其一，就孔子問禮於老子，〔註36〕與太史儋見秦獻公這兩件事

（敗）也，（恆）於（其）（且）成也（敗）之。是以□人欲不欲，不貴
（難）（得）之貨；學不學，復眾之所（過）。是以能（輔）（萬）（物）之自
（然），而弗敢爲。」

《帛書甲本・57、58、59條》：「□□□□□□□□□□□□□□□□□也，□无
敗也；无執也，故无失也。民之从事也，恆於其成事而敗之，故慎終若始，
則□□□□。□□□□欲不欲，而不貴難得之（貨）；學不學，而復眾人之所
過。能輔萬物之自□，□弗敢爲。」

《帛書乙本・201條》：「爲之者敗之，執者失之。是以（聖）人无爲□□□□
□□□□□□□□□民之从事也，恆於其成而敗之，故曰：慎終若始，則无敗
事矣。是以（聖）人欲不欲，而不貴難得之貨；學不學，復眾人之所過。能
輔万物之自然，而弗敢爲。」

〔註34〕 參見丁原植著《郭店竹簡老子釋析與研究》，頁375～377，臺北市：萬卷樓圖
書有限公司，1998年9月1日增修版。

〔註35〕 同註34，丁原植著《郭店竹簡老子釋析與研究》，序言。

〔註36〕 在《古史辨》學者中，胡適先生於參照《史記・孔子列傳》、《史記・老莊申
韓列傳》及《左傳・昭公七年》等記載與清儒閻若璩《四書釋地續》中之考
證後，認爲：「孔子適周，總在他三十四歲以後，當西曆紀元前518年以後。

情，整整跨越了春秋末到戰國時期約一百多年的時間，兩者是否爲同一人？其二，老子之八代孫解，竟與孔子之十三代孫孔安國同時，兩者所相差世代似乎顯得不甚合理？〔註 37〕對此二問題的解答：部分學者以爲這是因爲老子「以其脩道而養壽也」；〔註 38〕亦有學者指出，孔子所問禮的老子，與西入秦國的太史儋其實並非同一人；〔註 39〕此外，尙有較極端而激烈的說法，認爲其實歷史上根本沒有老子這個人。〔註 40〕既然衍生如此諸多推論，顯然均係司馬遷《史記》所起，那麼便該由此著手！〔註 41〕

　　首先，吾人當先認識司馬遷之作史態度爲何？班固在《漢書·司馬遷傳》中有如是對司馬遷之褒貶：

> ……至於采經摭傳，分散數家之事，甚多疏略，或有抵梧。亦其涉
> 獵者廣博，貫穿經傳，馳騁古今，上下數千載間，斯以勤矣。又其

大概孔子見老子在三十四歲（西曆前 518 年，日食）與四十一歲（定公五年，西曆前 511 年，日食）之間，老子比孔子至多不過大二十歲，老子當生於周靈王初年，當西曆前 570 年左右。」此見胡適〈老子略傳〉，同註 5，羅根澤編著《古史辨》（第四冊），頁 304。

另，楊家駱先生於〈老子新傳〉一文，則指出：「老子（前 561～前 467）姓老、名聃、字陽子。西漢（前 206 年以後）之初：老轉爲李，其家譜追名爲耳，以聃爲字。後神仙家又妄改字陽子爲伯陽，而以聃爲謐。……」此亦老子爲春秋末年之主張，但主老子原姓老而非李。參見楊家駱著《老子新考述略＆老子本義》中〈老子新考述略〉，頁 3，臺北市：世界書局，1991 年 9 月四版。

〔註 37〕見梁啟超〈論《道德經》書作於戰國之末〉，同註 5，羅根澤編著《古史辨》第四冊，頁 306。然而也有人反駁這種說法其實並無不妥，見張煦〈梁任公提訴《道德經》時代一案判決書〉，同前著《古史辨》（第四冊），頁 307～317。以及胡適〈與馮友蘭先生論老子問題書〉，同前註 5，羅根澤編著《古史辨》（第四冊）頁 419。

〔註 38〕見葉青〈從方法上評老子考〉，同註 5，羅根澤編著《古史辨》第六冊，頁 417～441。又魏元珪先生亦持同一看法，同註 4，魏元珪著《老子思想體系探索（上）》，頁 35。

〔註 39〕見錢穆著《莊老通辨》，頁 11～20，臺北市：東大圖書，1991 年 12 月 1 日初版。另魏元珪先生對照《史記·周本紀》、〈秦本紀〉和〈封禪書〉等後，亦認爲老子與太史儋係不同人，同註 4，魏元珪著《老子思想體系探索（上）》，頁 37～42。

〔註 40〕見孫次舟〈跋古史辨第四冊並論老子之有無〉，同註 5，羅根澤編著《古史辨》第六冊，頁 74～101。

〔註 41〕此一進路，係參考陳育民先生所撰〈老子其人其書的定位——對司馬遷所作老子列傳的肯定與修正〉乙文，同註 21，陳育民撰〈老子其人其書的定位——對司馬遷所作老子列傳的肯定與修正〉，頁 112～121。

是非頗繆於聖人，論大道則先黃老而後六經，序遊俠則退處士而進

姦雄，述貨殖則崇勢利而羞賤貧，此其所蔽也。然自劉向、楊雄博

極群書，皆稱遷有良史之材，服其善序事理，辨而不華，質而不俚，

其文直，其事核，不虛美，不隱惡，故謂之實錄。〔註42〕

此處可見班固雖對司馬遷之選材、編輯上有諸多不滿，而則終究讚揚其所輯之《史記》為「實錄」。此外清朝王國維，及近人熊鐵基先生等，均亦提及司馬遷撰史之求真態度，〔註43〕是以吾人得知《史記》所記載內容之史實可信度極高。

　　其次，對於〈老子韓非列傳〉所言的孔子問禮於老子一事，不僅在《史記‧仲尼弟子列傳》中亦有記載著：「孔子所嚴事：於周則老子；於衛，蘧伯玉；於齊，晏平仲；於楚，老萊子；……」；〔註44〕且在儒家經典《禮記‧曾子問》中也記載著孔子請益於老子關於喪禮的解答；〔註45〕另道家經典《莊子》中有五次，〔註46〕其他如《孔子家語》、《呂氏春秋‧當染》皆有所徵引，

〔註42〕見（漢）班固著《漢書‧司馬遷傳第三十二》（百納本二十四史——四），頁778～779，臺北市：臺灣商務印書館，1996年12月臺一版第七次印刷。

〔註43〕陳育民先生引用王國維於《觀堂集林‧史林一》（臺北市：河洛圖書出版社，1975年初版）文中研究推論證實司馬遷之《史記‧殷本紀》著錄之帝王世系乃大致正確；及引用熊鐵基等著《中國老學史》（頁8，福州：福建人民出版社，1997年初版）所提司馬遷之優點與貢獻，在於歷史文獻學之開拓與考據學雛形之奠定。同註21，陳育民撰〈老子其人其書的定位——對司馬遷所作老子列傳的肯定與修正〉，頁113。

〔註44〕此處也已言明老子、老萊子是不同的二個人，同註1，（漢）司馬遷撰《史記卷六十七‧仲尼弟子列傳第七》，頁2186。

〔註45〕參見（唐）孔穎達疏《禮記正義‧曾子問第七（注疏卷第十八）》（冊二），頁12，及〈曾子問第七（注疏卷第十九）〉（冊二）頁11～13，臺北市：臺灣中華書局，珍倣宋版印1980年1月臺三版。

另據孫以楷先生言：「郭店楚簡中有〈緇衣〉篇，與《禮記》中的〈緇衣〉基本相同，更是戰國早中期已有《禮記》的證明。那麼《禮記‧曾子問》作為孔子及其弟子的作品亦大致可信。其中有關孔子向老子問禮之事當是歷史事實。」同註32，孫以楷著《老子通論》，頁66。

〔註46〕就《莊子》書中人物關係考據上而言，據陳鼓應先生考證：「細查《莊子》書中關於歷史人物相互關係的記載，如關於孔子及其弟子顏淵、子路、冉求；孔子與葉公子高；孔子在楚狂接輿；惠子與莊子；公孫龍子與魏牟；管仲與齊桓公等相互關係的記載，其中在時代上絕對可能或相對可能的問對或交往，有七十九次之多。這就是說，《莊子》書中關於孔自問禮於老子的記載，並非憑空杜撰。」同註26，陳鼓應著《老莊新論》，頁8，臺北市：五南圖書出版股份有限公司，2007年2月三版一刷。

以此言之，既然各文獻記載如此眾多，顯見當時必有此事發生。〔註47〕那麼，孔子既為春秋末年人，想必老子必在此春秋末年之前。

　　第三，就老子是否即為《道德經》作者來看，研究者節錄陳育民先生說明如次：〔註48〕

1、由於郭店楚墓竹簡的發現，已使《道德經》成書年代確定當在春秋末年。

2、陳育民先生在比對《韓非子》所引《道德經》話語時所稱之"老聃"、"老子"而認為韓非子直視老聃即老子亦即《道德經》作者。〔註49〕

3、陳鼓應、白奚二氏就《史記》中「列傳」體例，認為司馬遷認定老子即春秋時期孔子問禮的老聃。〔註50〕

〔註47〕就先秦各學派皆有孔子向老子問禮一事，陳鼓應與白奚二位先生認為此透露兩點重要訊息：「其一，記載孔子問禮於老子的不僅有道家作品和雜家作品，更多的是儒家自己的作品，這表明這一傳說在戰國乃至秦漢十分流行，是眾人皆知的常識，儒家不僅認可這樣的說法，而且對此並不介意。其二，《禮記》、《韓詩外傳》、《孔子家語》等儒家作品皆成書於儒家獨尊、排斥別家的學術氛圍下，儒道兩家的對峙已甚為明顯，這表明孔子曾問禮於老子並非道家的杜撰，而是孔子以來儒家代代相傳的事實，以致儒家即便獲得獨尊的地位仍不能否認。」參見陳鼓應、白奚合著《老子評傳》，頁29，南京：南京大學出版社，1998年初版。

〔註48〕同註21，陳育民撰〈老子其人其書的定位——對司馬遷所作老子列傳的肯定與修正〉，頁118～121。

〔註49〕陳育民先生考據如下：「《韓非子》一書或可提供答案。〈內儲說下·六微〉中韓非子曾說：『其說在老聃之言失魚也』，又說『魚失於淵而不可復得也』。此處韓非說『失魚』、『魚失於淵』當出自《道德經·三十六章》『魚不可脫於淵』一語。在〈難三〉中他又說：『老子曰：以智治國，國之賊』此見《道德經·六十五章》。在〈六反〉中也說：『老聃有言曰：知足不辱，知止不殆』此見《道德經·四十四章》。因此，韓非在引《道德經》話語時，有時稱老聃或老子所言，此足見韓非直視老聃即老子，老聃即《道德經》一書作者。」同註21，陳育民撰〈老子其人其書的定位——對司馬遷所作老子列傳的肯定與修正〉，頁119。

〔註50〕陳育民先生引自陳鼓應、白奚《老子評傳》一書資料如下：「《史記》中共有列傳七十篇，其中凡寫人物的都是按第一傳主的年代先後排列的，……其中〈老子韓非列傳〉是第三篇，其前面是〈伯夷列傳〉和〈管晏列傳〉，其後面依次為〈司馬穰苴〉列傳……。伯夷是周初時人，管仲是春秋早期人，而司馬穰苴事齊景公，大約與晏嬰、孔子同時。司馬遷把老子安排在管仲和司馬穰苴之間，這位大史家明確地認定老子就是春秋時期孔子問禮的老聃。」前見同註21，陳育民撰〈老子其人其書的定位——對司馬遷所作老子列傳的肯定與修正〉，頁119。後見同註47，陳鼓應、白奚合著《老子評傳》，頁9。

4、對於郭沂、尹振環等人，依據涵谷關所設置時代與今本《道德經》中
　權謀論以及太史儋時代、身份相符，故力倡楚簡本《道德經》乃春秋
　末年老聃所著，而帛書籍各種傳世本《道德經》乃戰國之周太史儋所
　著之說法；聶中慶先生與陳玉民先生皆認爲此種推論過於主觀且未免
　一廂情願。

5、陳廣忠先生在比較楚簡本與帛書本《道德經》的用韻後，發現兩書用
　韻完全相同。故可證兩書作者係同一人。〔註51〕

6、不論傳世本或楚簡本《道德經》，皆可發現其用語皆採第一人稱方式，
　（諸如：今本《道德經》中出現"我"或"吾"字多達 41 處，竹簡
　《道德經》亦多達 11 次，若甲本：「（吾）（強）爲之名曰大」、〔註52〕
　「我無事而民自（富）」、〔註53〕乙本：「（吾）所以又（有）大患者」、
　〔註54〕丙本：「而（百）眚（姓）曰我自肰（然）也」〔註55〕……等），
　故可謂出自同一人之手之證據。

7、劉笑敢先生認爲在「或曰」一語上：「司馬遷已將他認爲可靠的資料
　撰成主傳，『或曰』則紀錄其他傳說，這正是『信以傳信，疑以傳疑』
　的嚴肅的史家風範。」〔註56〕

　據此，總就司馬遷忠於史實態度與「列傳」體例依年代編輯；加以其他
各家古本所引與諸版本《道德經》之用韻、人稱等資料所顯示：研究者認爲
老子即爲老聃，而不論今普及本、帛書或竹簡之《道德經》所據之底本，當
皆出自於老聃之手無疑。

〔註51〕陳育民先生所引陳廣忠考證如下：「郭店竹簡《道德經》三十三章（除去重出
　　　的最後一章）中，有韻的共 382 句，與之相應的馬王堆帛書《道德經》甲本
　　　共 398 句。簡、帛用韻相同的共有 356 句，分別佔簡文的 93%，佔帛書的 89、
　　　4%。兩書共有九章句數、韻部完全相同，佔簡文章數的 28%，如果扣除殘簡、
　　　虛詞入韻（雙尾韻）等的因素，可以說兩書用韻完全相同。這就無可辯駁地
　　　說明，兩書同爲老子所作，出自一人之首。」前者見同註 21，陳育民撰〈老
　　　子其人其書的定位——對司馬遷所作老子列傳的肯定與修正〉，頁 120～121。
　　　後者見陳廣忠撰〈從簡、帛用韻比較論老子的作者——與郭沂商榷〉，《安徽
　　　大學學報〈哲學社會科學版〉》第 4 期，頁 8，2000 年出版。
〔註52〕同註 33，廖名春著《郭店楚簡老子校釋》（竹簡甲本·十一），頁 218。
〔註53〕同註 33，廖名春著《郭店楚簡老子校釋》（竹簡甲本·十五），頁 310。
〔註54〕同註 33，廖名春著《郭店楚簡老子校釋》（竹簡乙本·四），頁 416。
〔註55〕同註 33，廖名春著《郭店楚簡老子校釋》（竹簡丙本·一），頁 503。
〔註56〕同註 10，劉笑敢著《老子：年代新考與思想新銓》，頁 243。

　　其四，惟就老子的出生地來看，《史記》所載老聃爲「楚苦縣」人，似乎應更正爲「陳相縣」爲是，如據魏元珪先生主張：

> 老子是春秋時期陳國人，他約出生於春秋中期。聃生於相地（今河
> 南鹿邑縣東 15 里）之賴鄉，曲仁里，爲陳國之故土。約當公元前
> 534 年楚滅陳，相地併歸於楚，公元前 529 年陳復國，迄前 478 年
> 楚再滅陳，乃改相爲楚之苦縣，故就老聃出生地而言本爲陳人，但
> 就其出遊及歸屬言乃楚國人。〔註 57〕

蔡明田先生亦云：

> 如以老子的出生時間爲準，……，老子約生於西元前 580～570 年，
> 則當是陳國相縣人；……如以老子死時爲準，則西元前 460～450
> 時已入戰國，陳已爲楚所滅，且相改名爲苦，則說老子是楚國苦縣
> 人，此乃理當然也。〔註 58〕

而張松輝先生也回應說道：

> 據《左傳·宣公十一年》和《史記·陳杞世家》記載，宣公十一年，
> 楚乘陳內亂，舉兵滅陳，但就在當年，楚王在申叔的勸告下又恢復
> 了陳。而這一年老子還沒有出生。陳的最後滅亡是在孔子去世的那
> 一年（前 479 年）。……這一切都說明，老子在世的時候，陳國還存
> 在，他的家鄉屬陳國管轄，因此，準確地講，老子應爲陳人，不是
> 楚人。〔註 59〕

是以據史傳所載與諸學者之研究判斷，當老子出生之時陳國尚在，而其出遊後陳始遭滅國，是故老子其人當爲陳國人而非楚國人，而《史記》司馬遷所載資料，當因春秋戰國時期地名遞迭及秦、漢改制之故，遂誤以老子爲楚國人。

〔註 57〕同註 4，魏元珪著《老子思想體系探索（上）》，頁 3。

〔註 58〕蔡明田著《老子的政治思想》，頁 20，臺北市：藝文印書館，1976 年初版。

〔註 59〕此外，張松輝先生還引二點旁證：「第一，《列子·周穆王》說，秦人逢氏有
病，逢氏到魯國去求醫，路過陳國時，遇到老子，二人有一番談話，這就說
明了列子的作者把老子看作陳人。第二，《莊子》多處提到老子，從沒有講他
是楚人，而說他生活在沛，沛距陳很近，當時沛不屬楚。」此皆參見陳育民
先生文引張松輝先生部分。前者見同註 21，陳育民撰〈老子其人其書的定位
——對司馬遷所作老子列傳的肯定與修正〉，頁 121～123。後者見張松輝撰〈老
莊文化應屬中原文化〉，載於陳鼓應、馮達文主編《道家與道教：第二屆國際
學術研討會論文集（道家卷）》，頁 203～211，廣州，廣州人民出版社，2001
年 9 月初版。

（四）老子與《道德經》

研究者綜合以上討論，再回到司馬遷《史記・老莊申韓列傳》中來看，吾人可得如是結論如下：

1、老子乃陳國相縣人，約當生於春秋中期，或稱李耳、老聃，曾擔任周朝圖書館官員。〔註60〕

2、孔子周遊列國時，曾向老子問禮，並稱讚其爲乘風之飛龍。

3、老子見周朝衰微，是故辭官出關口離去，臨出關口爲關令尹喜要求留書，故寫下了五千多字的《道德經》（故此書又稱《道德經》）後，便不知去向。

4、有人所稱之楚國之「老萊子」並非老子其人，老萊子另著有道家十五篇著作，與孔子是同時代者。

5、孔子死後約129年的太史儋亦非老子本人，老子雖然長壽，但不應超過160餘歲的壽命。

二、老子《道德經》思想背景

前文所論，由於《道德經》一書出於老子之手，是以吾人欲論及《道德經》的思想背景，亦即是探討「老子」個人之思想背景。爲便釐析，研究者擬就其時代背景、地域背景、歷史文化及天人關係等諸項探討之：

（一）老子的時代背景

但凡偉大精深的思想學說之後必有其所相對反映的社會文化背景，是以吾人欲了解老子所生之時代背景，便當緊扣《道德經》原文反省提煉而出，〔註61〕研究者試由此約略提出四個值得注意的特徵分述如下：

1、禮的僵化，反成為動亂之源

老子在《道德經・第三十八章》如是說道：

〔註60〕據《史記索隱》按：「藏室史，周藏書室之史也。又《張蒼傳》『老子爲柱下吏』，蓋即藏室之柱下，因以爲官名。」同註1，（漢）司馬遷撰《史記》，頁2140。

〔註61〕魏元珪先生所言極是：「社會意識是社會存在的反映，有怎麼樣的社會背景，和歷史情勢，便產生反映對此歷史社會之思想，我們可以斷言是社會背景塑造了老子的思想和學說，而不是老子的思想塑造了春秋與戰國的歷史情勢。」老子的思想由社會背景所塑造，而春秋戰國諸子百家爭鳴之思想所由，又何嘗不是如此？同註4，魏元珪著《老子思想體系探索（上）》，頁83。

上德不德，是以有德；下德不失德，是以無德。上德無爲而無以爲；
下德爲之而有以爲。上仁爲之而無以爲；上義爲之而有以爲。上禮
爲之而莫之應，則攘臂而扔之。故失道而後德，失德而後仁，失仁
而後義，失義而後禮。夫禮者，忠信之薄，而亂之首。前識者，道
之華，而愚之始。是以大丈夫處其厚，不居其薄，處其實，不居其
華。故去彼取此。〔註62〕

本章爲下篇〈德篇〉之首，就老子的社會倫理層次來看，其所列諸德行依序
爲仁、義、禮、忠、信、智，各種德行皆以合不合乎"道"爲基則，凡不合
於"道"者都該「攘臂而扔之」，由句中「禮者，忠信之薄，而亂之首」來看，
老子對當時周禮中諸德行係採取對反之態度，因周禮在春秋、戰國時期只剩
下虛文所掩飾之外表，各諸侯、大夫表面上大力提倡維繫周禮的常規，實際
上卻是不斷地僭越、利用與陽奉陰違，以周禮來不斷擴張自己的權勢、地位。
〔註63〕是以老子才批評他們：「前識者，道之華，而愚之始」，〔註64〕當「周
文疲弊」狀態下流於虛文的禮治，不再「厚而實」而僅剩「薄而虛華」時，
又何必強留於世呢？當然老子要大家「去彼取此」了。

2、法的肆虐，百姓民不聊生

雖然整部《道德經》有其獨特之宇宙觀色彩，但其仍側重於對當時社會

〔註62〕 參見（晉）王弼著、（唐）陸德明釋文《老子道德經注・第三十八章》，頁23
～24，臺北：世界書局，2001年8月初版十一刷。

〔註63〕 魏元珪先生考據《左傳》提到：「按諸史實記載，周禮在春秋時代只剩下一套
虛文的外表，諸侯、大夫對周禮的僭越和破壞已書不勝書……。按周禮，惟
周室可以設三公（太師、太傅、太保）、六卿（司徒、司馬、司空、太宰、宗
伯、司寇）。侯國只能設三卿（司徒、司馬、司空），但迨春秋時期，周天子
的公卿每多闕置，而較大的侯國竟僭越周禮，擅設六卿，甚至三公。例如宋、
楚設有太宰……；齊、晉、鄭、衛四國均設有司寇……；號稱最守周禮的魯
國也擅設宗伯、太宰、司寇；至於楚國，竟連天子之號都敢僭稱，設置三公
六卿更不足怪；就連晉國也設了三公中的太師與太傅……此時列國對於周禮
早已違、僭與利用。……」同註4，魏元珪著《老子思想體系探索（上）》，頁
102～101。

〔註64〕 王弼對此解說道：「前識者，前人而識也，即下德之倫也。竭其聰明以爲前識，
役其智力以營庶事，雖德其情，姦巧彌密，雖豐其譽，愈喪篤實。勞而事昏，
務而治薉，雖竭聖智而民愈害。舍己任物，則無爲而泰。守夫素樸，則不順
典制，聽彼所獲，棄此所守，識道之華而愚之首，故苟得其爲功之母，則萬
物作焉而不辭也。」所謂「前識者」便是對此違、僭與利用之當政者之最佳
批評。同註62，《老子道德經注・第三十八章》，頁24。

現實下人生困頓的反省。是以徐復觀先生說道：

> 殷周之際的人文精神萌芽，是以憂患意識為其基本動力。此一憂患意識，爾後實貫注於各偉大思想流派中。儒家墨家不待說；先秦道家，也是想從深刻地憂患中，超脫出來，以求得人生的安頓。〔註65〕

吾人試觀《道德經·第五十七章》云：

> 天下多忌諱，而民彌貧；民多利器，國家滋昏；人多伎巧，奇物滋起；法令滋彰，盜賊多有。〔註66〕

當主政者以一堆法令來向百姓斂財時，老百姓又如何有好日子過？當主政者急著鑽營一己之私，國家又哪會富足？當人動起歪念頭汲於名利之時，所有亂象便蜂擁而出；頒訂一堆法令以彰顯事蹟時，這只會造成盜賊遍野。是以魏元珪先生亦指出：「法令滋彰在春秋時代即已顯然，不必待之戰國之時。」〔註67〕

再觀《道德經·第七十五章》又云：

> 民之饑，以其上食稅之多，是以饑；民之難治，以其上之有為，是以難治。民之輕死，以其上求生之厚，是以輕死。〔註68〕

對映當時民生困頓之痛苦，老子深有所感，而這一切皆源自於主政的統治者的私營詐取；以此往之，當然是《道德經·第七十四章》所云：「民不畏死，奈何以死懼之？」〔註69〕

3、戰爭連綿，生命卑弱脆危

周室的式微與大權的旁落，不僅各諸侯國紛紛自立稱公、稱伯，甚而到

〔註65〕參見徐復觀著《中國人性論史——先秦篇》，頁327，臺北市：臺灣商務印書館，2003年10月初版第十三次印刷。

〔註66〕同註62，（晉）王弼著、（唐）陸德明釋文《老子道德經注·第五十七章》，頁35。

〔註67〕魏元珪先生舉出《國語》、《左傳》諸例，如：
1. 齊管仲主政即作「內政以寄軍另」，實施軌里連鄉之法，相地而衰徵，按田地質量，分等級徵稅。
2. 晉趙盾「始為國政，制事典，正法罪，辟獄刑，董逋逃，由質要，治舊洿，本秩禮，續常職，出滯淹。既成，以授太傅陽子與太師賈佗，使行諸晉國，以為常法。」
3. 晉趙鞅，荀寅……賦晉國一鼓鐵，以鑄刑鼎，送著范宣子所為刑書焉。
其他尚有魯宣公15年「初稅畝」、鄭子產作「丘賦」、「鑄刑書」等，可謂「法令滋彰，盜賊多有」而致民不聊生。同註4，魏元珪著《老子思想體系探索（上）》，頁86～89。

〔註68〕同註62，（晉）王弼著、（唐）陸德明釋文《老子道德經注·第七十五章》，頁44。

〔註69〕同註62，（晉）王弼著、（唐）陸德明釋文《老子道德經注·第七十四章》，頁44。

戰國時代更進一步自稱爲王，而篡奪的事實與社會混亂更使得當時民不聊生，魏元珪先生說道：

> 如周景王十五年，魯昭公十二年（公元前530年）……周大夫原伯絞爲人殘暴，其群臣不堪受虐，乃集體成群地奔逃他方，……而其轄下的臣隸與家奴，因不堪絞的迫害，乃群起將之趕跑了。……又同年周劉獻公與甘氏族人殺死甘悼公及庚過，瑕辛等。……魯昭公十八年（公元前524年）周毛得殺死毛伯過，自立爲毛伯，……魯昭公二十二年（公元前520年）周景王死，單氏、劉氏立悼王，王子朝作亂，雙方相攻，悼王死，單氏、劉氏又立敬王。故自周敬王元年……至……周敬王四年，……此四年間周敬王與王子朝彼此繼續相攻，不斷有小規模的軍事戰鬥。……〔註70〕

諸如此類大小軍事戰鬥，可謂戰禍連綿，是以老子在《道德經·第五十三章》批評這些亂臣賊子所作行爲：「朝甚除，田甚蕪，倉甚虛；服文綵，帶利劍，厭飲食，財貨有餘」，〔註71〕這當然是名符其實的「盜夸」〔註72〕政客。

而則如此戰亂之下，當然必見到「天下無道，戎馬生於郊。」〔註73〕戎馬無法幫人耕種，卻在郊野生下小馬的這種令人感慨的情景；馬且如此，而黎民百姓又如何呢？面對殘酷的現實，老子不禁勸戒人們：「夫佳兵者不祥之器，物或惡之，故有道者不處。」〔註74〕凡是軍事戰爭，永都是不吉祥且令人深惡痛絕的，這是有道之君所不願與之相處的；因爲「師之所處，荊棘生焉。大軍之後，必有凶年。」〔註75〕在戰亂連年之後，除了飢荒、盜賊外，還有什麼是好的？

4、封建崩潰，社會人心驟變

春秋時代係中國社會與歷史一大變革期，社會經濟基礎由貴族而下移，掌握於具商業與土地資本的大家族手中，彼此矛盾對立明顯，不再是西周時代天子與貴族統一穩定的社會。各政治集團爲了利益，紛紛招兵買馬，廣徵

〔註70〕同註4，魏元珪著《老子思想體系探索（上）》，頁8～10。
〔註71〕同註62，（晉）王弼著、（唐）陸德明釋文《老子道德經注·第五十三章》，頁32～33。
〔註72〕同註62，（晉）王弼著、（唐）陸德明釋文《老子道德經注·第五十三章》，頁33。
〔註73〕同註62，（晉）王弼著、（唐）陸德明釋文《老子道德經注·第四十六章》，頁28。
〔註74〕同註62，（晉）王弼著、（唐）陸德明釋文《老子道德經注·第三十一章》，頁18。
〔註75〕同註62，（晉）王弼著、（唐）陸德明釋文《老子道德經注·第三十章》，頁17。

天下人士爲他們效命。當時雖然盛行布衣卿相的「尚賢政治」，但是卻也無法
改變政治社會的脫序。不僅如此，還使人與人之間形成惡劣的才智競爭，而
在爭權奪利之下，人心對於物質享受的貪婪慾望也隨之增長，長久下去當然
便只有連綿的動亂，是以老子於〈第三章〉告誡當政者：

> 不尚賢，使民不爭；不貴難得之貨，使民不爲盜；不見可欲，使民
> 心不亂。〔註76〕

甚至老子於章後及〈第六十五章〉依舊再三強調著：「常使民無知無欲，使夫
智者不敢爲也。」、〔註77〕「民之難治，以其智多。故以智治國，國之賊；不
以智治國，國之福。」〔註78〕當時這種士階級的興起，以牟求個人私利爲目
的，對國家除了亂以外，根本無甚好處。

　　人心的不滿足造成動亂的根源，爲了爭權奪利、滿足個人一己之私，造成
了整個社會多大的慘痛付出，而就算爭得了一時，那又如何？「持而盈之，不
如其已；揣而梲之，不可長保；金玉滿堂，莫之能守；富貴而驕，自遺其咎。」
〔註79〕老子看到這世上物極必反的道理，知道飽滿的最後只有溢出、捶打得再
尖銳終究鈍壞，人會老、會衰、會逝，金銀財寶、富貴名碌到最後又誰能守住？

　　在名利誘惑之下，人民只有浮動，是故老子強調：

> 名與身孰親？身與貨孰多？得與亡孰病？是故甚愛必大費，多藏必
> 厚亡。知足不辱，知止不殆，可以長久。〔註80〕

名利得失只有造成身心的病害，愛得越多便傷得越甚，唯有「知足」才能長
樂、「知止」方能長久；當大家都能「甘其食，美其服，安其居，樂其俗。」
〔註81〕之時，才當是眞正太平的日子。

　　由上四點論述中，吾人幾乎可以確定老子所生存的時代，一方面是頻年
的爭戰略奪，人民早已失去有生之樂，除了痛苦與無奈外，絲毫沒有感受到
文明的喜悅；另一方面商業、地主階級的興起，帶動了物質生活的發展，卻

〔註76〕同註62，（晉）王弼著、（唐）陸德明釋文《老子道德經注·第三章》，頁2。
〔註77〕同註62，（晉）王弼著、（唐）陸德明釋文《老子道德經注·第三章》，頁2。
〔註78〕同註62，（晉）王弼著、（唐）陸德明釋文《老子道德經注·第六十五章》，頁
　　　40。
〔註79〕同註62，（晉）王弼著、（唐）陸德明釋文《老子道德經注·第九章》，頁5。
〔註80〕同註62，（晉）王弼著、（唐）陸德明釋文《老子道德經注·第四十四章》，頁
　　　27～28。
〔註81〕同註62，（晉）王弼著、（唐）陸德明釋文《老子道德經注·第八十章》，頁
　　　47。

又誘發出人心慾望的黑暗污穢面。物質文明進步了，但道德卻淪喪了，在無盡的物欲追逐中，維繫人間秩序的道德蕩然無存；而更諷刺的是，禮制已淪落為文明社會中野蠻行為的偽飾，刑法更成為當政者用以桎梏百姓的工具。因此吾人可證之，老子處於周文疲弊、禮崩樂壞、物欲高張、價值失序的時代，其思想課題便是針對這種文明的虛矯與自我否定，為焦蔽的人類心靈重新指引一條通往幸福的康莊大道。〔註82〕

（二）老子的地域背景

吾人就老聃出生地而言，老子為陳國相縣（今河南鹿邑縣東 15 里）人，而就其出遊及歸屬言，則又屬楚國（古又稱「荊」，今湖北西部的荊山一帶）人。〔註83〕此二地皆位黃河以南地區，若由地理環境而看，黃河以南由長江、漢水所匯集沖積而成之江漢沃原，不僅屏障著南方安逸之生活，且使之成為此間荊楚民族富饒之根據地，是以此區域遂成周天子於經濟與軍事層面上無法管轄之"蠻荒地帶"，無怪乎張蔭麟先生說道：

> 從周初以來，楚國只有侵略其他國家民族，而沒有懼怕別國民族的份，這種安全是黃河流域的諸夏國家所沒有的。軍事上的安全之外，加上江漢流域的土壤肥美，水旱稀少，是時的人口密度又較低，楚人有一種北方所仰羨不及的經濟安全。有了軍事與經濟上的雙重安全，使得楚人的生活充滿了優游閒適的空氣，和北方的嚴肅緊張的態度成為對比。〔註84〕

以此衣食豐足且安全無憂之優越地理環境，自必與黃河北方貧寒相迫、胼手胝足且爭戰不休之場域所有不同。先秦儒道二派學術思想之殊異，便與此所居處之地理環境條件有關，梁啓超先生論及：

> 我中國有黃河揚子江兩大流，其位置性質各殊，故各自有其本來之文明，為獨立發達之觀，雖屢相調和混合，而其差別自有不可掩者，凡百皆然，而學術思想其一端也。北地苦寒磽瘠、謀生不易，其民

〔註82〕參見袁保新著《老子哲學之詮釋與重建》，頁 213，臺北市：文津出版社，1997年 12 月 15 日初版 2 刷。

〔註83〕本文討論之老聃出生地，研究者從魏元珪、蔡明田及張松輝先生等人所論：以「陳國人」為是；就其出遊及歸屬言，亦據魏元珪先生所論：以「楚國人」為是。

〔註84〕參見張蔭麟著《中國史綱——上古篇》，頁 60～61，臺北市：正中書局，1952年 5 月臺二版。

族銷磨精神日力以奔走衣食維持社會，猶恐不給，無餘裕以馳騖於玄妙之哲理，故期學術思想，常務實際、切人事、貴力行、重經驗，而修身齊家治國利群之道術，最發達焉；惟然，故重家族，以族長制度為政治之本；敬老年、尊先祖、隨而崇古之念重，保守之情深、排外之力強，則古昔、稱先王、內其國、外夷狄、重禮文、繫親愛、守法律、畏天命，此北學之精神也。南地則反是，其氣候和、其土地饒、其謀生易，其民族不必惟一身一家之飽煖是憂，故常達觀於世界之外，初而輕世、既而玩世、既而厭世、不屑屑於實際，故不重禮法、不拘拘於經驗、故不崇先王；又其發達較遲，中原之士，常鄙夷之、謂為蠻野；故其對於北方文學，有吐棄之意，有破壞之心，探玄理、出世界、齊物我、平階級、輕私愛、厭繁文、明自然、順本性，此南學之精神也。〔註85〕

誠如張、梁二氏所言：茲因地理屏障、氣候溫和、草木繁茂且土地豐饒，是以不僅經濟上謀生較易、人們大多不需為身家的飽煖問題而多作擔憂，且軍事上亦無擔心外人侵略之必要，是故人心能達觀於世界之外，且不屑於實際、不重禮法、更不拘於經驗，喜歡玄理、天地物我齊觀、並依循著自然與本性。而此，吾人可以看出，《道德經》之獨特宇宙觀、回歸自然等特質之孕育與形成，當與南方地域環境有關。

（三）老子的歷史文化背景

但凡一個哲人的偉大思想，皆不可能憑空而撰，除了社會、地域背景之外，對照其歷史文化根源，亦可由此覓得其哲思之痕跡。而老子之歷史文化背景，可分為二種因素來看：其一，係老子所任柱下吏之職分，就此因素魏元珪先生如此說道：

作為一個形上哲學的思想者，可以憑懸空的架構去潛思默想，無所謂歷史根源的問題，最多僅是承襲先時若干哲學家的形上思考加以發展或修正而已，但做個思想家卻有其歷史的根源，思想家之所以

〔註85〕吾人就南、北方文學上言之：北方黃河流域《詩經》的純樸寫實，確與南方長江流域《離騷》之文彩飛揚有所不同；而則梁氏就此大膽論定南、北二學千百年來因此互相「鄙夷」與「吐棄」，則吾人頗感此語稍有獨斷。參見梁啟超著《中國學術思想變遷之大勢》，頁18，臺北市：華正書局有限公司，1981年10月初版。

有思想，是與其生活環境、時代趨勢，和民族特性有直接的關連性。很多歷史人物皆有其思想，但其思想必須環繞著某些事物，某種情勢，與歷史情況而產生，且常受當時政治、社會、經濟等條件的影響。因此，思想家恆與歷史有不可或缺的淵源與關係，思想家對問題提出反映的批判具有現實性和建設性。〔註86〕

又吾人依據《漢書‧藝文志》中所云：

> 道家者流，蓋出於史官，歷記成敗存亡禍福古今之道，然後知秉要執本，清虛以自守，卑弱以自持，此君人南面之術也。合於堯之克攘，易之嗛嗛，一謙而四益，此其所長也。及放者爲之，則欲絕去禮學，兼棄仁義，曰：獨任清虛可以爲治。〔註87〕

可以得知道家始祖老子思想之淵源，與其擔任史官有極重要之關聯。梁啓超先生也認爲：

> 胚胎時代〔註88〕之文明以重實際爲第一義：重實際故重人事，其敬天也皆取以爲人倫之模範也；重實際故重經驗，其尊祖也，皆取以爲先例之典型也。由是乎由思想發爲學術，其握學術之關鍵者有二職焉。一曰祝，掌天事也，凡人群初進之時，政教不分，主神事者其權最重。中國宗教之臭味不深，雖無以教權侵越政權之事，而學術思想，亦常爲祝之所掌。……
>
> 二曰史，掌人事也，吾中華既天祖並重，而天志則祝司之，祖法則史掌之，史與祝同權，實吾華獨有之特色也，重實際故重經驗，重經驗故重先例，於是史職遂爲學術思想之所薈萃，周禮有大史、小史、內史、外史，六經之中，若詩、若書、若春秋，皆史官之所職也；若禮、若樂，亦史官之支裔也，故欲求學者，不可不於史官，周之周任史佚也、楚之左史倚相也、老聃之爲柱下史也、孔子適周而觀史記也，就魯史而作春秋也；蓋道術之源泉，皆在於史。……蓋當時竹帛不便，學術之傳播甚難，非專其業者，不能盡其長也。……祝本於天以推於人，史鑒於祖以措於今，故漢志謂道家出於史

〔註86〕同註4，魏元珪著《老子思想體系探索（上）》，頁1。

〔註87〕同註42，（漢）班固著《漢書‧前漢藝文志第十》（百納本二十四史——三），頁443。

〔註88〕此中所謂「胚胎時代」，當指已有語言、文字但文明尚未高度發展之期。於我國則爲三黃五帝迄至夏、商、周時代。

官。……要而論之，則胚胎時代之學術思想，全在天人相與之際，

而樞紐於兩者之間者，則祝與史皆有力也。〔註89〕

就整個先民時代文明的發展來看，政治的興亡盛衰，多倚重於「祝官」和「史官」這兩種世襲官職；祝官掌控祭天、敬祖、卜筮等「聽天命」之職務；而天子、諸侯們所有公、私、內、外行事與結果的「盡人事」紀錄，則由史官負責。老子掌理史官的職務，飽覽歷代文獻典籍，自必具有敏銳的觀察力與淵博的學識，對國家興亡的規律及自然榮枯的道理，當然了然於胸，而則面對整個西周以來的社會變化，與宮廷權貴彼此爭權奪勢的諸多慘劇，勢必感慨更多。是以其《道德經》五千言，出自肺腑內心，不僅字字珠璣，且針砭古今、流傳後世。如其〈第十四章〉所云：「能知古始，是謂道紀。」〔註90〕與〈六十四章〉所云：「為之於未有，治之於未亂。」〔註91〕對於古今存亡禍福與卑弱自守的的歷史規律，實已巧妙道盡。〔註92〕此正因為老子親身觀察體驗到禍福、卑弱相倚之歷史與事實，故更能站在更寬闊、更高點，清楚地辨析出「有為之害」與「無為之利」，而由此奠定出「自然」、「質樸」與「清靜」的「無為思想」根源。

其次，就老子歷史文化背景之第二因素來看，近人的研究指出老子的思想亦繼承了原始文化，特別是母系氏族社會之文化思想。〔註93〕由《道德經》中顯現貴左、尚黑、尚柔、尚慈與陰等文字篇章思想特性看來，吾人似乎可由母性文化的源頭──華夏文化中去追根溯源，茲就老子思想主張傳承自華夏文化中尚母、尚黑、尚水、尚質樸等一致之特點，〔註94〕吾人今試提出以下幾點論證：

1、尚　母

據《禮記・表記》所云：「母親而不尊，父尊而不親」，〔註95〕此表示母

〔註89〕同註85，梁啓超著《中國學術思想變遷之大勢》，頁8～9。

〔註90〕同註62，（晉）王弼著、（唐）陸德明釋文《老子道德經注・第十四章》，頁8。

〔註91〕同註62，（晉）王弼著、（唐）陸德明釋文《老子道德經注・第六十四章》，頁39。

〔註92〕參見莊萬壽撰〈道家流變史論〉頁159～163，《師大學報》第36期，臺北市：國立臺灣師範大學，1991年出版。。

〔註93〕參見王博撰〈老子與夏族文化〉，頁43～51，《哲學研究》第1期，中國社會科學院哲學研究所，1989年出版。及同註4，魏元珪著《老子思想體系探索（上）》，頁15～21。

〔註94〕參見王美蘭撰〈老、孔道德思想之比較及其教育實踐〉，頁20～21，國立東華大學教育研究所碩士論文，2001年6月。

〔註95〕同註45，（唐）孔穎達疏《禮記正義・表記第三十二（注疏卷第五十四）》（冊

系社會係以血親、血緣關係爲紐帶所組成之氏族社會，而父系社會則爲男尊女卑、階級分明以父權家長制爲主之封建宗法禮治國家；〈表記篇〉文後又云：「夏道……親而不尊，……殷人……尊而不親。……」，〔註96〕此亦即指出夏朝氏族社會即爲母系社會。

　　而吾人細觀《道德經》書中，亦屢有「母」字出現，諸如：〈第二十五章〉云：「有物混成，先天地生。寂兮寥兮，獨立不改，周行而不殆，可以爲天下母。」，〔註97〕此將「道」稱之謂「天下母」；又如〈第六章〉：「谷神不死，是謂玄牝。玄牝之門，是謂天地根。緜緜若存，用之不勤。」，〔註98〕此將「道」比之爲女陰（「玄牝之門」）或女性生殖器（「谷神」），認爲谷神不死，生生之門不竭。

2、尚　黑

　　據《禮記・檀弓上》：「夏后氏尚黑，大事歛用昏，戎車乘驪（鈍黑馬），牲用玄。」〔註99〕及《禮記・明堂位》：「夏后氏駱馬黑鬛……，夏后氏牲尚黑……」〔註100〕二者所載均指夏朝以用玄（黑）色爲尚，而吾人觀《道德經》篇中亦蘊尚黑思想，諸如：〈第二十八章〉有云：「知其白，守其黑，爲天下式。」〔註101〕此用「黑」字；又〈第一章〉：「此兩者，同出而異名，同謂之玄。玄之又玄，衆妙之門。」、〔註102〕〈第六章〉：「谷神不死，是謂玄牝。玄牝之門，是謂天地根。」、〔註103〕〈第十章〉及〈第五十一章〉：「生而不有，爲而不恃，長而不宰，是謂玄德。」、〔註104〕〈第十五章〉：「古之善爲士者，

四），頁9。

〔註96〕同註45，（唐）孔穎達疏《禮記正義・表記第三十二（注疏卷第五十四）》（冊四），頁9～10。

〔註97〕同註62，（晉）王弼著、（唐）陸德明釋文《老子道德經注・第二十五章》，頁14。

〔註98〕同註62，（晉）王弼著、（唐）陸德明釋文《老子道德經注・第六章》，頁4。

〔註99〕同註45，（唐）孔穎達疏《禮記正義・檀弓上第三（注疏卷第六）》（冊一），頁7。

〔註100〕同註45，（唐）孔穎達疏《禮記正義・明堂位第十四（注疏卷第三十一）》（冊三），頁8。

〔註101〕同註62，（晉）王弼著、（唐）陸德明釋文《老子道德經注・第二十八章》，頁16。

〔註102〕同註62，（晉）王弼著、（唐）陸德明釋文《老子道德經注・第一章》，頁1。

〔註103〕同註62，（晉）王弼著、（唐）陸德明釋文《老子道德經注・第六章》，頁4。

〔註104〕同註62，（晉）王弼著、（唐）陸德明釋文《老子道德經注・第十章》，頁6；及〈第五十一章〉，頁31～32。

微妙玄通，深不可識。」〔註105〕此皆屢用「玄」字來描繪道體。

3、尚　水

據《禮記·明堂位》所載：「夏后氏尚明水，殷尚醴周尚酒。」〔註106〕此指夏朝以明水爲祭祀之最；而就《道德經》書中，吾人亦常見老子屢屢以水之特性示人、以水而喻其最高哲學範疇之「道」，諸如：〈第八章〉：「上善若水。水善利萬物而不爭，處衆人之所惡，故幾於道。」、〔註107〕〈第七十八章〉：「天下莫柔弱於水，而攻堅強者莫之能勝。以其無以易之。」〔註108〕此皆老子《道德經》尚水之明證。

4、尚質樸

夏族文化之質樸不文，古籍中屢有記載，諸如：《禮記·表記》有云：「夏道尊命，事鬼敬神而遠之，近人而忠焉，先祿而後威，先賞而後罰，親而不尊；其民之敝，惷而愚，喬而野，朴而不文。」〔註109〕及其後：「夏道未瀆辭，不求備，不大望於民，民未厭其親，……虞夏之道，寡怨於民……，虞夏之文，不勝其質……」；〔註110〕以及《史記·高祖本記》：「太史公曰：『夏之政忠。忠之敝，小人以野，故殷人承之以敬。……』、〔註111〕《史記·貨殖列傳》書云：「夏人政尚忠朴，猶有先王之遺風。」，〔註112〕此皆顯示夏族文化實尚質樸；而吾人對照《道德經》中主張人要質樸之處亦屢見不鮮，諸如：〈第十九章〉云：「見素抱樸，少私寡欲。」、〔註113〕〈第三十二章〉云：「道常無名，樸雖小，天下莫能臣也。」、〔註114〕〈第三十七章〉：「道常無爲而無不爲，……吾將鎭之以無名之樸。無名之樸，夫亦將無欲。……天下將自定。」、〔註115〕

〔註105〕同註62，（晉）王弼著、（唐）陸德明釋文《老子道德經注·第十五章》，頁8。
〔註106〕同註45，（唐）孔穎達疏《禮記正義·明堂位第十四（注疏卷第三十一）》（冊三），頁11。
〔註107〕同註62，（晉）王弼著、（唐）陸德明釋文《老子道德經注·第八章》，頁4。
〔註108〕同註62，（晉）王弼著、（唐）陸德明釋文《老子道德經注·第七十八章》，頁46。
〔註109〕同註45，（唐）孔穎達疏《禮記正義·表記第三十二（注疏卷第五十四）》（冊四），頁9。
〔註110〕同註45，（唐）孔穎達疏《禮記正義·表記第三十二（注疏卷第五十四）》（冊四），頁10。
〔註111〕同註1，（漢）司馬遷撰《史記卷八·高祖本紀第八》，頁393。
〔註112〕同註1，（漢）司馬遷撰《史記卷一百二十九·貨殖列傳第六十九》，頁3269。
〔註113〕同註62，（晉）王弼著、（唐）陸德明釋文《老子道德經注·第十九章》，頁10。
〔註114〕同註62，（晉）王弼著、（唐）陸德明釋文《老子道德經注·第三十二章》，頁18。
〔註115〕同註62，（晉）王弼著、（唐）陸德明釋文《老子道德經注·第三十七章》，頁21。

〈第五十七章〉：「我無欲而民自樸。」〔註116〕……等等，此皆顯現老子《道德經》崇尚夏朝民風質樸之情懷，祈翼回歸道之本體中。

就老子《道德經》中尚母、尚黑、尚水及尚質樸等諸思想，與夏文化母系氏族社會文化特徵中具諸多重疊處之例證，吾人當可確定，老子《道德經》思想確有繼承原始文化、特別是母系氏族社會之文化思想之事實，而此亦表示老子《道德經》歷史文化根源仍乃承襲自我國太古以來之華夏文化。

（四）老子的「自然之天」

前就老子歷史文化淵源背景探討曾論及，中國學術思想關鍵在於「祝」與「史」二職之人，祝者掌天事、史者掌人事，而由祝之職亦足以顯現初民社會對於「天」具相當之畏懼、崇拜或其他多重感情，以致於必須專設「祝」職以事天，「天」既與初民生活息息相關，則初民心中「天」之概念，亦當影響及老子思想。

陳鼓應先生對老子的「天」有如是說法：

> 馮友蘭認為，在中國文字中，「天」有五義：物質之天、主宰之天或意志之天、運命之天、自然之天，以及義理之天或道德之天。概括來說，老子的「天」是自然意義的，……「天」的概念，據古籍所載，約源於殷周之際。從古籍的思想線索看，老子的自然之天可以上溯於《易》與《詩》、《書》時期。《易經》有言：「飛龍在天」（〈乾卦〉）、「有隕自天」（〈姤卦〉）；《尚書》「天乃雨，反風」（〈金藤〉）；以及《詩經》「三星在天」（〈唐風·綢繆〉）、「迨天之未陰雨」（〈幽風·鴟鴞〉）和「其飛戾天」（〈小雅·采芑〉）等，都是指自然之天。老子的「天」，基本上是屬於「自然之天」。〔註117〕

〔註116〕同註62，（晉）王弼著、（唐）陸德明釋文《老子道德經注·第五十七章》，頁35。
〔註117〕同註26，陳鼓應著《老莊新論》修訂版，頁111。又馮友蘭先生「天之五義」見其所著《中國哲學史（上冊）》中提及：「在中國文字中，所謂天有五義：曰<u>物質之天</u>，即與地相對之天。曰<u>主宰之天</u>，即所謂皇天上帝，有人格的天，帝。曰<u>運命之天</u>，乃指人生中吾人所無奈何者，如孟子所謂"若夫成功則天也"之天是也。曰<u>自然之天</u>，乃指自然之運行，如《荀子·天篇》所說天是也。曰<u>義理之天</u>，乃謂宇宙之最高原理，如《中庸》所說"天命之謂性"之天是也。《詩》、《書》、《左傳》、《國語》中所謂之天，除指物質之天之外，似皆指主宰之天。《論語》中孔子所說之天，亦皆主宰之天也。」（馮友蘭著《中國哲學史（上冊）》，頁43，香港：三聯書店有限公司，2000年2月香港第一版第三次印刷。）

此語似已道破老子之「天」乃屬於「自然之天」。而則「自然之天」其義究何
且何來？研究者認爲仍有探討必要。

1、「天人關係」之歷史演變

首先，就老、孔之前「天」、「人」關係的歷史演變，王美蘭先生將之分
爲史前時代、夏代、殷商以及西周四個階段，〔註118〕研究者試簡列如下：

（1）史前時代

此時人類歷史均瀰漫濃郁之巫術宗教氣氛，乃「神人合一」時期，神爲
人信仰的對象，亦爲人的本質所在。人之生活各方面均聽命於神，並將一切
成就、災禍均歸諸神的作用，爲祈求神能賜福於人，人必須去討好神，祭祀
就成爲溝通人神最重要的一環。

（2）夏　代

此時部落聯盟首領逐漸成爲天神的代言人（即「天子」），他們代行天道，
其職權乃係受天神之託來管理人民和疆土。而夏王朝承繼了部落時期之天神
信仰，故統治者認爲自己具天神賦予統治人間的權力，並藉天神之名來發佈
命令，一切均爲「天命」，天神爲夏王朝統治者之工具，其意志需不折不扣的
施行。

（3）殷商時代

商民族相信天有一位至上神且具人格意志，名爲帝或上帝。上帝具至高
無上的權威，乃自然界與人類社會的主宰，人類惟在順從上帝之前提下，始
能通過占卜以測知上帝意旨。如商湯伐夏時云：「有夏多罪，天命殛之。……
夏氏有罪，予畏上帝，不敢不正」，〔註119〕此已將天與人事初步聯繫，其伐桀
乃順天應人之事，而天命係降到商湯身上。〔註120〕故殷人已發展以人事社會
行爲來解釋天命的意識，而初步有了人精神之自覺。

〔註118〕此爲王美蘭先生引用王志躍先生之說法。同註94，王美蘭撰《老、孔道德思
　　　　想之比較及其教育實踐》，頁28～37。及王志躍著《先秦儒學史概論》，頁37
　　　　～66，臺北市：文津出版社，1994年初版。
〔註119〕《尚書·商書·湯誓》云：「格爾眾庶，悉聽朕言。非台小子，敢行稱亂，有
　　　　夏多罪，天命殛之。……夏氏有罪，予畏上帝，不敢不正。」參見（唐）孔
　　　　穎達疏、（清）阮元校勘，《十三經注疏（一）·尚書》，頁108，臺北市：新
　　　　文豐出版公司，1968年出版。
〔註120〕《尚書·商書·仲虺之誥》：「嗚呼！慎厥終，惟其始，殖有禮，覆昏暴，欽
　　　　崇天道，永保天命。」同註119，（唐）孔穎達疏《尚書》，頁112。

（4）西周時代

　　關於人主體意識之覺醒始自西周時期方眞正展開，周人對殷商之天命上帝觀不僅非全然接受，且進一步提出如「天命靡常」之新的觀念和理解，因於其對歷史更替與變遷具更清楚瞭解後，而認爲永恆的天命非存在的；且周人在三代更替中得出天命是可轉移的道理，故周之統治者於篤信天命的前提下，建立出「德命符應」以德配天的思想型態。

　　故由上「天」、「人」關係之演變，吾人可知初民社會對「天」之看法，由「神人合一」而逐轉爲「德命符應」，除去除迷狂與非理性之態度外，更切重以人事爲核心的「天人合一」之學。此因於對現實社會的理解與社會發展的不同而轉變之「天人關係」，當造成諸子對於天人關係闡釋的差異，更進而影響及諸子思想內容之極端異趣。

2、老子的「天」

　　關於老子的「天」，陳鼓應先生說道：

> 老子的「天」突出其自然性，因而在他的世界中，便消除了傳統的秘密性的天命觀。《道德經》書中天命觀念不復存在，只在十六章提出「復命」的概念：「歸根曰靜，是謂復命，復命曰常。」依老子看來，萬物的運行常有這樣的一個規律；動極而趨靜……靜極而趨動。萬物並作而回歸本根，本根是呈虛靜狀態的，在虛靜中孕育著新生命的因子與機動，這稱之爲「復命」。老子的「復命」可以解釋爲回歸本然、本根或本眞、本性之意，也可解釋爲重新凝聚一種新動力、新生命。〔註121〕

如僅由是觀之，老子的「天」既爲本然之「自然之天」，那麼吾人當無接著討論之必要，實則不僅如此，徐復觀先生有云：

> 由宗教的墮落，而使天成爲一自然的存在，這更與人智覺醒後的一般常識相符。在《詩經》、《春秋》時代中，已露出了自然之天的端倪。老子思想最大的貢獻之一，在於對此自然之天的生成、創造，提供了新地、有系統的解釋。在這一解釋之下，才把古代原始宗教的殘渣，滌蕩的一乾二淨；中國才出現了由合理思維所構成的形上學的宇宙論。〔註122〕

〔註121〕同註26，陳鼓應著《老莊新論》，頁111。
〔註122〕徐復觀著《中國人性論史——先秦篇》，頁325，臺北市：臺灣商務印書館，

此即意謂，老子不僅將天回歸於「自然之天」，且本於「自然之天」更將之系統化而爲「天道」之哲學系統論，是以陳鼓應先生謂曰：

> 在中國哲學上，老子首次把「道」作爲哲學範疇而給予系統化的論證，從而建立起以「道」爲核心的哲學系統。〔註123〕

而老子立此「天道」哲學所爲何來，胡適先生說道：

> 老子的根本哲學是他的天道觀念。老子以前的天道觀念，都把天看做一個有意志，有智識，能喜能怒，能作威作福的主宰。試看《詩經》中說：「有命自天，命此文王」（〈大雅·大明〉）；又屢說：「帝謂文王」（〈大雅·皇矣〉），是天有意志。「天監在下」、「上帝臨汝」（〈大雅·大明〉）「皇矣上帝，臨下有赫，監觀四方，求民之莫」（〈大雅·皇矣〉），是天有知識。「有皇上帝，伊誰云憎？」（〈小雅·正月〉）「敬天之怒，無敢戲豫；敬天之渝，無敢馳驅」（〈大雅·板〉），是天能喜怒。「昊天不傭，降此鞠凶；昊天不惠，降此大戾。」（〈小雅·節南山〉）「天降喪亂，降此蟊賊」（〈大雅·桑柔〉）「天降喪亂，饑饉薦臻」（〈大雅·雲漢〉）是天能作威作福。老子生在那種紛爭大戰的時代，眼見殺人，破家，滅國等等慘禍，以爲若有一個有意志知覺的天帝，決不致有這種慘禍。〔註124〕

陳鼓應先生亦云：

> 老子以人道理想托付於天道，而倡言功成而不有（九章：「功成名遂身退，天之道」）、利人而無害（八十一章：「天之道，利而不害」）、崇尚不爭的美德（七十三章：「天之道，不爭而善勝」）。老子激於義憤，譴責社會掠奪榨取之不平。而提出移富濟貧的呼聲——「天之道，損有餘而補不足」，這是老子強烈的社會正義的呼聲。可見老子的天道觀與他的社會意識是緊密相連的。〔註125〕

是以對世人之關懷、對社會之關愛，方爲促成老子將「自然之天」系統化而爲「天道」之本源。劉福增先生論及吾人研究老子思想三要點如下：

1、老子的基本世界觀和宇宙觀是：道、天地、萬物、人間一宇宙。

2003 年 10 月初版第十三次印刷。
〔註123〕同註26，陳鼓應著《老莊新論》，頁113。
〔註124〕胡適著：《中國古代哲學史》，頁 47～48，臺北市：遠流出版社，1993 年 1 月 1 日初版。
〔註125〕同註26，陳鼓應著《老莊新論》，頁113。

在天地萬物之先，宇宙就有一個混然而成的道。這道生形天地萬物。但人怎麼來的，老子沒有明說。在某一種意義上，道、天地、萬物和人間，是交融在一起，這些都在同一個世界和同一宇宙裡。

2、道最重要最基本的性質、德或德性是：自然無爲、虛靜、柔弱。

3、天地、萬物和人都遵循或應遵循道，尤其是道的這些德性。尤其是人君、聖人或人、修政（治國治民）和修人，更是或更應如此。〔註126〕

此三要點實爲吾人研究老子思想之最佳輔助，意即「自然無爲」乃老子「天道」思想體系上最根本之性質與德性，就《道德經・二十五章》所云：「人法地，地法天，天法道，道法自然。」〔註127〕之「人－地－天－道－自然」五個漸進楷式而言，身爲「人」之根本便在效法地、效法天而至效法老子之道，而其最終標就在回歸「自然而然」之境地。

三、老子《道德經》思想概述

中國哲學一向關注重心於人生與政治問題上，而問題討論結果則又常陷於倫理道德之範圍中，如此以往則思考往往桎梏於此中而無以自拔；老子《道德經》思想系統之特異處，便在意圖突破此一侷限，而將吾人思考範圍自人生而擴展至整個宇宙，其哲學系統發展自宇宙論始而伸展至人生論，再由人生論延伸於政治論中，而其整個宇宙論之肇因，卻仍不離人生與政治之所求。〔註128〕

誠如上文所言，《道德經》整個思想基礎在於「道」，而由「道」之概念發展出「自然無爲」、「虛靜」、「柔弱」等諸「德行」，甚至於天地、萬物、人等都交融於「道」中。是而吾人討論老子《道德經》思想，便當由「道」之概念著手而入。

（一）老子的「道」之諸看法

「道」爲《道德經》之中心思想概念，其整個哲學系統一皆由「道」所整開展；而則《道德經》全書具76個「道」字，老子卻似乎始終未明言其「道」

〔註126〕參見劉福增編著《老子精讀》，頁274，臺北市：五南圖書出版股份有限公司，2004年2月初版一刷。
〔註127〕同註62，（晉）王弼著、（唐）陸德明釋文《老子道德經注・第二十五章》，頁14～15。
〔註128〕同註26，陳鼓應著《老莊新論》，頁79。

究爲何意，是以其符號形式雖一，卻使所有學者說法莫衷一是。

　　唐君毅先生認爲《道德經》之「道」字有下列六義：〔註129〕

　　1、道指通貫萬物之普遍共同之理，或自然或宇宙之一般律則或根本原理。

　　諸如：《道德經・第七十七章》有云：「天之道，其猶張弓與！高者抑之，下者舉之；有餘者損之，不足者補之。天之道，損有餘而補不足。」〔註130〕此義之「道」者，非爲一存在之實體，所謂萬物之共理，可只爲一虛理。

　　2、道是一形而上之存在的實體，具生物之眞實作用，爲物本始或本母之道。

　　諸如：〈第二十五章〉云：「有物混成，先天地生。寂兮寥兮，獨立不改，周行而不殆，可以爲天下母。吾不知其名，字之曰道。」〔註131〕此則爲形而上之存在的實體。

　　3、道即道體之相，如「沖」、「虛」、「無」、「有」、「常」、「久」、「一」、「大」、「逝」、「遠」、「反」等相。

　　諸如：〈第一章〉所云：「道可道，非常道；名可名，非常名。無、名天地之始；有、名萬物之母。」；〔註132〕以及〈第二十五章〉所云：「吾不知其名，字之曰道，強爲之名曰大。大曰逝，逝曰遠，遠曰反。」〔註133〕

　　4、道即德，包括道體之玄德，以及人與物所得於道體之德。

　　諸如：〈第五十一章〉云：「生而不有，爲而不恃，長而不宰。是謂玄德。」；〔註134〕以及〈第六十二章〉云：「道者萬物之奧。善人之寶，不善人之所保。」〔註135〕

　　5、道指修德之道及其他生活之道，包括修德積德之方、自處處人之術、政治軍事上治國用兵之道，亦即純屬應用上之道。

〔註129〕參見唐君毅著《中國哲學原論導論篇》，頁 368～418，臺北市：臺灣學生書局，1993 年 5 月 15 日初版。

〔註130〕同註62，（晉）王弼著、（唐）陸德明釋文《老子道德經注・第七十七章》，頁45。

〔註131〕同註62，（晉）王弼著、（唐）陸德明釋文《老子道德經注・第二十五章》，頁14。

〔註132〕同註62，（晉）王弼著、（唐）陸德明釋文《老子道德經注・第一章》，頁1。

〔註133〕同註62，（晉）王弼著、（唐）陸德明釋文《老子道德經注・第二十五章》，頁14。

〔註134〕同註62，（晉）王弼著、（唐）陸德明釋文《老子道德經注・第五十一章》，頁31～32。

〔註135〕同註62，（晉）王弼著、（唐）陸德明釋文《老子道德經注・第六十二章》，頁38。

諸如：〈第四十一章〉云：「上士聞道，勤而行之；中士聞道，若存若亡；下士聞道，大笑之。不笑不足以爲道。」〔註136〕此種可聞之道，表現若「昧」、若「退」、若「纇」、若「谷」、若「辱」、「不足」等特性。

6、道指事物的一種狀態，或一種人之心境或人格狀態。

諸如：〈第八章〉云：「上善若水。水善利萬物而不爭，處眾人之所惡，故幾於道。」；〔註137〕及〈第十六章〉云：「知常容，容乃公，公乃王，王乃天，天乃道，道乃久。沒身不殆。」〔註138〕此所謂「知常」「容」而「公」可解爲人能知、能行、而能得於道者之「德」，而與第四義有毫釐之辨。即謂人之有德，是以人爲主體，此德屬於彼一人，所重者在人。

唐君毅先生此種分法可謂之細膩。就其分類上，將「天之道」的道，與「有物混成」的道，二者分開之看法，這是對的；而則就第三義至第六義所謂「道體之相」、「道即德」、「修德、生活之道」與「心境、狀態」這四種分法，似當皆屬於第二類「有物混成」之道體所表現的一些重要性格，而非就「道」字本身言之，〔註139〕故其分類當仍有疑惑存在。

其次，嚴靈峰先生對《道德經》之「道」看法，研究者臚列如下：〔註140〕

1、「道」的特性：

（1）有物混成——是眞實存在的東西。

（2）先天地生。

（3）獨立不改。

（4）周行而不殆。

（5）可以爲天地母。

2、「道」的自化及其規律：

（1）動的觀點：即是「反」、「周行」、「物極必反」等原理。

（2）相對原理：即是「有無相生」、「難易相成」等「相反對立」之道理。

（3）循環的理論：即是「復命」、「周行不殆」。

〔註136〕同註62，（晉）王弼著、（唐）陸德明釋文《老子道德經注・第四十一章》，頁26。

〔註137〕同註62，（晉）王弼著、（唐）陸德明釋文《老子道德經注・第八章》，頁4。

〔註138〕同註62，（晉）王弼著、（唐）陸德明釋文《老子道德經注・第八章》，頁9。

〔註139〕參見劉福增著《老子哲學新論》，頁448～449，臺北市：東大圖書股份有限公司，1999年3月初版。

〔註140〕參見嚴靈峰著《老子研讀須知》，頁44～55，臺北市：正中書局，1996年5月臺二版第二次印行。

（4）消長的規律：即「甚愛必大費，多藏必厚亡」之互相消長、彼此盛衰。

3、「德」是「道」的顯現和作用：

此包括（1）守柔；（2）執後；（3）處下；（4）不爭。

就嚴靈峰先生對「道」之諸看法來說，不僅就「道」字本身意義即已全部混爲一談，且又將所有的道所表現的各種性格全混淆一處，如此分法實非「道」之眞意；而其又另外大膽將「道」分別爲「道體」、「道理」、「道用」、「道術」等四類，且據以重新改寫老子《道德經》，〔註141〕則更令吾人匪夷所思其所云究竟爲何。

另外，陳鼓應先生則將老子的「道」剖析爲以下三類：〔註142〕

1、實存意義的「道」

（1）描述「道」體的「道」

先據〈第二十五章〉：「有物混成，先天地生。寂兮寥兮，獨立不改，周行而不殆，可以爲天下母。吾不知其名，字之曰道，強爲之名曰大。」〔註143〕所言，於天地萬物開創之前，就有一「道」的永恆獨立之實體存在，此無以亦不可以具名，如將之具名便也將之「限定住」，但爲認知方便故只得勉強稱之爲「道」。

又據〈第二十一章〉：「道之爲物，惟恍惟惚。惚兮恍兮，其中有象；恍

〔註141〕同註140，嚴靈峰著《老莊研讀須知》，頁201～228。嚴靈峰先生另依道體、道理、道用、道術等四種類別，將原來八十一章5,280字之《道德經》重新損益增刪、改正編排爲五十四章5095字之〈注音老子章句新編〉一文，其分類依據爲：

1. 道體：道是形上實體，具宇宙生化之功能。
2. 道理：「道理」，乃自然之理，亦即道之所必然也。因其必然，故可以成爲「法則」。道指宇宙萬物生存變化之必然規律。如：「人法地，地法天，天法道，道法自然」（一章）。
3. 道用：「道用」者，因道理之必然，利而「用」之者也；即道之所當然也。道是人生守道修身之所應遵守的應然法則。如：「道沖而用之」（四章）；「無之以爲用」（十一章）。
4. 道術「道術」者，爲道用之變相；即道之可以然者。：道應用於軍事上，以爲治國之術與兵略。如：「以正治國，以奇用兵，以無事取天下」（五十七章）。

此中採據宋明理學思想而自行重組編排的作法，不僅粗陋，且欠缺明確分析考證，實易造成極大謬誤。

〔註142〕同註26，陳鼓應著《老莊新論》，頁79～87。

〔註143〕同註62，（晉）王弼著、（唐）陸德明釋文《老子道德經注‧第二十五章》，頁14。

兮惚兮，其中有物。窈兮冥兮，其中有精。其精甚眞，其中有信。」〔註144〕
及〈第十四章〉：「視之不見名曰夷，聽之不聞名曰希，搏之不得名曰微。此
三者不可致詰，故混而爲一。其上不皦，其下不昧。繩繩不可名，復歸於無
物。是謂無狀之狀，無物之象，是謂惚恍。迎之不見其首，隨之不見其後。」
〔註145〕所云，「道」雖無固定形體且超過吾人眼、耳、身等知覺，但因仍有「象、
物、精、信」等徵候，故仍可確定其存在。

（2）宇宙生成的「道」

因〈第四十二章〉云：「道生一，一生二，二生三，三生萬物。」〔註146〕
且〈第四十章〉：「天下萬物生於有，有生於無。」〔註147〕與〈第一章〉：「無、
名天地之始；有、名萬物之母。」〔註148〕故顯現「道」不僅先天地在，且創
生了天地萬物，而這「無」與「有」便是展現「道」由無形而落實於有形且
不斷持續的創造歷程。

2、規律性的「道」

因於〈第四十章〉云：「反者道之動」，〔註149〕故除了實存意義的「道」，
亦有規律性的「道」；而基於規律性之運動與變化，遂有「相反」之對立轉化
與「返回」之循環運動二種規律性之道。

（1）對立轉化規律的「道」

若〈第二章〉：「有無相生，難易相成，長短相較，高下相傾，音聲相和，
前後相隨。」〔註150〕爲現象中之相反對立；同此章：「天下皆知美之爲美，斯
惡已。皆知善之爲善，斯不善已。」〔註151〕則爲存在價值之對立；而〈第五
十八章〉：「禍兮福之所倚，福兮禍之所伏。」〔註152〕此則爲對立互相轉化之
「相反相成」作用。

一切事物不僅在對立關係中構成，且在對立中反覆交變。吾人除認識事

〔註144〕同註62，（晉）王弼著、（唐）陸德明釋文《老子道德經注·第二十一章》，頁12。
〔註145〕同註62，（晉）王弼著、（唐）陸德明釋文《老子道德經注·第十四章》，頁7～8。
〔註146〕同註62，（晉）王弼著、（唐）陸德明釋文《老子道德經注·第四十二章》，頁26～27。
〔註147〕同註62，（晉）王弼著、（唐）陸德明釋文《老子道德經注·第四十章》，頁25。
〔註148〕同註62，（晉）王弼著、（唐）陸德明釋文《老子道德經注·第一章》，頁1。
〔註149〕同註62，（晉）王弼著、（唐）陸德明釋文《老子道德經注·第四十章》，頁25。
〔註150〕同註62，（晉）王弼著、（唐）陸德明釋文《老子道德經注·第二章》，頁1～2。
〔註151〕同註62，（晉）王弼著、（唐）陸德明釋文《老子道德經注·第二章》，頁1。
〔註152〕同註62，（晉）王弼著、（唐）陸德明釋文《老子道德經注·第五十八章》，頁35。

物正面外更當注視其反面;更可由反面以觀看正面;甚而運用「物極必反」之道以轉危為安。

（2）循環運動規律的「道」

「反」若成「返」則即為「復」、即是「周行」、即是「循環往復」與「更新再始」,而此則為老子哲學之歸結點。吾人觀〈第二十五章〉:「有物混成,……周行而不殆,……字之曰道,強為之名曰大。大曰逝,逝曰遠,遠曰反。」〔註153〕與〈第十六章〉:「致虛極,守靜篤。萬物並作,吾以觀復。夫物芸芸,各復歸其根。歸根曰靜,是謂復命。復命曰常,知常曰明。不知常,妄作凶。」〔註154〕萬物因「返」、因「復」而「周行」而「復歸本根」,因而凝聚生命動力而更生、再始而復永恆。

3、生活準則的「道」

當形而上的「道」漸漸落實於物界、作用於人生時,便稱之為「德」。「道」與「德」為二而一之關係,亦為體與用之發展;「道」係為滲入一絲一毫人為之自然狀態,而「德」則係參與人為因素後依然返回於自然之狀態。是以「自然無為」、「致虛守靜」、「生而不有、為而不恃、長而不宰」、「柔弱」、「居下」、「不爭」、「慈」、「儉」、「樸」等皆為「道」所展現之基本特性與精神,而此亦是「德」。

陳鼓應先生之分類顯然仍犯了將「道」字與其所稱指之諸特性混淆在一起之弊病,是以仍使人無法弄清,其「道」字到底有多少意義,亦或宇宙間有多少道?〔註155〕

（二）老子的「道」

接上所論,由於諸多學者均將「道」之字義及其所稱指之諸特性混淆一起,是以劉福增先生即認為:

> 許多研究者,由於沒能把《道德經》中的「道」字諸意義,老子之道的諸性格,以及我們對老子之道的諸解釋和諸觀點分清楚,因而對造成對老子之道的許多混淆、誤解、錯解和莫測高深的難解。〔註156〕

〔註153〕同註62,(晉)王弼著、(唐)陸德明釋文《老子道德經注‧第二十五章》,頁14。
〔註154〕同註62,(晉)王弼著、(唐)陸德明釋文《老子道德經注‧第十六章》,頁9。
〔註155〕同註139,劉福增著《老子哲學新論》,頁449～452。
〔註156〕同註139,劉福增著《老子哲學新論》,頁435。另劉福增先生亦認為徐復觀先生與牟宗三先生亦分別犯了過度強調動機和目的(因而隨意揣測)與過度主、客觀解釋之弊病,見同書頁452～455。

劉福增先生進一步說道：

> 所謂「道」的諸意義或岐義性，是指「道」字的諸意義或岐義性。
> 老子的道本身無所謂有諸意義或岐義性。老子的道實際上只有一
> 個。因此，我們就說，老子的道的『道』字是專名。老子的道雖然
> 只有一個，但它的重要性格可以很多。然而這些諸性格不是道的岐
> 義，也不是道的諸意義，而是道的諸性格。至於研究者對老子的道
> 的諸解釋和諸觀點，則是對這個道有什麼諸性格，這些諸性格之間
> 的關係，這個道與天地萬物人間之關係，以及它在宇宙中的地位等
> 等的解說。這些可能種種的解說，都是對相同的一個道所做的解說，
> 不是對「不同的」道所做的解說。大部分的研究者把對老子的道的
> 稱指（denote）和它的述說和講述混在一起。〔註157〕

是以，吾人如欲了解《道德經》之道，當將之分別爲「道」字的意義、及老
子的道的諸性格，此二主題加以討論才是。

1、「道」字的諸意義

　　劉福增先生認爲《道德經》中的「道」字，「好像」有許多不同的用法和
意義；實則不然，基本上只有四個用法和四種意義，而且如果能正確把握「道」
字出現的章句，則並不難避免被纏繞。其「道」字的四個意義如下：〔註158〕

（1）說（say）

　　在《道德經・第一章》首見：「道可『道』，非常道；」〔註159〕其中第二
個「道」字，即是指「說」的意義，此句話意思則是：「道，可以道的，不是
常道」。而全部《道德經》「道」字是指「說」的意義也唯有此處。

（2）道路（way, road）

　　老子在〈第五十三章〉云：「使我介然有知，行於大『道』，惟施是畏。
大『道』甚夷，而民好徑。……非『道』也哉！」〔註160〕其中有三個「道」
字，即當解釋爲「道路」、「馬路」。我們試譯整句話意思是：「假使我稍微有

〔註157〕同註139，劉福增著《老子哲學新論》，頁435。
〔註158〕同註139，劉福增著《老子哲學新論》，頁430～435。及同註105，劉福增編
　　　　著《老子精讀》各章解說。
〔註159〕同註62，（晉）王弼著、（唐）陸德明釋文《老子道德經注・第一章》，頁1。
〔註160〕同註62，（晉）王弼著、（唐）陸德明釋文《老子道德經注・第五十三章》，頁
　　　　32～33。

認識，就要在大馬路上行走，惟恐走入邪路。大馬路甚爲平坦，但人卻喜歡捷徑。……不是馬路呀！」。同樣地，全部《道德經》「道」字是指「道路」的意義也唯有此章才有出現。

（3）老子的道（Tao）

對於研究老子哲學之人而言，老子之道的「道」應視爲一專名（proper name）才是。老子在〈第二十五章〉云：

> 有物混成，先天地生。寂兮寥兮，獨立不改，周行而不殆，可以爲天下母。吾不知其名，字之曰「道」，強爲之名曰「大」。〔註161〕

其意思爲：

> 有一個混然所成的東西，在天地之前就已生成。無聲又無形啊，獨立而不受其他東西影響而改變，不斷運行不息，可以爲天地萬物之母。我不知道它的名字，勉強叫它做「道」，也勉強給它取名作「大」。

由於每一個東西的名字並非生成即有，而是由人取的；是以勉強用「道」、「大」來給那一「天地之前就已混然生成的東西」取名，這當然就是老子他的道。

而則「大」並非老子眞正爲其道所設定之名，吾人據《道德經》書中〈第十八章〉：「『大』道廢，有仁義」〔註162〕與〈第三十四章〉：「『大』道氾兮，其可左右。……萬物歸焉而不爲主，可名爲『大』。以其終不自爲『大』，故能成其『大』。」〔註163〕二章之「大」字分指大小的「大」、道的名字「大」及兩意兼有的「大」等意，而此皆等意皆不影響老子「道」的名字，是以老子之道的仍是此「道」字的意思。

再據〈第三十二章〉：「道常無名」〔註164〕與〈第四十一章〉：「道隱無名」〔註165〕而言，「無名」可爲「沒有名字」、「沒有名聲」、「沒有形跡」三義，而既爲老子取名爲「道」，則此「道」亦非沒有名字，而只是稱指老子的道通常沒有名聲、沒有形跡罷了。

吾人回觀老子〈第一章〉所謂：「道可道，非常道；名可名，非常名」〔註166〕

〔註161〕同註62，（晉）王弼著、（唐）陸德明釋文《老子道德經注・第二十五章》，頁14。
〔註162〕同註62，（晉）王弼著、（唐）陸德明釋文《老子道德經注・第十八章》，頁10。
〔註163〕同註62，（晉）王弼著、（唐）陸德明釋文《老子道德經注・第三十四章》，頁20。
〔註164〕同註62，（晉）王弼著、（唐）陸德明釋文《老子道德經注・第三十二章》，頁18。
〔註165〕同註62，（晉）王弼著、（唐）陸德明釋文《老子道德經注・第四十一章》，頁26。
〔註166〕同註62，（晉）王弼著、（唐）陸德明釋文《老子道德經注・第一章》，頁1。

則當仍解爲：「道，說得出的，不是恆常的道；名字，可以取名的，不是常名」，意即是道如果可以明確說得出來，或可以完全辨析出的，就不是常道；而吾人既已將道取名爲「道」（老子的道），那麼除非以後取消這名字，或已另一名稱取代之，（當然老子既然已勉強稱之爲道，則後人當然是無需取消之）否則「道」即是道的常名。

（4）準則（principle）、道理或路徑

凡「天之道」、「天道」、「人道」和「聖人之道」中的「道」，都是「準則」的意思。它與前面老子之道的「道」不同，老子之道的「道」是專名，僅僅針對老子哲學和老子心目中的那個且只有一個的道而言。「準則」則是通名，亦是天和人的許多「個別準則」之通稱。《道德經》章句中「道」字具有「準則」涵意的有下列諸章：

    Ⅰ.〈第四十七章〉：不闚牖，見天道。〔註167〕

    Ⅱ.〈第五十九章〉：深根固柢，長生久視之道。〔註168〕

    Ⅲ.〈第七十三章〉：天之道，不爭而善勝，不言而善應，不召而自來，繟然而善謀。〔註169〕

    Ⅳ.〈第七十七章〉：天之道，其猶張弓與！……天之道，損有餘而補不足；人之道，則不然，損不足以奉有餘。〔註170〕

    Ⅴ.〈第七十九章〉：天道無親，常與善人。〔註171〕

    Ⅵ.〈第八十一章〉：天之道，利而不害。聖人之道，爲而不爭。〔註172〕

總就「道」字的意義而言，劉福增先生認爲《道德經》全部章句除了已列舉爲「說」、「馬路」、「準則」等意義之「道」之外，其餘幾乎所有其他章句中之「道」字，皆爲老子之道的「道」這一專名。〔註173〕

〔註167〕同註62，（晉）王弼著、（唐）陸德明釋文《老子道德經注·第四十七章》，頁29。

〔註168〕同註62，（晉）王弼著、（唐）陸德明釋文《老子道德經注·第五十九章》，頁36。

〔註169〕同註62，（晉）王弼著、（唐）陸德明釋文《老子道德經注·第七十三章》，頁43～44。

〔註170〕同註62，（晉）王弼著、（唐）陸德明釋文《老子道德經注·第七十七章》，頁45。

〔註171〕同註62，（晉）王弼著、（唐）陸德明釋文《老子道德經注·第七十九章》，頁46。

〔註172〕同註62，（晉）王弼著、（唐）陸德明釋文《老子道德經注·第八十一章》，頁47。

〔註173〕劉福增先生認爲：「在討論老子的道時，一般研究者喜歡用『道體』來稱呼它。《道德經》中沒有『體』字。這裡的『體』字應該是現代中文哲學上常用的『實體』或『本體』（substance）。實體或本體的觀念是西方傳統存況論

2、老子之道的諸性格

由於《道德經》的思想中心在老子之道的「道」，是故吾人在解讀此「道」之性格時，當需先捨去全部《道德經》章句中具有「說」、「道路」、「準則」等意義之「道」後，才能了解老子之道的「道」字這一專名，究竟有何性格。〔註174〕

我們舉「玉山」此一專名爲例，爲便讓他人了解「玉山」，吾人需藉由諸如「玉山是座高山」、「玉山高3950公尺」、「玉山下雪了」等種種不同的述說和講述來使人了解「玉山」爲何，而這些「是座高山」、「高3950公尺」、「下雪了」的述說即是「玉山」這一專名的種種性格，此時雖藉由種種述說來闡述「玉山」的性格，而吾人均能深知，其實質之稱指只有一個「玉山」，而不會有第二個玉山。

同樣地，由於老子的道只有一個，因之「道」的稱目或所指便只有一個，而不同的述說和講述，也均係指向同一老子的道。吾人試看下列《道德經》章句：

> Ⅰ.〈第四十二章〉：道生一，一生二，二生三，三生萬物。〔註175〕

> Ⅱ.〈第六十二章〉：道者萬物之奧。〔註176〕

> Ⅲ.〈第二十五章〉：人法地，地法天，天法道，道法自然。〔註177〕

此三句話均稱指相同之道，而分別述說出道之本源、道之貯藏所、與道之楷（取法）式，意即此皆爲描述同一個道，而分論此一道的三個基本且重要之性格，假若我們要強說此爲道的三個意義，那麼同一個老子的道豈不成爲三個道。

吾人藉由老子各種不同的述寫來了解老子的道的種種性格，也藉此了解由老子自己所看到、想到、推測或體驗到的這些性格所展示出來的世界景象，這就叫做「道觀」。老子「道觀」所展現的世界景象如下：

（ontology）的產物或觀念。在老子哲學中並沒有類似的觀念。因此，我們不用『道體』來稱呼老子的道。在必要的時候我們用最一般、最沒有特指的『東西』一詞，而說『道這個東西』。普通我們單單說『道』或『老子的道』。」同註139，劉福增著《老子哲學新論》，頁436。

〔註174〕同註139，劉福增著《老子哲學新論》，頁435～444，後文中亦採取劉福增先生所論述爲原則。

〔註175〕同註62，（晉）王弼著、（唐）陸德明釋文《老子道德經注・第四十二章》，頁26。

〔註176〕同註62，（晉）王弼著、（唐）陸德明釋文《老子道德經注・第六十二章》，頁38。

〔註177〕同註62，（晉）王弼著、（唐）陸德明釋文《老子道德經注・第二十五章》，頁14。

（1）道是在天地之先就已生成的一混然的東西，且為萬物的本源。

〈第二十五章〉老子有云：「有物混成，先天地生。寂兮寥兮，獨立不改，周行而不殆，可以為天下母。」〔註178〕表示這混然的道，無聲無形，獨立而不受其他東西的影響而改變，不斷運行而不止息，可以當天地母，因此，萬物是由道生成的。而老子在〈第四十二章〉說：「道生一，一生二，二生三，三生萬物。」〔註179〕也是如此說法。但道如何而來？是否為所有一切之第一因？老子沒有提到。

（2）道也是萬物的貯藏庇蔭所。

〈第六十二章〉云：「道者萬物之奧。」〔註180〕即是此意。

（3）道也是人、天和地的楷示。

〈第二十五章〉：「人法地，地法天，天法道，道法自然。」〔註181〕即是指人、天、地都當「取法」或「依循」道，而道本身因為即是宇宙中至高的自然而然，因此道所遵循的就是自己的自然而然。〔註182〕

（4）道是恍惚的，但有形象、有精質。

〈第二十一章〉云：「道之為物，惟恍惟惚。惚兮恍兮，其中有象；恍兮惚兮，其中有物。窈兮冥兮，其中有精。其精甚真，其中有信。」〔註183〕即是指：道這東西的本身，是恍恍惚惚的。而雖然是恍恍惚惚的，但有形象、有東西。它是深遠暗昧的，但有精質，有信實。

〔註178〕同註62，（晉）王弼著、（唐）陸德明釋文《老子道德經注・第二十五章》，頁14。
〔註179〕同註62，（晉）王弼著、（唐）陸德明釋文《老子道德經注・第四十二章》，頁26。
〔註180〕同註62，（晉）王弼著、（唐）陸德明釋文《老子道德經注・第六十二章》，頁38。
〔註181〕同註62，（晉）王弼著、（唐）陸德明釋文《老子道德經注・第二十五章》，頁14。
〔註182〕《道德經》書中的「自然」，均指「自然而然」而無「大自然（此現象界）」之意。如：

〈第十七章〉：「功成，事遂，百姓皆謂：『我自然』」解為：功成事遂了，百姓都說：「我們本來就是這樣的。」

〈第二十三章〉：「希言自然。故飄風不終朝，……」解為：少說話，自然而然的。狂風刮不到一早晨。

〈第五十一章〉：「道之尊，德之貴，夫莫之命而常自然。」解為：道的尊崇，德的尊貴，莫須命令而總是自然而然的。

〈第六十四章〉：「以輔萬物之自然，而不敢為。」解為：用以輔助萬物的自然而然，不敢妄為。

既然《道德經》書中「自然」均無「大自然」之意，那麼吾人便不可以自己妄加解釋之。參見同註139，劉福增著《老子哲學新論》，頁442。
〔註183〕同註62，（晉）王弼著、（唐）陸德明釋文《老子道德經注・第二十一章》，頁12。

（5）道不斷在運動、運行，道的作用是柔弱的。

〈第四十章〉云：「反者道之動，弱者道之用。」〔註184〕即是說明道不斷在運動、運行，道的作用是柔弱的。而〈第三十七章〉云：「道常無為而無不為」、〔註185〕〈第三十四章〉云：「大道氾兮，其可左右。萬物恃之而生而不辭，功成不名有，衣養萬物而不為主。……，萬物歸焉而不為主。」〔註186〕及〈第五十一章〉云：「道生之，……長之育之，……，生而不有，為而不恃，長而不宰。」〔註187〕皆是此特性的佐證。

（6）道無名、無聲，而質樸。

此即〈第三十二章〉所云：「道常無名，樸」。〔註188〕

（7）道之規律的指標在無欲、柔弱、不爭、虛靜與無為……等。

諸如〈第三十四章〉云：「大道氾兮，……，常無欲，可名於小。」、〔註189〕〈第四十章〉云：「反者道之動，弱者道之用。」、〔註190〕〈第七十三章〉云：「天之道，不爭而善勝。」、〔註191〕〈第十六章〉云：「致虛極，守靜篤。萬物並作。」、〔註192〕〈第三十七章〉云：「道常無為而無不為」〔註193〕等。

綜而言之，先就老子《道德經》的「道」字言，其有四種意義：「說」、「道路」、「準則」以及老子之道的「道」。次就老子之道的「道」所展現的諸性格言：於老子的道觀中，「道」老子宇宙觀中的最高階者，也構成這宇宙的天、地、萬物，道的動力規則在於「自然而然」，而其指標則在無欲、柔弱、不爭、虛靜與無為等。人是否是道所生？老子《道德經》全書中並沒有說，但人當是該取法於天、地與道。〔註194〕

〔註184〕同註62，（晉）王弼著、（唐）陸德明釋文《老子道德經注·第四十章》，頁25。
〔註185〕同註62，（晉）王弼著、（唐）陸德明釋文《老子道德經注·第三十七章》，頁21。
〔註186〕同註62，（晉）王弼著、（唐）陸德明釋文《老子道德經注·第三十四章》，頁20。
〔註187〕同註62，（晉）王弼著、（唐）陸德明釋文《老子道德經注·第五十一章》，頁31。
〔註188〕同註62，（晉）王弼著、（唐）陸德明釋文《老子道德經注·第三十二章》，頁18。
〔註189〕同註62，（晉）王弼著、（唐）陸德明釋文《老子道德經注·第三十四章》，頁20。
〔註190〕同註62，（晉）王弼著、（唐）陸德明釋文《老子道德經注·第四十章》，頁25。
〔註191〕同註62，（晉）王弼著、（唐）陸德明釋文《老子道德經注·第七十三章》，頁43。
〔註192〕同註62，（晉）王弼著、（唐）陸德明釋文《老子道德經注·第十六章》，頁9。
〔註193〕同註62，（晉）王弼著、（唐）陸德明釋文《老子道德經注·第三十七章》，頁21。
〔註194〕因老子僅在〈第四十二章〉說：「道生一，一生二，二生三，三生萬物。」並未說人自何來？另〈第二十五章〉中言：「人法地，地法天，天法道，道法自然。」故人當取法於「道」。

第二節　《論語》背景探索

　　中國固有傳統哲學思想中，於政治、教育、民生等影響最爲深刻者莫過儒家思想。孔子爲儒家鼻祖，爲儒家思想之開創者，由其所開始闡述之儒家思想，即「仁道」之精神。孔子死後，吾人據《韓非子‧顯學篇》所載「儒分爲八」之文，先後自稱傳得孔學眞傳之儒人有八位大家，〔註195〕其中以主張「性善」的孟子與主張「性惡」的荀子最爲人熟知。及至漢武帝時，由於董仲舒提倡獨尊儒術、罷黜百家，因而使得儒家正式成爲了官學，亦因此而使得「儒家」正式消失轉爲「儒學」。〔註196〕此後之儒學，遞經魏晉時代玄學與佛學思想之滲透與衰微，雖到宋、明時代由理學家們重新予以光大輝煌，而則此時儒學已不復原始的儒家思想之清純，儼然已轉爲儒、釋、道三家思想合鑄融成的新式儒學。〔註197〕是以，爲求回歸對原始儒家乃及孔子個人思想的體認，由先秦所傳《論語》這部保有較完整孔子與孔子及弟子言行的典籍來探索，當是最直接與清晰的。

〔註195〕《韓非子‧卷十九‧顯學第五十》書云：「世之顯學，儒、墨也。儒之所至，孔丘也。墨之所至，墨翟也。自孔子之死也，有子張之儒，有子思之儒，有顏氏之儒，有孟氏之儒，有漆雕氏之儒，有仲良氏之儒，有孫氏之儒，有樂正氏之儒。自墨子之死也，有相里氏之墨，有相夫氏之墨，有鄧陵氏之墨。故孔、墨之後，儒分爲八，墨離爲三，取舍相反、不同，而皆自謂眞孔、墨，孔、墨不可復生，將誰使定世之學乎？」此處孫氏即爲荀子之誤植。又吾人據吳龍輝先生所言：子思、孟子、樂正子三者有師承關係，是故此當非爲孔子死後之八大派別，而係八位以孔學眞傳後人自居且爲世人所聞知鋒頭較健的儒人。參見吳龍輝著《原始儒家考述》，頁 128～140，臺北市：文津出版社，1995 年 5 月初版。

〔註196〕此據吳龍輝先生所言：「在漢武帝時代以前，儒家雖然在社會上有著廣泛的影響，但仍然是百家中的一家，不過是百家中的顯學而已。與儒家在當時同樣具有顯學地位的還有墨家。……漢武帝推行尊儒政策以後，儒家取得唯一被官方所承認的地位，但實際上已經喪失了作爲一個學派而存在的理由。儒之成爲『家』，只有相對於其他各家學派才能成立。既然其他各家在社會上消失了，儒家也就喪失了作爲一個學派應具有的環境。」同註195，吳龍輝著《原始儒家考述》，頁 1。

〔註197〕譚家哲先生直就《四書》思想內容而論，亦持類似看法，他說道：「〈大學〉、〈中庸〉雖然也不乏精微的思想，甚至有其儒學之本源，但始終受著其時代之影響，在道理上已有一轉向，甚至是一帶有形上色彩之轉向，由『物』之觀注所引起故。因而先秦之《論語》、《孟子》，始屬《詩》《書》開啓下來之儒學正統。」參見譚家哲先生著《論語與中國思想研究》，頁 10～11，臺北市：唐山出版社，2006 年 11 月第一版第一刷。

　　就《論語》本身內容編輯上而言，本書並非鬆散而毫無體系可言之作，如當代學者譚家哲先生即認為：

> 長久以來，人們都認定《論語》為孔子死後門弟子彙集而成之書籍。其中沒有系統、沒有中心，甚至往往有傳鈔上的錯亂，及刻意的竄改。我們發現，《論語》並非如此。不單只其文句可嚴謹地確定，甚至全書之編排，從章與章之間，至句與句或字與字之間，都有精密而全盤的計畫與結構。這一完整的設計，除了全面地傳述了孔子的教誨外，更把儒學及中國古代的道理。系統地整理出來。從人民百姓之道至君王之道、從個人之生命至人類存在整體、從人與人人倫關係至為事時之守則，《論語》沒有不是由深刻體會至深遠反思後凝聚而成的。〔註198〕

因於《論語》作者至深反思與用心凝聚的編輯，是以《論語》對於後世教化方面產生極鉅作用，邱鎮京先生即對《論語》乙書影響及後世之價值持如是評論：

> 《論語》為孔門文學之精粹，支配中國思想界之儒教寶典。歷代帝王依此而舉治平之實，公卿大夫賴此而完輔弼之任，百官有司因此而竭忠良之誠，故論語一書，實通之古金而不謬，施之中外而不悖者也。宋趙普嘗云：「以半部論語佐太祖定天下，以半部佐太宗致太平。」李沆（宋真宗朝宰相）亦謂：「聖人之言，終身可誦。」足見《論語》書價值之重大，與受重視之一斑。〔註199〕

綜而論之，《論語》作為原始先儒寶典，實保有真正孔子之原始思想精粹，加之其精密而全盤的計畫與深刻反思凝聚的編輯，致對後世政教影響至大至鉅，實已不容吾人小覷觀之，故以之與《道德經》並論比較教育思想，當是最恰當不過矣。

一、《論語》其書其人

（一）《論語》之名義

　　現存《論語》計二十篇、五百章，〔註200〕其中大部分記載著孔子的言論

〔註198〕同註197，譚家哲先生著《論語與中國思想研究》，頁19～20。

〔註199〕參見邱鎮京著《論語思想體系》，頁195，臺北市：文津出版社有限公司，2001年9月三版二刷。

〔註200〕此據王財貴先生所篇訂《學庸論語》一書句讀之章節，參見王財貴編訂《學

和行事。本書與其他先秦諸子著述所不同之處，在於其書名並非如《孟子》、《荀子》、《韓非子》等直接採取諸子名號，以作爲該學者與其弟子言論所集結成書之書名。其「論語」二字之名號，據周惠鳳先生所載，歷來即有四種不同之說法：〔註201〕

1、班固《漢書‧藝文志》云：

> 論語者，孔子應答弟子、時人及弟子相與言而接聞於夫子之語也。

> 當時弟子各有所記。夫子既卒，門人相與輯而論纂，故謂之論語。

〔註202〕

此中，班固以「輯而論纂」來解釋爲何叫「論」，表明《論語》爲孔子殁後，由門人弟子互相討論加以編纂而成；而「孔子應答弟子、時人及弟子相與言而接聞於夫子之語也。」則說明《論語》所記載之內容，爲孔子與其弟子、孔子與門人以外之人、以及非直接聽聞於孔子與他人對話的語錄。

2、劉熙所撰《釋名‧釋典藝》云：

> 《論語》記孔子與諸弟子所與之言也。〔註203〕

又云：

> 論，倫也，有倫理也。〔註204〕

又其於〈釋言語〉中云：

> 語，敍也，敍己所欲說也。〔註205〕

劉熙以「倫也，有倫理也。」解釋「論」字，說明《論語》之內涵爲「倫理」；以「敍也，敍己所欲說也。」解釋「語」字，表明此爲敍說所欲說之語言；以「記孔子與諸弟子所與之言也」來說明《論語》所記載者，爲孔子與其弟子間敍說之言語。

3、邢昺所疏《論語集解序疏》云：

> 論者，綸也，輪也，理也，次也，撰也。以此書可以經綸世務，故

庸論語》，臺北市：讀經出版社，1996年1月初版。

〔註201〕參見周惠鳳撰《從論語、孟子探討孔孟之孝道思想》，頁21～24，銘傳大學應用中國文學系碩士在職專班碩士論文，2004年。

〔註202〕同註42，（漢）班固著《漢書‧前漢藝文志第十》（百納本二十四史——三），頁440。

〔註203〕參見（漢）劉熙撰《釋名‧卷六‧釋典藝第二十》，頁94，臺北市：國民出版社，1959年10月初版。

〔註204〕同註203，（漢）劉熙撰《釋名‧卷六‧釋典藝第二十》，頁94。

〔註205〕同註203，（漢）劉熙撰《釋名‧卷四‧釋言語第十二》，頁51。

曰綸也；圓轉無窮，故曰輪也；蘊含萬里，故曰理也；篇章有序，
故曰次也；群賢集定，故曰撰也。鄭玄《周禮注》云：「答述曰語。」
以此書所載皆仲尼應答弟子及時人之辭，故曰語。而在論下者，必
經論撰，然後載之，以示非妄繆也。〔註206〕

邢昺則融會班固及劉熙等二者之說法，兼取「論撰」、「倫理」諸義以解釋「論」
字，並作進一步闡釋；而以「皆仲尼應答弟子及時人之辭」以解釋「語」字。

4、清·何異孫撰《十一經問對》有云：

《論語》者，孔子師弟子討論文義之言語也。有弟子記夫子之言者，
有夫子答弟子之問者，有弟子自相答問者，又有時人相與言者，有
臣對君之問者，有師弟子對大夫之問者，皆所以討論文義，故謂之
《論語》。〔註207〕

何異孫以「討論文義」釋「論」字，以「問答言語」來解釋「語」字，而整
個《論語》內容則為孔子與弟子、時人、君臣、大夫問答及弟子間之問答語。

以上四種說法以班固之說較為客觀，其餘各家所謂「倫理」、「討論文義」
之說，則未免過於闡述而有所不適，不過對吾人進入了解《論語》之內涵、
功用及編纂情形之探討仍多少有所助益。

另外，據《說文解字》云：「論，議也。」、〔註208〕「語、論也」，〔註209〕
段玉裁分別註曰：「凡言語，循其理、得其宜，謂之論。故孔門師弟子之言謂之
論語。」、「一人辯論是非謂之語，……，與人相答問辯難謂之語。」亦可知此
種說法亦接近班固之說法，且更深入提出其內容要點為「循其理、得其宜」。

最後，邱鎮京先生摘錄梁皇侃《論語集解義疏》所記載進一步闡述《論
語》中問答語言之內涵如下：

哀公十六年，哲人既萎……於是弟子僉陳德訓，各記舊聞，撰為此
書，……然此書之體實會多途，皆夫子平生應機作教，事無常準，
或與時君相抗麗，或共弟子抑揚，或自顯示物，或混跡齊凡，問同

〔註206〕參見（魏）何晏注、（宋）邢昺疏《十三經注疏13 論語　孝經》，頁2，臺北
市：藝文印書館，1968年2月初版。

〔註207〕參見（清）何異孫著《十一經問對》（景印摛藻堂四庫全書薈要），頁 447，
臺北市：世界書局，1988年2月初版。

〔註208〕參見（漢）許慎撰、（清）段玉裁注《說文解字注》，頁91～92，臺北市：天
工書局，1992年11月10日再版。

〔註209〕同註208，（漢）許慎撰、（清）段玉裁注《說文解字注》，頁89。

答異，言近意深，詩書互錯綜，典誥相紛綸，義既不定於一方，名
故難求乎諸類，因題『論語』二字，以爲此書之名也。〔註210〕

綜而論之，《論語》的「論」字與「討論」、「辯論」有關係，「語」字則是指孔
子應答其弟子及時人之對話、言辭；此亦即指出《論語》雖言爲記載孔子應答
其弟子及時人之辭，但這些言辭卻是經過討論、講論的，並非任意記載的。

（二）《論語》版本

據《漢書·藝文志》中關於《論語》一書記載，如是說道：

論語古二十一篇。出孔子壁中，兩子張。齊二十二篇。多問王，知
道。魯二十篇，傳十九篇。……凡論語十二家，二百二十九篇。……
漢興，有齊，魯之說。傳齊論者，昌邑中尉王吉，少府宋畸，御史
大夫貢禹，尚書令五鹿充宗，膠東庸生，唯王陽名家。傳魯論語者，
常山都尉龔奮，長信少府夏侯勝，丞相韋賢，魯扶卿，前將軍蕭望
之，安昌侯張禹，皆名家。張氏最後而行於世。〔註211〕

班固在《漢書》提及，當時關於《論語》的版本及講說等總共 12 種 229 篇，
而其中屬於《論語》的原始傳本計有三種，即屬於古文的《古論語》，及屬於
今文的《齊論語》及《魯論語》二家，今分述如下：

1、《古論語》

又簡稱《古論》，係漢代前以古蝌蚪文所書寫之《論語》版本，由孔子後
代於孔子故居牆壁中所發現。《古論》之編排上，係將〈堯曰〉下章又獨立成
一〈子張〉篇，故全書成二十一篇，標題爲〈子張〉篇者有二篇。此外《古
論》篇章的次序也有倒錯，〈鄉黨〉爲第二篇，〈雍也〉爲第三篇；〔註212〕《古
論》全書中文字不同於其他版本的也有四百餘字。〔註213〕孔安國曾爲《古論》
注解《古文論語訓解》一文（又稱《論語孔安國注》），但因無傳學者，故現
已失佚。

2、《齊論語》

又稱之《齊論》，書中較《魯論語》多了〈問王〉、〈知道〉二篇章，是故

〔註210〕同註199，邱鎮京著《論語思想體系》，頁195。
〔註211〕同註42，（漢）班固著《漢書·前漢藝文志第十》（百納本二十四史——三），
頁439～440。
〔註212〕同註197，譚家哲先生著《論語與中國思想研究》，頁23。
〔註213〕同註199，邱鎮京著《論語思想體系》，頁198。

共有二十二篇。而其他二十篇中章句內容亦與《魯論》有所差異。漢代以前為《齊論》作注者，計有王吉、宋畸、貢禹、五鹿充宗及膠東庸生等人，其中僅王吉所傳較出名。〔註214〕

3、《魯論語》

又簡稱為《魯論》。漢以前為《魯論》作傳、注者，有龔奮、夏侯勝、韋賢、扶卿（又稱伏生）、蕭望之、張禹等人，而此中張禹的版本（此即《張論》）自西漢末年以後，成為現代通行本主要依據。之所以如此，譚家哲先生說道：

> 西漢末，有張禹，本授《魯論》，晚講《齊論》，更合而更正，除去〈問王〉、〈知道〉二篇，成一《論語》，號曰《張侯論》。……。後來之學者，亦多從《張論》。先有苞咸（或作包咸）及不悉其名的周氏為《張侯論》分斷章句，然後有馬融為張禹之《魯論》作訓說。漢末之鄭玄更就《魯論》，並考之《齊》、《古》二論，為張禹之《論語》作注。
>
> 至魏末吏部尚書何晏集諸家之注解加以改易，本於張禹《論語》，而成《論語集解》，為我們今日所習之《論語》之原本。〔註215〕

此顯示張禹的《張論》，曾歷經苞咸、周氏、馬融等人為之傳注，到了東漢末則因鄭玄參考《古》、《齊》、《魯》等三版本為《張論》作補充注解，遂使此一版本開始流傳於世。最後到了三國時代，由魏國何晏等本之《張論》而作成《論語集解》一書，便使之成為現今所普及的《論語》一書原版本了。

〔註214〕譚家哲先生指出為：「琅琊王卿所學」（同註 197，譚家哲先生著《論語與中國思想研究》，頁23～24。）又邱鎮京先生謂「膠東庸生」為：「膠東盧勝。」（同註199，邱鎮京著《論語思想體系》，頁198）。

〔註215〕又譚家哲先生認為今本《論語》所用、本於張禹所編之《論語》，係《魯論》所原有的，其因有四，簡述如下：

1. 據《漢書》所載《魯論》有20篇，今本亦20篇，二者數目相同，如為張禹所制，數目當有所異，而非相同。

2. 《論語》三古本今雖佚，而則鄭玄注《張論》仍能參考《古》、《齊》、《魯》三版本，顯見張禹所編仍沿《魯論》結構篇章，否則篇章各異，鄭玄及他人必不安張禹之編定而採用之。

3. 《論語》中僅〈堯曰〉上篇有引獨與孔子言論無關之《尚書·湯誥》章句，此如張禹所竄加之異文，必不僅於此章；如非《魯論》所原有，張禹亦當捨棄之方是。

4. 就《論語》通文徹底、全面且深入儒家精神及孔子教誨之完整結構，如無深通廣達之人絕無能編定，故當非張禹個人所能及與假造之。

以上見同註197，譚家哲先生著《論語與中國思想研究》，頁24～26。

自三國此後，歷代《論語》的重要版本如下：〔註216〕

（1）南朝‧梁‧皇侃所著《論語集解義疏》，此係為《論語集解》所作之疏義。

（2）唐‧賈公彥著《論語疏》，今已不傳。

（3）宋‧邢昺等人著《論語注疏》。

（4）宋‧朱熹著《論語集注》，此本是朱熹自己集宋代人和前人的成果重新集注，而內容並不依傍何晏的《論語集解》。此一版本因在元、明時期一直受到重視，所以並沒有什麼新的版本出現。

（5）清代重新對宋、明學問作批判，考據學的興起使得對於《論語》的研究、整理、校勘、注釋的著作增加，而劉寶楠的《論語正義》是清代的集大成者。

（三）《論語》成書年代

就《論語》成書年代之探討上，首先可藉《漢書》以前古籍中是否有引用《論語》中的文句，來推論其書成的最晚年代。據陳桐生先生統計指出：

> 《史記》徵引《論語》的頻率高於六經傳中的任何一種文本，也高出於此前任何一本古籍。《史記》在二十篇文章的序言、論贊中徵引了32 條《論語》語錄，平均大約每四篇文章的序言、論贊就會有一篇徵引《論語》中的孔子語錄；《論語》凡512章，《史記‧孔子世家》徵引了54章，〈仲尼弟子列傳〉徵引了61章，加上序言、論贊所引的32章，一共是147章，約佔《論語》全部內容的29%，這就意味著近三分之一的《論語》內容被《司馬遷》寫入史記之中。〔註217〕

此中顯示漢代司馬遷（145～不詳？？B.C.）已於《論語》中大量取材，置於其《史記》一書的〈孔子世家〉、〈仲尼弟子列傳〉及其他篇章中。

另外，又據《漢書‧董仲舒傳》〔註218〕及《春秋繁露》〔註219〕中所載，

〔註216〕參見王經綸撰《論語的管理哲學》，頁 22～23，東海大學哲學系碩士論文，2005 年。及北門國小教學平台系統，論語──中國儒家語錄／論語考據，線上檢索日期：2007 年 3 月 10 日，網址：http://learn.pmes.tyc.edu.tw/Analects/t1-2-1.htm。

〔註217〕參見陳桐生撰〈史記與論語〉，《孔孟月刊》第 40 卷第 10 期，臺北市：孔孟月刊社，91 年 6 月出版。

〔註218〕此據《漢書‧董仲舒傳》中所載，如：「孔子曰『人能弘道，非道弘人』也」出自《論語‧衛靈公篇》；又如：「孔子曰『德不孤，必有鄰』」出自《論語‧

亦可發現董仲舒（176？～104？B.C.）亦援引許多《論語》中孔子所說的話，來作為其立論的依據。而董仲舒乃漢初景帝、武帝時人，司馬遷則稍晚期。是以可以確定：董仲舒、司馬遷等二人皆已見到了《論語》成書之內容，而且在漢初景帝、武帝時代之前，《論語》即已集結成書；而更重要的是，當時《論語》的篇章內容也與今日所見到的通行版幾無多大的差別。

　　那麼《論語》一書的編纂年代約在何時？俞志慧先生嘗由《論語》本文中，查證其編纂之年代，今摘錄於下：〔註220〕

1、《論語》編纂年代上限

（1）據《論語・泰伯篇》所記載二章：

　　曾子有疾，召門弟子曰：「啓予足！啓予手！《詩》云：『戰戰兢兢，如臨深淵，如履薄冰。』而今而後，吾知免夫！小子！」〔註221〕

　　曾子有疾，孟敬子問之。曾子言曰：「鳥之將死，其鳴也哀；人之將死，其言也善。君子所貴乎道者三：動容貌，斯遠暴慢矣；正顏色，斯近信矣；出辭氣，斯遠鄙倍矣。籩豆之事，則有司存。」〔註222〕

此為紀錄曾子臨終前對門人以及孟敬子之所言，表示其編訂上限不少於該年。

（2）孟敬子為孟懿子之孫、孟武伯之子，次依《禮記・檀弓下》所載如下：

　　悼公之喪，季昭子問於孟敬子曰：「為君何食？」敬子曰：「食粥，天下之達禮也，吾三臣者之不能居公室也，四方莫不聞矣，勉而為瘠，則吾能，毋乃使人疑夫不以情居瘠者乎哉？我則食食。」

里仁篇〉；又如「孔子曰：『君子之德風（也），小人之德草（也），草上之風，必偃。』」出自《論語・顏淵篇》。甚而直書：「臣聞論語曰：『有始有卒者，其唯聖人乎！』」此亦出自《論語・子張篇》等。總計〈董仲舒傳〉中其所援引數計17處。同註42，（漢）班固著《漢書（下）・董仲舒第二十六》（百納本二十四史——四），頁701～712。

〔註219〕據董仲舒著《春秋繁露》所載，如〈楚莊王〉中：「孔子曰：『無為而治者，其舜乎！』」出自《論語・衛靈公篇》；〈玉杯〉中：「孔子曰：『政逮於大夫，四世矣。』」出自《論語・季氏篇》；〈竹林〉中：「孔子曰：『未之思也！夫何遠之有？』」出自《論語・子罕篇》。總計《春秋繁露》中董仲舒所援引數計21處。參見（漢）董仲舒撰、（清）凌曙注《春秋繁露注》（楊家駱主編），頁12、頁21、頁34等頁，臺北市：世界書局，1975年3月3版。

〔註220〕參見俞志慧撰〈論語編纂年代考〉，《孔孟學報》第82期，頁1～27，臺北市：中華民國孔孟學會，2004年9月。

〔註221〕同註206，（魏）何晏注、（宋）邢昺疏《論語・泰伯第八》，頁70。

〔註222〕同註206，（魏）何晏注、（宋）邢昺疏《論語・泰伯第八》，頁70。

表示魯悼公去世時（《史記・六國年表》載爲周考王十二年、西元前 429 年），孟敬子尚在世，故斷定《論語》編定必於西元前 429 年之後，其成書時間上限爲西元前 429 年。

2、《論語》編纂年代下限

（1）《禮記・坊記》中有：「《論語》曰：『三年無改於父之道，可謂孝矣』」〔註 223〕此爲《論語》最早出現之處，而《隋書・音樂志上》則載此〈坊記〉與《禮記》之〈中庸〉、〈表記〉、〈緇衣〉等篇皆取材於《子思子》一書；且此四篇均有大量引用《論語》之文句，惟不注明《論語》一書。

（2）又根據 1993 年前湖北出土之《郭店楚墓竹簡》戰國時代文獻中，〈緇衣〉與其他思孟派作品同時出現，而足以證明〈緇衣〉等與子思關係密切。是以《論語》之編定必不遲於子思卒年。

（3）再據明・陳鎬撰、孔胤植等增補之《闕里志》與清・毛奇齡《四書賸言》考證《孟子》、《禮記》、《漢書》、《說苑》等書，斷定《史記・孔子世家》謂子思卒年六十二歲係「八十二歲」之誤，故《論語》一書下限不會遲於西元前 400 年。

3、上、下《論》為一次篇定

既以《論語》由成書、而引用、而至子思謝世之時間上、下限不超過 30 年，是以將《論語》視爲各由不同人、不同時間所編定之上、下《論》組合體，乃不合常理之說。

綜而論之，《論語》以其成書之名而爲後學引用，當早於漢初董仲舒、班固甚至《禮記・坊記》成篇之前，而由與其相關之《禮記・緇衣》出現於戰國時期《郭店楚墓竹簡》中，顯示《論語》亦當成書於戰國時期，而當爲俞志慧先生所考定之西元前 429 年～西元前 400 年。

（四）《論語》的作者

吾人據前所書班固《漢書・藝文志》云：「論語者，孔子應答弟子、時人及弟子相與言而接聞於夫子之語也。當時弟子各有所記。夫子既卒，門人相與輯而論纂，故謂之論語。」〔註 224〕即可推知，孔子生前並未參與《論語》

〔註 223〕同註 45，（唐）孔穎達疏《禮記正義・坊記第三十（注疏卷第五十一）》（冊四），頁 9。

〔註 224〕同註 42，（漢）班固著《漢書・前漢藝文志第十》（百納本二十四史——三），頁 440。

集結，〔註225〕此書為孔子弟子們在孔子卒後，將他的論述編輯成書的。

而則，孔子之眾多弟子中又由何人負責纂輯？邱鎮京先生分述歷來諸說如下：〔註226〕

1、鄭玄認為：「論語乃仲弓子夏等所撰定。」（見陸明德《經典釋文》敘錄引）邢昺疏也稱：「仲弓下脫子游二字。」然其說不足信，按曾子少孔子四十六歲，於孔門高足弟子中年最少，而論語載其臨沒之言，故非二子所撰定。（安井息宣《論語集說》。）

2、程子云：「論語之書，成於有子、曾子之門人，故此書獨二子以子稱。」（見朱子《論語集注》序說）其說蓋本於柳子厚《論語辯》（柳宗元認為是曾子之學生樂正子春、子思之徒）。梁啟超亦同此說（見梁著，《孔子》，頁 7，中華書局版），然此說不足採信。因姚鼐《古文辭類纂》有云：「檀弓最推子游，似子游之徒所為，而於子游稱字，曾子、有子稱子，似聖門相沿稱皆如是，非於稱字稱子有重輕也。」

3、或謂（徂徠新《語徵甲》）：「上論成於琴張，而下論成於原思，故二子獨稱名，（按：上論子罕篇有『牢曰子云吾不試故不藝』之語，琴牢去姓而書名；下篇憲問篇首章有「憲問恥」之語，原憲去姓而書名。）其不成於他人之手者審矣。」按安井息宣《論語集說》：「或此二章，乃二子所記，門人編輯此書。直取其所記而載之耳，為足以為《論語》成於二子之證也」。

4、班固已云：「當時弟子各有所記。夫子既卒，門人相與輯而論纂。」皇侃《論語疏》亦云：「《論語》者，孔子沒後七十弟子門人共所撰錄也。」大抵論語所記，自有出於孔子弟子當時親聆而專記之者，而全書之編纂或增訂，則當初自七十子之門人，乃至再傳弟子鄒魯諸儒之手也。至其書名，直至漢初始見，則其纂輯或在周末之十，今考書中；亦有戰國末年人竄亂之跡，一又非近七十子門人之真相矣。

邱鎮京先生承襲班固之說法，認為《論語》並非仲弓、子游、子夏，或曾子、有子，或琴張、原思珠等少數二、三人可得完成，而當是孔子所有弟子與再傳弟子共同完成的。

譚家哲先生則認為：依據論語編排體制與作者之關係，《論語》編纂者並

〔註225〕如孔子親自參與編輯，則此書當如《孟子》、《荀子》之命名而為《孔子》一書。

〔註226〕同註199，邱鎮京著《論語思想體系》，頁 196～198。

非多人所能及成，其看法如下：〔註227〕

1、就《論語》文字之單純與一致，及其本身之爲一深思熟慮之結構，傳統都將之視爲孔子眾弟子或弟子之弟子所彙編，此爲不正確的，因這些特點都非多人意見所能集成者。且孔子弟子間如子張與子夏、子游、曾子等間之主張常分歧，各人之性情能力、能力與偏向等亦均不一，是以無法想像此諸弟子皆能成爲《論語》如此單一而完整體系之共同參與者。蓋因人多反不易形成如此單一之計畫與觀點。

2、若爲孔子眾多弟子所共同編定，則《論語》當爲單純孔子所說話之語錄，而不應有所「論」。因「論」難達成一致，更非弟子傳錄孔子說話所能爲之者。且縱然將孔子說話作了內容上之分類，仍不會有徵引其他文獻作爲對孔子之記述篇章。〔註228〕此諸徵引之文句，當爲編者爲完全其所論內容而用心且有意之彙編，非妄加、甚或竄亂者。

3、以當時文字書寫仍非易事或慣常之事，一切仍以口傳口授爲主。口傳說話本便無文字紀錄之嚴謹性與準確性，故當僅能紀錄孔子教誨之意思。而則既成爲精密且辭達之《論語》文字，必然經編者多次深思熟慮之修改及潤色而成。《論語》文字及語調之平實、溫和、豐富、明確、簡潔、正面及嚴謹一致，非當時、甚至後代文字所能及，故亦必然反映編者之人格與修養，其心志之美善及其用心之努力。

是以，就《論語》文字之單純與一致，及其本身深思熟慮之結構，當非一群性情各異之弟子所任意單純紀錄孔子語錄而能成之，其編者當爲一具有崇高人格修養、心志美善且用心努力之人。而究爲孰人？譚家哲先生在詳參《孟子》與《史記》所載後，認爲篡編之作者當爲「有子（有若）」，今臚列其理由如下：

1、就前所言，《論語》並非雜亂無章的彙集，亦似非多人所能如此一貫一致地完成之系統。

2、其作者，就內容之對孔子日常生活之即近且細微觀察者，及能參與孔子與其弟子之種種親近言論及關係言，必然爲一非常接近孔子之弟

〔註227〕同註197，譚家哲先生著《論語與中國思想研究》，頁31～36。

〔註228〕此處譚家哲先生於註解中補充道：「如〈堯曰〉前半部、〈季氏〉最後一句『邦君之妻（……）』等等與孔子本人無關之文字。但這些文句從結構上言，則是精密而嚴謹的。」同註197，譚家哲先生著《論語與中國思想研究》，頁32，註1。

子，而非其他門弟子。其次，此常在孔子左右之弟子，就其亦見孔子死後眾弟子之事言，必爲孔子之後進弟子。若其目睹曾子之逝世，其年歲亦不能先於曾子太多，並且與曾子有一定來往關係者。

3、《孟子》及《史記》皆曾記：「孔子既沒，弟子思慕。有若狀似孔子，弟子相與共立爲師。師之如夫子時也。」、〔註229〕「他日，子夏、子張、子游以有若似聖人，欲以所事孔子事之。強曾子。曾子曰：『不可！江漢以濯之，秋陽以暴之，皜皜乎不可尚已。』」〔註230〕此中所謂「似」並非「狀似」之意，蓋因子夏、子游深於文學之學養，不致因其狀似孔子而「共立爲師」；且何況子張之好大習性，連曾子、子游及子夏皆「難與並爲仁」，〔註231〕而子張竟能謙下於有子，必非單純因有子貌似孔子，其所似者，當爲其對道理之明白及言談教誨上而言。查《禮記·檀弓上篇》有載：「子游曰：『甚哉，有子之言似夫子也。』」〔註232〕又《孟子·公孫丑篇上·第二章》有云：「宰我、子夏、有若，智足以知聖人。」〔註233〕此種種方面而言，有若必然於道理之明白及體悟上過於其他弟子之所能，致使弟子欲「共立爲師」。

4、《論語·子張篇》主爲記述孔子死後諸弟子之言論，扣除子貢因獨守孔子冢上六年且其言乃對孔子之懷念與頌揚外，餘皆曾子、子游、子夏及子張等人與門人等互動之言（此惟不見有子之言語），故可見孔子死後曾子、子游、子夏、子張及有子皆繼承孔門，且曾留下繼續教學學習。而有子少孔子43歲，至爲年長；子夏少孔子44歲，子游少孔子45歲，曾子少孔子46歲，子張少孔子48歲；故〈子張篇〉雖記他們相互批評之事，亦也反映五人關係密切，生前緊跟孔子、孔子

〔註229〕有若者，即有子。同註1，（漢）司馬遷撰《史記·仲尼弟子列傳》，頁2216。及同註197，譚家哲先生著《論語與中國思想研究》，頁33，註1。

〔註230〕參見王財貴編訂《孟子·滕文公上·第四章》，頁79，臺北市：讀經出版社，1996年1月初版。及同註197，譚家哲先生著《論語與中國思想研究》，頁33，註1。

〔註231〕見《論語·子張篇》中「子游曰：『吾友張也！爲難能也，然而未仁。』」（同註206，（魏）何晏注、（宋）邢昺疏《論語·子張第十九》，頁172）及「曾子曰：『堂堂乎張也！難與並爲仁矣。』」（同註206，（魏）何晏注、（宋）邢昺疏《論語·子張第十九》，頁172）。

〔註232〕同註45，（唐）孔穎達疏《禮記正義·檀弓上第三（注疏卷第八）》（冊一），頁4。

〔註233〕同註230，王財貴編訂《孟子·公孫丑篇上·第二章》，頁44。

卒後仍參與孔門共掌持教授之事。此中既具過人智識，又能與各人共事而受推崇者，當唯有子一人而已。

5、〈子張篇〉不記有子之言，且《論語》全書無一記載有子與孔子之言談與事蹟者，〔註234〕並非二者無關係或不相識、或不活躍於孔子旁，乃因作者既為有子，則有子當然不願於《論語》篇章中提及。〈學而篇〉首尾之所云：「人不知而不慍」〔註235〕與「不患人之不己知」〔註236〕不自居之心情與德行，必為有子深切體悟且努力者，其編纂《論語》尤是。

6、由子夏、子張、子游共推有子為師，並徵詢曾子意見二事來看，顯見五子中最為人所賞識乃有子、曾子二人，而因二人居孔門位置之重要性，甚而可能所有教學事務皆為二子所掌，是故皆冠以「子」稱，以反映成書時之孔門狀況。

7、又《論語》句中於孔子說話單純用「子曰」而非「孔子曰」，表明作者直接係孔子之弟子，故言「老師說……」，而非「孔子他如何說……」，此亦代表對其師說話與教誨多麼謙虛與沉默之承受與學習。除〈季氏篇〉乃對外說明孔子教誨與歸納而客觀化以「孔子曰」外，其餘均然。

8、除此，有子所言均與他弟子之對話性質極殊，有子所說均涉及道之根本或整體性地總論。如：「有子曰：『其為人也孝弟，而好犯上者，鮮矣；不好犯上，而好作亂者，未之有也。君子務本，本立而道生。孝弟也者，其為仁之本與！』」、〔註237〕「有子曰：『禮之用，和為貴。先王之道斯為美，小大由之。有所不行，知和而和，不以禮節之，亦不可行也。』」、〔註238〕「有子曰：『信近於義，言可復也。恭近於禮，遠恥辱也。因不失其親，亦可宗也。』」〔註239〕等皆集中於總論儒學之道的〈學而篇〉第一篇中，此種總合全部儒學道理本末之能力，體

〔註234〕譚家哲先生亦補充：「〈顏淵篇〉中『哀公問於有若』一句，亦只是哀公與有子之對話，非孔子與有子。」同註 197，譚家哲先生著《論語與中國思想研究》，頁 34～35。

〔註235〕同註 206，（魏）何晏注、（宋）邢昺疏《論語・學而第一》，頁 5。

〔註236〕同註 206，（魏）何晏注、（宋）邢昺疏《論語・學而第一》，頁 9。

〔註237〕同註 206，（魏）何晏注、（宋）邢昺疏《論語・學而第一》，頁 5。

〔註238〕同註 206，（魏）何晏注、（宋）邢昺疏《論語・學而第一》，頁 8。

〔註239〕同註 206，（魏）何晏注、（宋）邢昺疏《論語・學而第一》，頁 8。

現《論語》之體系性與窮盡性之智識，除了「智足以知聖人」與「言似孔子」之有子外，恐他人均無此能力矣。

綜而論之，吾人認為譚家哲先生所言極是，《論語》之所以能久傳於世且為諸學者之所崇敬再三拜讀，〔註240〕自必有其宏觀且無盡之系統體系與智識內容。吾人若採邱鎮京先生之說認其成書非少數二、三人可得完成，則《論語》反當因眾口云云而成雜亂無章之語錄彙集。且以《論語》文字及語調之平實、溫和、豐富、明確、簡潔、正面及嚴謹一致，此亦必然需有一崇高人格修養、心志美善且用心努力之編者，歷經多次深思熟慮之修改及潤色而成。以有子既具過人智識，又能於孔子卒後與各人共事而受推崇，加以其深切體悟及不自居之心情與德行，則編纂《論語》者當非他莫屬之矣。

二、《論語》思想背景

《論語》一書既為編纂者將孔子對門人、時人之論述加以闡述者，那麼若編纂者當時只就其個人之理念加以發揮，而非就孔子之宏大思想、道德體系加以整理闡述時，依據當時孔子卒後孔門賢人者仍眾且性情、能力各異之景，恐怕《論語》一書難以得見世人且流傳於今。是以，孔子雖自謂：「述而不作」，而此部《論語》實無異於編纂者將孔子個人宏觀思想理念與智識系統體系之鉅著矣。是故吾人探討《論語》之思想背景，亦當是探討孔子之思想背景為是。

（一）孔子之生平

吾人在探討孔子思想背景時，亦當如老子一般，對孔子之生平先作一概觀了解方是。根據《史記·孔子世家》所載，〔註241〕孔子，名丘，字仲尼，於魯襄公 22 年（西元前 551 年）生於魯國陬邑昌平鄉（今山東曲阜城東南）、卒於哀公 16 年（西元前 479 年），年七十三歲。

魯國為制禮作樂之周公且其子伯禽之封地，是以其對周代傳統文物典籍保存極為完好，而有「禮儀之邦」之稱。例如，魯襄公 29 年（西元前 544 年），吳公子季札觀樂於魯，嘆為觀止；魯昭公二年（西元前 540 年）晉大夫韓宣於訪魯，觀書後贊嘆：「周禮盡在魯矣！」，此對孔子思想之形成有很大影響。

〔註240〕若朱熹所註《四書集注》論語序中，程頤有云：「頤自十七八讀論語，當時已曉文義，讀之愈久，但覺意味深長。」參見（宋）朱熹註《四書集注》，頁117，臺北市：藝文印書館，1999 年 9 月初版七刷。

〔註241〕同註1，（漢）司馬遷撰《史記卷四十七·孔子世家第十七》，頁 1905～1947。

　　雖然孔子父親叔梁紇爲當時貴族階級之末位，但於孔子三歲時即行去世，孔子母親顏征逐攜孔子移居曲阜闕里。早年喪父的孔子，家境不免衰落，爲求謀生之故，年輕時亦曾做過「委吏」（管理倉廩）與「乘田」（管放牧牛羊）與其他粗重工作，這也使得孔子如自己所說過的：「吾少也賤，故多能鄙事。」

　　由於孔子一心想要實現其理想，遂謀求仕宦之途，期望透過政治之影響以實現其理想主張。然而，孔子在仕途之上並不順利，魯昭公 25 年（西元前517 年），魯國發生內亂，據《史記‧孔子世家》所載：「昭公牽師擊（季）平子，平子與孟孫氏、叔孫氏三家共攻昭公，昭公師敗，奔齊。」而孔子在這一年也到了齊國。居齊國期間，齊景公曾問政於孔子，孔子答以「君君、臣臣、父父、子子。」故得到了齊景公的讚賞，一度想要將尼谿之田封給孔子，而則卻遭到國中大夫晏嬰的反對，且孔子之政治主張亦爲當時齊國的其他大夫所反對難忍，而欲加害孔子，是以孔子便只得返回魯國。但此時魯國的政權已經由季氏爲首的三家所瓜分，〔註242〕而季氏亦由其家臣陽貨所把持。此種「陪臣執國命」之狀況，孔子認爲其理想在政治上是不可能實現的，遂退而從事教育講學與整理《詩》、《書》、《禮》、《樂》等古籍之工作。

　　魯定公 9 年（西元前 501 年），孔子五十一歲時，陽貨被逐奔齊，孔子才開始出仕於魯國，剛開始孔子被任爲中都宰，治理中都，行之一年，四方則之，將中都治理的很好，於是由中都宰遷爲司空，再升爲大司寇。魯定公 10 年（西元前 500 年）齊魯夾谷之會，魯國由孔子相禮。孔子認爲「有文事者必有武備，有武事者必有文備。」早有防範，並運用禮儀作爲有利的外交抗爭，使齊君想用武力劫持魯君之預謀未能得逞，並且使齊國交還侵占魯國的鄆、汶陽、龜陰之田。魯定公 12 年（西元前 498 年）孔子爲加強公室，抑制三桓，改變魯國「陪臣執國命」、「禮樂征伐自大夫出」的局面，援引古制「臣無藏甲，大夫毋百雉之城。」提出「墮三都」的計畫。

　　開始時由於孔子利用了三桓與其家臣的矛盾。如，魯定公 8 年陽貨據費邑叛季孫氏與魯定公 10 年侯犯據郈邑叛叔孫氏等事件。使季孫氏、叔孫氏同意各自毀掉了費邑與郈邑。但因孟孫氏被任成邑宰的家臣公斂處父所進言：「墮成，齊人必至於北門。且成，孟氏之保鄣。無成，是無孟氏也。我將弗墮。」故而反對墮成邑。魯定公圍之不克，使孔子「墮三都」計畫受挫而失敗。

―――――――――――――――――

〔註242〕季氏即季孫氏。自魯宣公起，魯國實際的政權即掌握在季孫氏、叔孫氏、孟
　　　　孫氏三家中。三家都是魯公的後代，又稱爲「三桓」。

在孔子墮三都的意圖暴露後，其與三家之關係逐漸的疏遠。再加上由於孔子仕魯，齊國害怕魯國逐漸強盛而併己，於是饋女樂給魯定公與季桓子。季桓子接受齊女樂後「三日不聽政」，孔子見此情況，知道其抱負難以施展，遂帶領顏回、子路、子貢、冉求等十餘弟子離開魯國，開始了長達了十四年之久的周遊列國，此時孔子已年五十五歲。

孔子周遊列國，於各國之中抱有最多希望是衛國，因為衛國與魯國的國情相近，亦是一個保留傳統的禮樂之邦，而衛國境內的賢者也很多，因此孔子希望能在衛國實踐其理想抱負。然而，衛國當時的國君衛靈公是一個無道，且又喜歡征戰、不好禮教的君王。其思想與孔子相悖，因此孔子在衛國始終沒有受到重用。

在前往陳國時，路過匡地，被當地人誤認為是陽貨而被圍困了五日。經由曹國往宋國時，宋司馬桓魋想要殺孔子，孔子只得微服過宋國，再經由鄭國至陳國。其後孔子往返陳國與蔡國之間多次。直至楚昭王來聘孔子，孔子想要前往拜禮，可是陳國與蔡國的大夫害怕孔子前往楚國受到重用，因此將孔子圍困在陳蔡之間絕糧七日。在經由楚國解圍後孔子到了楚國，然而楚昭王受到了楚國令尹子西的影響，打消了原本想要封地給孔子的念頭。此後，孔子離開楚國再度回到衛國。此時孔子雖受到禮遇，但仍不見用。魯哀公十一年（西元前 484 年）冉有回到魯國，率軍在郎戰勝齊軍。季康子於是派人以幣迎孔子回到魯國，結束了十四年的遊歷，此時孔子已經六十八歲。孔子回到魯國後，魯國人尊以「國老」，雖然魯哀公與季康子常以政事相詢，但終不被重用。而孔子亦不求仕，將晚年致力於整理文獻和繼續從事教育。魯哀公 16 年（西元前 479 年）孔子卒，葬於魯城北泗水之上，享年七十三歲。

（二）孔子的時代背景

根據上段所載，孔子生時正當春秋末年之際，就孔子本身立場來看此一時代，王美蘭先生分析之具有四大特徵：〔註243〕

1、王綱解紐

此係指周王室統治權的衰微，經由封建諸侯互相爭奪，致使政治權力下移的過程。孔子對當時王綱解紐的歷史現象有深刻瞭解，是故其於〈季氏第十六·第二章〉中言：「天下有道，則禮樂征伐自天子出；天下無道，則禮樂

〔註243〕同註94，王美蘭撰《老、孔道德思想之比較及其教育實踐》，頁 14～15。

征伐自諸侯出。自諸侯出，蓋十世希不失矣；自大夫出，五世希不失矣；陪臣執國命，三世希不失矣。天下有道，則政不在大夫；則天下有道，則庶人不議。」〔註244〕

2、道德敗壞

《論語》一書中對此有以下言論：

〈述而第七·第三章〉：「德之不修，學之不講，聞義不能徙，不善不能改，是吾憂也。」〔註245〕

〈述而第七·第二十五章〉：「善人，吾不得而見之矣；得見有恆者，斯可矣。」〔註246〕

〈子罕第九·第十七章〉：「吾未見好德如好色者也。」〔註247〕

〈衛靈公第十五·第三章〉：「由，知德者鮮矣。」〔註248〕

〈衛靈公第十五·第十二章〉：「已矣乎！吾未見好德如好色者也。」〔註249〕

就這些言論背後所反應的意義來看，吾人可以清楚知道孔子所見者、所感慨者是此一道德敗壞的年代。

3、階級變動

封建制度特色之一，即是因人的角色不同而將之分成許多等級；而要維持如此之等級社會，除了周室本身需有強大而穩定之統治權外，整個社會亦要盡可能維持靜止與封閉之狀態。然而面對王綱解紐、政治權力下移之實，如此封閉與靜止之社會狀態已難持續，各階級間的變動顯已成為必然趨勢。而孔子於此變動之過程中，所扮演的角色是：將本來有階級意義的君子、小人，重新由道德學問上加以區分。如：〈里仁第四·第十一章〉中：「君子懷德，小人懷土。君子懷刑，小人懷惠。」〔註250〕〈里仁第四·第十六章〉所云：「君子喻於義，小人喻於利。」〔註251〕〈顏淵第十二·第十六章〉孔子所說：「君子成人之美，

〔註244〕同註206，（魏）何晏注、（宋）邢昺疏《論語·季氏第十六》，頁147～148。
〔註245〕同註206，（魏）何晏注、（宋）邢昺疏《論語·述而第七》，頁60。
〔註246〕同註206，（魏）何晏注、（宋）邢昺疏《論語·述而第七》，頁63。
〔註247〕同註206，（魏）何晏注、（宋）邢昺疏《論語·子罕第九》，頁80。
〔註248〕同註206，（魏）何晏注、（宋）邢昺疏《論語·衛靈公第十五》，頁137。
〔註249〕同註206，（魏）何晏注、（宋）邢昺疏《論語·衛靈公第十五》，頁139。
〔註250〕同註206，（魏）何晏注、（宋）邢昺疏《論語·里仁第四》，頁37。
〔註251〕同註206，（魏）何晏注、（宋）邢昺疏《論語·里仁第四》，頁37。

不成人之惡；小人反是。」〔註252〕以及〈顏淵第十二‧第十九章〉中所謂：「君子之德、風，小人之德、草；草上之風，必偃。」〔註253〕等即是。

4、戰爭頻繁

春秋時代的兩百多年間，幾乎每個國家都經歷過本身之內亂，自權位爭奪而至弒君、滅族等，皆不免於動武用兵，但此諸規模仍屬小型；除內亂外，尚有兩類較大規模之戰爭，一為兼併（強凌弱與諸侯爭霸），二為外患（戎狄之侵入）。如此皆造成整個中原地區經濟崩潰、社會政治不安、百姓生靈塗炭、民不聊生之悽慘景象。

孔子與老子同為東周春秋末期人，且孔子亦嘗問禮於老子，是以就孔子之「王綱解紐」、「道德敗壞」、「階級變動」、「戰爭頻繁」諸時代背景特徵言，亦與老子所面對之「禮的僵化」、「法的肆虐」、「戰爭連綿」與「封建制度全面崩潰」諸現象等同無異。

而則，老子擔任過周朝柱下吏，親眼見到了整個周室政治系統中心體系在他面前敗亂、崩潰：具周室世卿制度及世祿之史官，淪為無定給之士人而流浪諸國；〔註254〕而周公所傳的禮樂，反成了那些王公貴權、新興士族用來爭權奪利、桎梏人心的文飾工具與藉口。如此使人感到充滿破敗、墮落與混亂之社會，及有識之士有心卻無力於改變整個環境的現象，當然促使老子極度厭倦人偽所作的一切，而衷心期望大家回到「自然而然、質樸而無欲」的生活。

孔子則不然，土生土長於保存極多周公所遺留下來完整禮樂教化系統的魯國，且一度在朝為官真實地的去實踐過禮樂教化系統，也一度使魯國大治；〔註255〕而卻仍不免於造成王公貴權、新興士族爭權奪利之極度隱憂，終究不得不辭官去周遊列國、甚而晚年隱而講學。對於孔子而言，如此「君不君、臣不臣、父不父、子不子」〔註256〕失範的社會，確曾使他感慨於「天下之無

〔註252〕同註206，（魏）何晏注、（宋）邢昺疏《論語‧顏淵第十二》，頁109。
〔註253〕同註206，（魏）何晏注、（宋）邢昺疏《論語‧顏淵第十二》，頁109。
〔註254〕此據同註4，魏元珪著《老子思想體系探索（上）》，頁11。
〔註255〕〈孔子世家〉有載：「定公以孔子為中都宰，一年，四方皆則之。」、又云：「孔子……由大司寇行攝相事，……。與聞國政三月，粥羔豚者弗飾賈；男女行者別於塗；塗不拾遺；四方之客至乎邑者不求有司，皆予之以歸。」此皆孔子為仕而國富民安、四鄰歸心之明證。同註1，（漢）司馬遷撰《史記卷47‧孔子世家第十七》，頁1915及頁1917
〔註256〕同註206，（魏）何晏注、（宋）邢昺疏《論語‧顏淵第十二》，頁108。

道也久矣。」〔註257〕而則孔子卻使用另一角度去面對此一充滿危機卻又呈現轉機的時代，他自我期許爲木鐸，〔註258〕也期望這「天生德於予」〔註259〕亦能普及於所有世人。是以，孔子不反對禮樂、甚而極度推展回復周公之時的禮樂，即是期望能爲在這制度日益僵化的社會中，透過政治的實踐，重新注入其人文的精神，完成其所主張之「仁道」世界理想。

（三）孔子的地域背景

孔子生於魯國，魯國係周公旦之封國，位於今山東省西南，其國都在曲阜，而地理位置上屬於黃河北方。又據梁啓超先生所言：

> 北地苦寒磽瘠、謀生不易，其民族銷磨精神日力以奔走衣食維持社會，猶恐不給，無餘裕以馳騖於玄妙之哲理，故期學術思想，常務實際、切人事、貴力行、重經驗，而修身齊家治國利群之道術，最發達焉；惟然，故重家族，以族長制度爲政治之本；敬老年、尊先祖、隨而崇古之念重，保守之情深、排外之力強，則古昔、稱先王、內其國、外夷狄、重禮文、繫親愛、守法律、畏天命，此北學之精神也。〔註260〕

這種南、北方因氣候、物產等所造成的差異現象，連孔子本身也知道，如《中庸・第九章》所書：

> 子曰：「南方之強與，北方之強與，抑而強與？寬柔以教，不報無道，南方之強也。君子居之。衽金革，死而不厭，北方之強也。而強者居之。」〔註261〕

南方氣候溫和、物產豐富當然使得人民「尙柔弱」而不喜爭鬥，北方氣候寒苦、物資貧乏當然也只有重實務之「強者」才能生存。是以，此種因地域影響北方學術思想重務實、切人事、貴人事、重經驗之特質，自而造就孔子思想之所以「重禮樂」、「主仁道」之思想，而絕不同於南方老子因地處富饒而

〔註257〕同註206，（魏）何晏注、（宋）邢昺疏《論語・八佾第三》，頁31。
〔註258〕《論語・八佾第三・第二十四章》：「天下之無道也久矣，天將以夫子爲木鐸。」此雖爲儀封人所言，不也代表當時孔夫子的心境，及其帶領門人永無止境追求完美人格（禮樂──「仁道」）實踐之一貫立場！參見同註197，譚家哲先生著《論語與中國思想研究》，頁252～279。
〔註259〕同註206，（魏）何晏注、（宋）邢昺疏《論語・述而第七》，頁63。
〔註260〕同註85，梁啓超著《中國學術思想變遷之大勢》，頁17～19。
〔註261〕同註240，（宋）朱熹註《四書集注》，頁55～56。

致「達觀於世界之外」、「倡自然而然」之「天道」思想。

另就孔子成長之魯國國家環境而言，張蔭麟先生如是說道：

> 當春秋時代，魯是一個弱國；始受制於齊，繼受制於吳，終受制於越。但它也是列國中文化最高的。宗周的毀滅，和成周在春秋時所經幾度內亂的破壞，更增加魯在文化上的地位。前 540 年，晉韓宣子來聘，看到魯泰史所藏的典籍，便說「周禮盡在魯矣！」先此數年，吳公子季札歷聘諸國，到魯國，特別請求聽奏各種「周樂。」可見「周樂」亦「盡在魯矣。」……當春秋時代，在多數國家，「周禮」已成一段模糊之歷史了。但魯國人特別小心翼翼地遵守著它，並且當做一種重大的學問去講求它。當時魯國有一班人，專門以傳授禮文，並「導演」禮儀為職業。這種人叫做「儒」。〔註262〕

由是可知，雖然魯國在當時列強環伺欺凌下，終究只是個政治上的弱國，而則魯國在文化成就上，其不僅是周室「禮樂」傳統文化的唯一保護者，更是整個春秋戰國時代中「禮樂文明」的擎天柱石。

（四）孔子的歷史文化背景

據王美蘭先生研究，孔子在中國歷史上一直被視為周代文化的繼承者與復興者，而孔子也以此自居之，吾人就以下各書的內容中即可見一斑：〔註263〕

1、《淮南子・要略》：周公繼文王之業，持天子之政，以股肱周室，輔翼成王。懼爭道之不塞，臣下之危上也，故縱馬華山，放牛桃林，敗鼓折枹，搢笏而朝，以寧靜王室，鎮撫諸侯。成王既壯，能從政事，周公受封於魯，以此移風易俗。孔子脩成、康之道，述周公之訓，以教七十子，使服其衣冠，脩其篇籍，故儒者之學生焉。〔註264〕

2、《漢書・藝文志》：儒家者流，蓋出於司徒之官，助人君順陰陽明教化者也。游文於六經之中，留意於仁義之際，祖述堯舜，憲章文武，宗師仲尼，以重其言。〔註265〕

3、《隋書・志第二十九・經籍三・子》：儒者，所以助人君明教化者也。

〔註262〕同註84，張蔭麟著《中國史綱——上古篇》，頁 101。
〔註263〕同註94，王美蘭撰《老、孔道德思想之比較及其教育實踐》，頁 22〜23。
〔註264〕參見（漢）劉安著，（漢）高誘注《淮南子・要略》，頁 375，臺北市：世界書局，1974 年十版。
〔註265〕同註42，（漢）班固著《漢書・前漢藝文志第十》（百納本二十四史——三），頁 442。

聖人之教，非家至而戶說，故有儒者宣而明之。其大抵本於仁義及五常之道，黃帝、堯、舜、禹、湯、文、武，咸由此則。周官，太宰以九兩繫邦國之人，其四曰儒，是也。其後陵夷衰亂，儒道廢闕。仲尼祖述前代，修正六經，三千之徒，並受其義。〔註266〕

4、《中庸・第二十八章》：子曰：「吾說夏禮，杞不足徵也；吾學殷禮，有宋存焉；吾學周禮，今用之，吾從周。」〔註267〕

5、《中庸・第三十章》：仲尼祖述堯舜，憲章文武；上律天時，下襲水土。〔註268〕

吾人從上引文可知，孔子的文化傳承源流，承襲自上古堯、舜、禹、湯而至周朝文、武、周公歷世一脈相傳之道，而至孔子之時，更是加以發揚光大。是以吾人可得，孔子之道乃繼承並發揚堯、舜、禹、湯、文、武、周公之道而來矣。

孔子對於周文化之一心生嚮往，於《論語》一書中亦展露無遺，吾人可以由「從周」與「對周公的景仰」二方面，看到孔子推崇周文化的事例。首就孔子「從周」而言，於《論語》有以下幾個例子：

〈八佾第三・第十四章〉子曰：「周監於二代，郁郁乎文哉！吾從周。」〔註269〕

〈泰伯第八・第二十章〉舜有臣五人而天下治。武王曰：「予有亂臣十人。」孔子曰：「才難，不其然乎？唐虞之際，於斯為盛。有婦人焉，九人而已。三分天下有其二，以服事殷。周之德，其可謂至德也已矣。」〔註270〕

由上可看出孔子對周文化發自內心的讚賞，並將周文的成就視為文化重建的典範。但我們不禁要問，為什麼孔子對周文如此的情有獨鍾呢？就王美蘭先生分析近人之研究，大致有以下四種原因：

1、周人領導西土邦國打敗東方部族參與東方政局之後，他們並沒有留戀偏狹的地方意識，反而積極經營更寬宏的「華夏意識」，領導中原文明的

〔註266〕參見（唐）魏徵等撰《隋書（二）》，頁999，臺北市：洪氏出版社，1974年7月1日初版。

〔註267〕同註240，（宋）朱熹註《四書集注》，頁95。

〔註268〕同註240，（宋）朱熹註《四書集注》，頁98。

〔註269〕同註206，（魏）何晏注、（宋）邢昺疏《論語・八佾第三》，頁28。

〔註270〕同註206，（魏）何晏注、（宋）邢昺疏《論語・泰伯第八》，頁72～73。

發展，使「西土意識」轉而爲「天下意識」，把神權氣氛濃厚的天命轉爲深具人道精神的天命觀，善用既存的社會結構創造新的政治規模。

2、除居於主導地位的周代貴族文化外，春秋時代其實還並存著其他許多不同型態的文化。如東方還保存著齊文化，南方還保存著楚文化、越文化，在殷商遺民的後裔所建立的宋國殘存著殷商文化，在夏人後裔所建立的杞國殘存著夏代文化等等。不同文化間的相互鄙視與排斥造成文化間的衝突與摩擦，且殷遺民更有一種企圖恢復原來屬於商王朝的熱情，孔子爲了消除種族之間的隔閡，以早日促進文化間的統一，所以「從周」以破除商遺民對周的敵意。

3、與夏、殷文化比較起來，由文王、周公所所創立的周文化是一種相對進步的文化。

4、周文化已經承繼夏、殷文化好的部分，而且文獻足徵，所以孔子要從周。至於說：「百世可知」表示了孔子對周文化充滿信心。〔註271〕

就周文化而言，西周文明在取得領導中原之地位時，並未將其前各部族社會之遺民完全消滅掉，而是容許他們仍然擁有自己的小邦國與良好之文化傳統，頂多在附近以分封弟子的方式派王親就近加以監視，是以各個前朝之邦國多能就其原有優良文化加以延續，而如此亦從中整合並發展出整個周文化兼容並包的優異文化特色。而則東周春秋、戰國時代封建制度的崩潰，貴族沒落與新興士族的興起，當然不免對於周文化原有的「禮樂」、「儀文」制度產生極大之懷疑與失落感，孔子並非全然不知，其也嘗謂言：「殷因於夏禮，所損益，可知也；周因於殷禮，所損益，可知也。其或繼周者，雖百世，可知也。」〔註272〕此復如譚家哲先生所云：

> ……這人類存在眞實之道，在歷史中，亦即夏、商、周三代禮樂之道。這三代所推行者，並非任何人爲的創制與制定，而是純然依據人性及人倫之事實而形成者，正因是人性或人自身而非其他事物之道，故無論歷經何種損益，這順承著人性或人倫而有之自然之眞實，是不受到時代即人爲的損益所可改變或銷亡的。〔註273〕

是以孔子深知周文禮樂制度於形式上勢必因應時代之變遷而損益，而則其所

〔註271〕同註94，王美蘭撰《老、孔道德思想之比較及其教育實踐》，頁23～24。
〔註272〕同註206，（魏）何晏注、（宋）邢昺疏《論語・爲政第二》，頁19。
〔註273〕同註197，譚家哲先生著《論語與中國思想研究》，頁171～172。

以「從周」之根本，便在周文精神內涵中所闡述出的「人性真實之道」。

其次，談及孔子「對周公景仰」部分，吾人可從以下幾則在《論語》中有關周公的描述中略窺其一二：

〈述而第七・第五章〉子曰：「甚矣吾衰也！久矣，吾不復夢見周公！」

〈泰伯第八・第十一章〉子曰：「如有周公之才之美，使驕且吝，其餘不足觀也已。」

孔子為何對周公如此敬仰呢？主要的理由乃在周公制禮作樂於周朝，周朝始能產生如此高度的文化，此係最讓孔子所一心嚮往者。〔註274〕是以孔子心中的文化傳統，亦即是以「禮樂」為主要內容的周文，其在文化方面上一生最重要的志業，就是要振興周文，以周文所闡述之「人性真實之道」，進而重建整個政治社會的新秩序。

（五）孔子的「神義性之天」

關於孔子的「天」之概念，陳鼓應先生有如是看法：

孔子的「天」的概念，上承於西周以來的天命觀。《詩》、《書》中的「天」為神義性的，如「天命靡常」（《大雅・文王》）、「昊天有成命」（《周頌・清廟》）、「天降喪亂」（《大雅・喪柔》）以及「天降時喪」（《書・多方》）、「天佑下民」（〈秦誓〉）等等。孔子之「天」，基本上是依照這一思想線索而發展。《論語》書上「天」字十六見，〔註275〕或屬意志之天（如「獲罪於天，無所禱也」等），或屬運命之天（如「死生有命，富貴在天」等），要皆屬於神義性之天。基本上，孔子對天的觀念是繼承了《詩》、《書》及春秋時人之神義性的正統觀點，他與大多數同時代的人一樣，都不否認天的神性本質，而只在天人關

〔註274〕王美蘭先生節錄韋政通著《孔子》一書所載，依據韋政通解釋孔子之所以仰慕周公，尚有二理由：

1. 就事功而言：周公一生為了打下新周邦的基業，不但忍辱負重，且治國有方。

2. 就人格而言：當他的權勢與威望如日中天之際，卻視天下如敝屣。讓位後依舊不辭艱辛，率軍東征，為周室鞠躬盡瘁，其事功與人格皆垂不朽。

前者見同註94，王美蘭撰《老、孔道德思想之比較及其教育實踐》，頁25。後者見韋政通著《孔子》，頁43～45，臺北市：東大圖書股份有限公司，1997年4月3日初版。

〔註275〕此處所謂：「『天』字十六見」當為訛誤，查《論語》全書中之「天」字，具有49處之多。

係上有所改變，使「天」和個人發生聯繫。〔註276〕

事實上，《論語》之「天」一共出現49次之多，吾人將之統計分類如下：

1、與他字共同組成而爲一專有名詞者：計29次。

（1）「天下」：計 23 次。此處多作爲吾人一般所指之天下或世界（the word），而無意志可言；僅在〈泰伯第八・第十三章〉、〈季氏第十六・第二章〉、〈微子第十八・第六章〉之「天下有道」；〔註277〕〈季氏第十六・第二章〉之「天下無道」〔註278〕時，「天下」一詞具有主宰之意志性格。

（2）「天命」者：計 3 次。分於〈爲政第二・第十四章〉：「五十而知天命」、〔註279〕〈季氏第十六・第八章〉：「君子……畏天命」、〔註280〕「小人不知天命而不畏」；〔註281〕此「天命」一詞具有運命之天的性格，亦具有意志。

（3）「天子」者：計 2 次。分於〈八佾第三・第二章〉：「天子穆穆」〔註282〕及〈季氏第十六・第二章〉：「禮樂征伐自天子出」；〔註283〕此「天子」等同吾人一般所指之國君而言。

（4）「天道」者：計 1 次。於〈公冶長第五・第十三章〉：「夫子之言性與天道」；〔註284〕此處「天道」指有道德意志之天理，或不具道德意志之天理，未可知也。〔註285〕

2、僅單獨用一「天」字：計 20 次，依其性格可約略分爲四種：

（1）具有「主宰之天」或「意志之天」之性格者：如：〈子罕第九・第六章〉：「天縱之將聖」、〔註286〕〈子罕第九・第十一章〉：「吾誰欺？欺天乎？」、

〔註276〕同註26，陳鼓應著《老莊新論》修訂版，頁111～112。

〔註277〕同註206，「天下有道」一詞分見《論語・泰伯第八》（頁72）、《論語・季氏第十六・第二章》（頁147）、《論語・微子第十八》（頁165）等處。

〔註278〕同註206，「天下無道」一詞分見《論語・季氏第十六》，頁147。

〔註279〕同註206，（魏）何晏注、（宋）邢昺疏《論語・爲政第二》，頁18。

〔註280〕同註206，（魏）何晏注、（宋）邢昺疏《論語・季氏第十六》，頁149。

〔註281〕同註206，（魏）何晏注、（宋）邢昺疏《論語・季氏第十六》，頁149。

〔註282〕同註206，（魏）何晏注、（宋）邢昺疏《論語・八佾第三》，頁25。

〔註283〕同註206，（魏）何晏注、（宋）邢昺疏《論語・季氏第十六》，頁147。

〔註284〕同註206，（魏）何晏注、（宋）邢昺疏《論語・公冶長第五》，頁43。

〔註285〕儒家就此「性」，分別發展出孟子具道德意志的「性善論」，與荀子不具道德意志的「性惡論」。「性善論」依於道德、意志的「天」之型態發展，而「性惡論」則依於自然、物質的「天」之型態發展。是以本處所陳之「性與天道」是否具道德意志，難以確定。

〔註286〕同註206，（魏）何晏注、（宋）邢昺疏《論語・子罕第九》，頁78。

〔註287〕〈堯曰第二十‧第一章〉：「天之歷數在爾躬」、〔註288〕〈堯曰第二十‧第一章〉：「天祿永終」〔註289〕等4者。

（2）具有「運命之天」之性格者：如：〈八佾第三‧第十三章〉：「獲罪於天，無所禱也。」、〔註290〕〈子罕第九‧第五章〉：「天之將喪斯文也」及「天之未喪斯文也」、〔註291〕〈先進第十一‧第八章〉：「天喪予！天喪予！」、〔註292〕〈顏淵第十二‧第五章〉：「死生有命，富貴在天。」、〔註293〕〈憲問第十四‧第三十七章〉：「不怨天，不尤人」〔註294〕等7者。

（3）具有「自然之天」之性格者：在整部《論語》一書中僅有2次，皆同時出現於〈陽貨第十七‧第十九章〉之「天何言哉？……天何言哉？」，〔註295〕此指四時的運行、萬物的化育，皆未受天意所支配，而與老子「天地自然化育」的天有相同之性格。

（4）具有「義理之天」或「道德之天」之性格者：如：〈八佾第三‧第二十四章〉：「天將以夫子為木鐸」、〔註296〕〈雍也第六‧第二十六章〉：「天厭之！天厭之！」、〔註297〕〈述而第七‧第二十二章〉：「天生德於予」、〔註298〕〈泰伯第八‧第十九章〉：「唯天為大，唯堯則之！」、〔註299〕〈憲問第十四‧第三十七章〉：「知我者，其天乎！」、〔註300〕〈子張第十九‧第二十五章〉：「猶天之不可階而升也」〔註301〕等7者。

吾人再將上所分之「天」與它字成詞，及「天」單一字出現二類合觀，可知《論語》中作為專詞之「天下」、「天子」與「自然之天」此諸不具神義性之

〔註287〕同註206，（魏）何晏注、（宋）邢昺疏《論語‧子罕第九》，頁79。
〔註288〕同註206，（魏）何晏注、（宋）邢昺疏《論語‧堯曰第二十》，頁178。
〔註289〕同註206，（魏）何晏注、（宋）邢昺疏《論語‧堯曰第二十》，頁178。
〔註290〕同註206，（魏）何晏注、（宋）邢昺疏《論語‧八佾第三》，頁28。
〔註291〕同註206，（魏）何晏注、（宋）邢昺疏《論語‧子罕第九》，頁77。
〔註292〕同註206，（魏）何晏注、（宋）邢昺疏《論語‧先進第十一》，頁97。
〔註293〕同註206，（魏）何晏注、（宋）邢昺疏《論語‧顏淵第十二》，頁106。
〔註294〕同註206，（魏）何晏注、（宋）邢昺疏《論語‧憲問第十四》，頁129。
〔註295〕同註206，（魏）何晏注、（宋）邢昺疏《論語‧陽貨第十七》，頁157。
〔註296〕同註206，（魏）何晏注、（宋）邢昺疏《論語‧八佾第三》，頁31。
〔註297〕同註206，（魏）何晏注、（宋）邢昺疏《論語‧雍也第六》，頁55。
〔註298〕同註206，（魏）何晏注、（宋）邢昺疏《論語‧述而第七》，頁63。
〔註299〕同註206，（魏）何晏注、（宋）邢昺疏《論語‧泰伯第八》，頁72。
〔註300〕同註206，（魏）何晏注、（宋）邢昺疏《論語‧憲問第十四》，頁129。
〔註301〕同註206，（魏）何晏注、（宋）邢昺疏《論語‧子張第十九》，頁174。

「天」者具 17 次，而含有「主宰之天」或「意志之天」、「運命之天」、「義理之天」或「道德之天」等三種具有神義性之「天」總計 21 次，而無法判斷者計 1 次。是以就陳鼓應先生所言之：「孔子對天的觀念是繼承了《詩》、《書》及春秋時人之神義性的正統觀點，他與大多數同時代的人一樣，都不否認天的神性本質，而只在天人關係上有所改變，使「天」和個人發生聯繫。」〔註302〕可謂恰當的說法。

　　而孔子因何如此爲之？王美蘭先生如是說道：

> 西周的天命神學之天是神學意義上的天，這個「天」或「帝」能夠發號施令，指揮自然界的變化，決定社會治亂以及個人禍福。在春秋戰國時代，這種傳統的宗教思想日趨沒落，但在孔子的思想中仍保有一定地位。儘管孔子仍保留這一方面的思想，但孔子是以更積極的態度欲從自然與道德兩方面（尤其是道德）去轉化傳統的天，把這樣的天與人事緊扣起來，作爲現實社會人生的依據。〔註303〕

又其將傅佩榮先生所談論孔子的天或天人間關係，歸納爲以下四要點：

1、孔子總是以「相關性」的語氣談到天，也就是說孔子對於與人隔絕的天並無興趣。縱然以天爲自然界，孔子仍肯定天與人之間的特殊關係。

2、天人之間的關係，要遠較自然界與人之間的關係更爲密切，因爲天會主動回應人間的需要。

3、這個具有回應能力的天賦予孔子一項特殊使命，但孔子必須透過深刻的道德修養與徹底的自我覺悟才能體認此一使命。

4、面對這樣的天，人在盡力滿全自身的職責時，就能瞭解命運的真諦。這是從道德觀點來瞭解「天命」。〔註304〕

　　吾人由上述可知，對於「天」之概念，孔子係以神義性之觀點處理之，而其意涵在因於「天」對於「人」的主宰與運命中，人必須順從天命以完成「對人事」、「對自我實現」之積極要求與最妥善之處理；而當人因此而成全「人道」之際，那麼此一具「神性的天」便自而轉爲「道德的天」，因之天人間的對立便如此逐漸消失，「天人合一」的理想便可實踐與完成。

〔註302〕同註26，陳鼓應著《老莊新論》修訂版，頁111～112。

〔註303〕同註94，王美蘭撰《老、孔道德思想之比較及其教育實踐》，頁30。

〔註304〕參見傅佩榮著《儒道天論發微》，頁 108，臺北市：台灣學生書店，1985 年 10 月初版。

三、《論語》思想概述

（一）《論語》二十篇概要

譚家哲先生對儒學經典如是說道：

> 從典籍言之經學，爲各民族文化共同所有，但從道理言之經學，爲
> 中國傳統所獨有。……眞正的經只是從道理言，非從文字言。〔註305〕
> 非從文字言，故可有經、史、子、集種種體現之方式，非單一的書
> 籍。《書》是作爲「經」之經，《春秋》是作爲「史」之經，《論語》、
> 《孟子》是作爲「子」之經，而《詩》則是作爲「集」之經。《書》
> 爲帝王對人性道與德之論說，藉由此治理之道與德，見人類存在其
> 人性與人本之正道；《春秋》爲使家們透過史實對此人道與德性之辨
> 正與傳述；《語》《孟》爲從個人生命體驗與力行中，對人性之道與
> 德之教誨；而《詩》則是從人民百姓心志與情感感受中，所顯人性
> 之道與德，或人心對此道與德之期盼。四者故均爲人性之道與德之
> 不同型態之體現，爲經之四種型態。〔註306〕

是以，《論語》實爲孔子藉由個人生命體驗與力行中，對吾人等作人性之道與
德之教誨典範。《論語》的內容計二十篇，分爲上、下兩部分，據譚家哲先生
研究其篇章結構大致如下：〔註307〕

1、上部：自〈學而第一〉而至〈鄉黨第十〉每兩篇爲一組，講述對一般
而言之道理，自人倫基本之道而至個人生活之道：

（1）〈學而〉、〈爲政〉二篇分別闡釋道理之總綱，及人之眞實、眞實作
爲之道。

（2）〈八佾〉、〈里仁〉二篇分別闡述人之共體性中之客觀共體——禮樂，
及人之爲人所當共行之仁與君子之道。

（3）〈公冶長〉、〈庸也〉二篇在於破邪顯正，前者破除世俗價值觀之誤，
後者以「中庸」德行確立平凡、微小之眞實人性與道。

（4）〈述而〉、〈泰伯〉二篇就作爲一個體而言，分述孔子眞實自我之生

〔註305〕又譚家哲先生於註解中提及：「經之爲經，只在立於人道之德與行、人性之美，
及人民百姓之義這幾方面而已。因是人自身之道，非物之種種理論，亦非種
種超越者之期盼與觀法，故爲獨一的經。經學之爲經，是就此而言。」同註
197，譚家哲先生著《論語與中國思想研究》，頁10註3。

〔註306〕同註197，譚家哲先生著《論語與中國思想研究》，頁10～11。

〔註307〕同註197，譚家哲先生著《論語與中國思想研究》，頁19～23、頁37～69。

命觀、人格道理，以及人之德行可能之至極與事實。

（5）〈子罕〉、〈鄉黨〉二篇則就孔子為例，分論孔子德行、平日心志與日常生活習慣、作為。

2、下部：自〈先進〉第十一而至〈堯曰〉第二十，由師徒教學之道，而進之為仕、為政之道，最後藉堯、舜聖王之口而講述君王之道，並而回歸君子之道。

（1）〈先進第十一〉、〈子張第十九〉兩篇統合中間各篇以闡述師徒之道，前者為孔子與先進弟子之關係，後者則為孔子沒後弟子對其教誨之體認、傳承及對孔子之懷念與景仰。兩篇所統合者乃為仕與從政之道，又分二組：

　　Ⅰ、〈顏淵〉、〈子路〉、〈憲問〉三篇以孔子弟子命名。前二篇分別闡述德行為天下之道，與德行為為政之道；〈憲問〉則單論為事之道細微正誤之辨。

　　Ⅱ、〈衛靈公〉、〈季氏〉、〈陽貨〉三篇則以無道之上位者為命名。前二篇分別闡述為仕時對自我主體人格、對他人外在關係兩種之道與警惕；〈陽貨〉則就人類整體、及個人本身所存在種種德行、性情、心、作為等諸「偽」，以回應〈為政〉所論人之真實、真實作為之道。

　　〈微子〉則為對應Ⅰ、Ⅱ兩組為仕之道，而論隱士、逸民之心志及賢才之用。

（2）〈堯曰〉則因孔子非王，故藉堯舜聖王之口而講述論君王之道。

就《論語》二十篇中：〈堯曰〉中諸多《尚書》言語、〈子張〉則均孔子弟子之言、〈鄉黨〉則僅紀錄孔子平日作為非其語言，此三篇本就與孔子言語無關；而則若非《論語》編者重在闡述對孔子之「言語」教誨之道的「論」述，必然不需將此三篇納入其中。是以，《論語》編者係極其用心、且有目的的力求建構此一完整系統體系的。

（二）《論語》中的道

《論語》全書既為孔子從個人生命體驗與力行中，對人性之道與德之教誨的全面展現。那麼吾人亦必須了解孔子之「道」有何意義，其概念為何？

1、「道」字的諸意義

《論語》全書二十篇中共出現 89 個「道」字，為免混淆，研究者式分析其意如下：

（1）說

在下列二章中，「道」具有「說、講」的意思：

  Ⅰ、〈憲問第十四·第三十章〉有：「子貢曰：『夫子自道也！』」，

   〔註308〕吾人試譯其意爲「子貢說：這是孔夫子自己的說法！」

  Ⅱ、〈季氏第十六·第五章〉：「孔子曰：『益者三樂，損者三樂：樂節禮樂，樂道人之善，樂多賢友，益矣；……。』」〔註309〕吾人試譯其意爲「孔子說：有三種愛好會使人受益的，也有三種愛好會使人受損害：愛好行事以禮樂爲節度，愛好稱道別人的好處，愛好多結交有賢能的朋友，這都可以使人受益。……」

（2）道路、路途

在下列諸章中，「道」具有「道路、路途」的意思：

  Ⅰ、〈雍也第六·第十章〉：「子曰：『力不足者，中道而廢，今女畫。』」

   〔註310〕

  Ⅱ、〈雍也第六·第十五章〉：「孔子曰：『誰能出不由戶？何莫由斯道也？』」〔註311〕

  Ⅲ、〈泰伯第八·第七章〉：「曾子曰：『士不可以不弘毅，任重而道遠。』」

   〔註312〕

  Ⅳ、〈子罕第九·第十一章〉：「子疾病，……曰：『……且予縱不得大葬，予死於道路乎？』」〔註313〕

  Ⅴ、〈陽貨第十七·第十四章〉：「子曰：『道聽而塗說，德之棄也。』」

   〔註314〕

（3）領導、治理

在下列諸章中，「道」具有「領導、治理」的意思：

  Ⅰ、〈學而第一·第五章〉：「子曰：『道千乘之國，敬事而信，節用而

〔註308〕同註206，（魏）何晏注、（宋）邢昺疏《論語·憲問第十四》，頁128。
〔註309〕同註206，（魏）何晏注、（宋）邢昺疏《論語·季氏第十六》，頁148。
〔註310〕同註206，（魏）何晏注、（宋）邢昺疏《論語·雍也第六》，頁53。
〔註311〕同註206，（魏）何晏注、（宋）邢昺疏《論語·雍也第六》，頁54。
〔註312〕同註206，（魏）何晏注、（宋）邢昺疏《論語·泰伯第八》，頁71。
〔註313〕同註206，（魏）何晏注、（宋）邢昺疏《論語·子罕第九》，頁79。
〔註314〕同註206，（魏）何晏注、（宋）邢昺疏《論語·陽貨第十七》，頁156。

愛人，使民以時。』」〔註315〕

  II、〈爲政第二‧第三章〉：「子曰：『道之以政，齊之以刑，民免而無恥；道之以德，齊之以禮，有恥且格。』」〔註316〕

  III、〈子張第十九‧第二十五章〉：「夫子之得邦家者，所謂『立之斯立，道之斯行，綏之斯來，動之斯和，其生也榮，其死也哀。』如之何其可及也？」〔註317〕

（4）勸導、引導

  於〈顏淵第十二‧第二十三章〉：「子曰：『忠告而善道之，不可則止，毋自辱焉。』」〔註318〕中「善道之」的「道」即是當「勸導、引導」解。

（5）方式、方法

  於〈衛靈公第十五‧第四十一章〉：

  師冕見。及階，子曰：「階也。」及席，子曰：「席也。」皆坐，子
  告之曰：「某在斯，某在斯。」師冕出，子張問曰：「與師言之道與？」
  子曰：「然，固相師之道也。」〔註319〕

因魯國樂師爲盲人，此處子張所問與孔子所答之「道」意，當解釋爲引導或對待樂師的「方式」或「方法」才是。

（6）技術、技藝

  於〈子張第十九‧第四章〉：「子夏曰：『雖小道，必有可觀者焉，致遠恐泥，是以君子不爲也。』」〔註320〕此處之「小道」，蓋指「農圃醫卜之屬」，是以「道」字當作「技術」或「技藝」解之。

（7）準則、道理或路徑

  在此處，吾人採取與《道德經》之定義一般，凡「父之道」、「先王之道」、「君子之道」、「天道」和「古之道」……等中之「道」，皆是人、或天、或先王……等之所爲之種種「個別準則」之通稱，在此均當作通名之「準則」的意思。《論語》章句中「道」字具有「準則」涵意的有下列諸章：

〔註315〕同註206，（魏）何晏注、（宋）邢昺疏《論語‧學而第一》，頁6。
〔註316〕同註206，（魏）何晏注、（宋）邢昺疏《論語‧爲政第二》，頁16。
〔註317〕同註206，（魏）何晏注、（宋）邢昺疏《論語‧子張第十九》，頁174。
〔註318〕同註206，（魏）何晏注、（宋）邢昺疏《論語‧顏淵第十二》，頁110～111。
〔註319〕同註206，（魏）何晏注、（宋）邢昺疏《論語‧衛靈公第十五》，頁141～142。
〔註320〕同註206，（魏）何晏注、（宋）邢昺疏《論語‧子張第十九》，頁171。

Ⅰ、子曰：「父在觀其志，父沒觀其行。三年無改於父之道，可謂孝矣。」〔註321〕

Ⅱ、有子曰：「禮之用，和為貴；先王之道，斯為美，小大由之。有所不行，知和而和，不以禮節之，亦不可行也。」〔註322〕

Ⅲ、子曰：「射不主皮，為力不同科，古之道也。」〔註323〕

Ⅳ、子曰：「三年無改於父之道，可謂孝矣。」〔註324〕

Ⅴ、子貢曰：「夫子之文章，可得而聞也。夫子之言性與天道，不可得而聞也。」〔註325〕

Ⅵ、子謂子產，「有君子之道四焉：其行己也恭，其事上也敬，其養民也惠，其使民也義。」〔註326〕

Ⅶ、曾子有疾，孟敬子問之。曾子言曰：「鳥之將死，其鳴也哀，人之將死，其言也善。君子所貴乎道者三：動容貌，斯遠暴慢矣；正顏色，斯近信矣；出辭氣，斯遠鄙倍矣；籩豆之事，則有司存。」〔註327〕

Ⅷ、子張問善人之道。子曰：「不踐迹，亦不入於室。」〔註328〕

Ⅸ、子曰：「君子道者三，我無能焉：仁者不憂，知者不惑，勇者不懼。」〔註329〕

Ⅹ、子游曰：「子夏之門人小子，當灑掃應對進退則可矣，抑末也；本之則無，如之何？」子夏聞之，曰：「噫！言游過矣！君子之道，孰先傳焉？孰後倦焉？譬諸草木，區以別矣。君子之道，焉可誣也？有始有卒者，其惟聖人乎！」〔註330〕

〔註321〕同註206，（魏）何晏注、（宋）邢昺疏《論語‧學而第一》，頁8。
〔註322〕同註206，（魏）何晏注、（宋）邢昺疏《論語‧學而第一》，頁8。
〔註323〕同註206，（魏）何晏注、（宋）邢昺疏《論語‧八佾第三》，頁28。
〔註324〕同註206，（魏）何晏注、（宋）邢昺疏《論語‧里仁第四》，頁38。
〔註325〕同註206，（魏）何晏注、（宋）邢昺疏《論語‧公冶長第五》，頁43。
〔註326〕同註206，（魏）何晏注、（宋）邢昺疏《論語‧公冶長第五》，頁44。
〔註327〕同註206，（魏）何晏注、（宋）邢昺疏《論語‧泰伯第八》，頁70。
〔註328〕同註206，（魏）何晏注、（宋）邢昺疏《論語‧先進第十一》，頁99。
〔註329〕同註206，（魏）何晏注、（宋）邢昺疏《論語‧憲問第十四》，頁128。
〔註330〕同註206，（魏）何晏注、（宋）邢昺疏《論語‧子張第十九》，頁172。

XI、衛公孫朝問於子貢曰：「仲尼焉學？」子貢曰：「文武之道，未墜
於地，在人。賢者識其大者，不賢者識其小者，莫不有文武之道
焉。夫子焉不學，而亦何常師之有？」〔註331〕

（8）孔子的道

此處所言之孔子之道的「道」，類於上節所分析之老子之道的「道」，凡
不屬於前七項者，吾人皆可視之為孔子之道的「道」。而此與前第（7）項當
作「準則」解釋之通名用途的「道」不同，孔子之道的「道」是一專名，僅
僅針對《論語》中之孔子哲學與其心目中的那個、且只有一個的「道」而言。

2、孔子之道的諸性格

孔子之道的「道」有何性格？從何而來？吾人試臚列如下：

（1）「道」非自然而成

〈衛靈公第十五・第二十八章〉中有言：子曰：「『人能弘道，非道弘人。』」
〔註332〕此顯示孔子之「道」具有實踐義性質，需要人去發皇弘揚之，卻非藉
由「道」來張皇人。

（2）「道」的內涵為「忠恕」

〈里仁第四・第十五章〉如是書云：

子曰：「參乎！吾道一以貫之。」曾子曰：「唯。」子出，門人問曰：

「何謂也？」曾子曰：「夫子之道，忠恕而已矣！」〔註333〕

由孔子與曾子的對答中，顯示曾子對於孔子之「道」具有十分的認識，是以
在孔子出去後，曾子回答門人孔子之「道」就在「忠恕」二字。

此「忠恕」二字均為相應於別人而來：於《論語》書中，「忠」有「為人
謀，而不忠乎？」、〔註334〕「臣事君以忠」、〔註335〕「與人忠」〔註336〕等句，
而「恕」則有「其恕乎！己所不欲，勿施於人。」〔註337〕之解。這顯示「忠」
與「恕」皆係自己對應於他人所應有的態度，譚家哲先生解釋說道：「忠即盡

〔註331〕同註206，（魏）何晏注、（宋）邢昺疏《論語・子張第十九》，頁173。

〔註332〕同註206，（魏）何晏注、（宋）邢昺疏《論語・衛靈公第十五》，頁140。

〔註333〕同註206，（魏）何晏注、（宋）邢昺疏《論語・里仁第四》，頁37。

〔註334〕同註206，（魏）何晏注、（宋）邢昺疏《論語・學而第一》，頁6。

〔註335〕同註206，（魏）何晏注、（宋）邢昺疏《論語・八佾第三》，頁30。

〔註336〕同註206，（魏）何晏注、（宋）邢昺疏《論語・子路第十三》，頁118。

〔註337〕同註206，（魏）何晏注、（宋）邢昺疏《論語・衛靈公第十五》，頁140。

爲他人眞實之善而爲他，恕即於他人之不善與過失中自己仍憑良心地、如心眞實地、無愧於心地爲。」〔註338〕

（3）「道」的根本爲「孝悌」

在〈學而第一・第二章〉如是書云：

> 有子曰：「其爲人也孝弟，而好犯上者鮮矣。不好犯上，而好作亂者，未之有也。君子務本，本立而道生。孝弟也者，其爲仁之本與？」

〔註339〕

依據本章：「孝悌」是「仁」的根本，也是君子所要實踐的根本；根本立了、穩固了，「道」才是眞實存在。那麼此句意即孔子的「道」就是「仁道」，而「仁道」實踐的根本，在「孝悌」。而由「其爲人也孝弟，而好犯上者鮮矣。……而好作亂者，未之有也。」的文句也顯示，「孝悌」之表現並不僅止於父母長輩、弟妹晚輩，也含攝有人對外界師長、長官（犯上）及下屬、孺弱（作亂）等的平等對待。而事實上，這亦也是「忠恕」的具體表現。

（4）「道」是「君子」的終極目標

在〈子張第十九・第七章〉中吾人可見：「子夏曰：『百工居肆以成其事，君子學以致其道。』」〔註340〕此中顯示「道」是「君子」的終極目標，而「君子」與其它行業者不同之所在也在於「道」，其他行業居於市集中因應百姓之各項生活需求而製造、流通物資以成事；但「君子」只能藉由「學」的過程而「學道」至「達道」。

（5）學「道」的過程在「無終食之間違仁」

「君子」在此一學道過程備極艱辛，如〈衛靈公第十五・第三十一章〉孔子所云：「君子謀道不謀食。……君子憂道不憂貧。」〔註341〕以及〈學而第一・第十四章〉孔子所云之：「君子食無求飽，居無求安，敏於事而愼於言，就有道而正焉：可謂好學也已。」〔註342〕此顯示「君子」在學「道」之過程中，必須堅持「道」比起外在的物質生活還來得重要。

甚至於如孔子在〈里仁第四・第五章〉云：「富與貴，是人之所欲也，不以

〔註338〕同註197，譚家哲先生著《論語與中國思想研究》，頁322。
〔註339〕同註206，（魏）何晏注、（宋）邢昺疏《論語・學而第一》，頁5。
〔註340〕同註206，（魏）何晏注、（宋）邢昺疏《論語・子張第十九》，頁171。
〔註341〕同註206，（魏）何晏注、（宋）邢昺疏《論語・衛靈公第十五》，頁140～141。
〔註342〕同註206，（魏）何晏注、（宋）邢昺疏《論語・學而第一》，頁8。

其道得之，不處也。貧與賤，是人之所惡也，不以其道得之，不去也。君子去仁，惡乎成名？君子無終食之間違仁，造次必於是，顛沛必於是。」〔註343〕以及在〈里仁第四・第九章〉所云：「士志於道，而恥惡衣惡食者，未足與議也！」〔註344〕對於富貴、貧賤「君子」均要視若無睹，且終日要謹言慎行於「仁」、於「道」，對於孔子而言，他的「道」就是「仁道」，是要時時刻刻、且不管於任何環境，都要在生活中真真正正去實踐地，而這與老子「自然之道」是迥然不同的。

（6）任何人皆可學「道」

孔子並不排斥除「君子」以外的人來學「道」，如〈陽貨第十七・第四章〉所載：

> 子之武城，聞弦歌之聲。夫子莞爾而笑，曰：「割雞焉用牛刀？」
> 子游對曰：「昔者，偃也聞諸夫子曰：『君子學道則愛人，小人學
> 道則易使也。』」子曰：「二三子！偃之言是也。前言戲之耳。」
> 〔註345〕

不管是「君子」或是「小子」，只要「學道」都有好處，大者愛人、小者易使，那麼社會就會好些。

（7）人之生命與意義價值在於「道」

在〈里仁第四・第八章〉中有載：

> 子曰：「朝聞道，夕死可矣！」〔註346〕

孔子藉由朝至夕時光的短促，申明「道」在人類生命中的意義與價值。就前所列「道」之諸性格來看，「道」的學習過程顯係由「聞道」→「學道」→而「致道」，重點在於人的內心如何真正將「仁道」含攝到我們的生命中，並在行住坐臥中、隨時隨地的實踐，哪怕只是短暫的一日，當您真正經歷過「聞道」而「學道」而「致道」整個過程，那麼這就足以彰顯出個人的生命意義與價值了。

綜而言之，首就《論語》中的「道」字而言，其具有：「說」、「馬路」、「領導、治理」、「勸導、引導」、「方式、方法」、「技藝、技術」、「準則」以及孔

〔註343〕同註206，（魏）何晏注、（宋）邢昺疏《論語・里仁第四》，頁36。
〔註344〕同註206，（魏）何晏注、（宋）邢昺疏《論語・里仁第四》，頁37。
〔註345〕同註206，（魏）何晏注、（宋）邢昺疏《論語・陽貨第十七》，頁154。
〔註346〕同註206，（魏）何晏注、（宋）邢昺疏《論語・里仁第四》，頁37。

子之道的「道」等八種意義，較諸老子的應用來得廣泛些。次就孔子之道的「道」在孔子的心目中所展現的諸性格言：「道」非自然而成的；「道」的內涵為「忠恕」、根本在於「孝悌」，此道即是「仁道」；孔子並未否認任何人皆可學「道」；而「道」即是「君子」的終極目標；學「道」的過程在時時刻刻、隨時隨地「無終食之間違仁」；最重要的，人之生命與意義價值就在於實踐這一個「道」（「仁道」）。

第三節　本章小結：異同比較與分析

一、《道德經》與《論語》之其書其人

　　吾人就《道德經》與《論語》二書之成書及作者來看，由於春秋、戰國時代的久遠，交通、書寫工具的極端不發達，是以對於《道德經》與《論語》二書的成書及作者，爭議的存在必然在所難免。

　　《道德經》的爭議，肇因於司馬遷於《史記‧老莊申韓列傳》所載的「李耳、老聃」「或曰老萊子」、「或曰太史儋」之說，因「或曰」二字而造成古史辨學者們的極大爭議。所幸在 1973 年於湖南省長沙市出土了馬王堆漢墓帛書《道德經》，以及 1993 年在湖北省荊門市沙洋區四方鄉郭店村的一號楚墓中所出土的戰國《楚簡本老子》，證明了《道德經》的成書年代在春秋末期。也由於現代諸學者的仔細考證與推論，而確定了《道德經》的作者確為「老子」無疑。

　　《論語》的爭議，其一在書名定位不僅在錄孔子對話之「語」，且在細心辨證之「論」。其二，就其版本而論，今之通行本迭經《魯論》、《張論》及苞咸等人傳注後，次由鄭玄參《古》、《齊》、《魯》三版之作注，終由何晏等著《論語集解》而始集其大成。其三，《論語》成書年代當早於秦漢而當於春秋、戰國之時。最後，就《論語》作者言，雖今之學者尚未確定，但吾人依《論語》體系思想之一貫、弘遠與精深，則當為譚家哲先生所論之「有子」方能竟成其功矣。

　　此二書所同者，則皆成書於東周戰亂紛擾、民生凋弊之際，面對周文疲弊、禮壞樂崩、封建制度瓦解之窘，而皆發乎血斑之句、諍諍之言，以救百姓脫痛苦之淵、匡時政離暴虐之治，是皆二書所同者。

　　此二書所異者，則《道德經》為老子本人所作，字不過五千言而寓意深

遠。《論語》則爲弟子記孔子之語而成論，二萬餘字之龐大體系中卻又條理分明、立論一貫。

綜合以上比較，吾人試彙整其差異如下表：

表一：《道德經》與《論語》之其書其人比較

書名 異同	《道德經》	《論語》
所同處	皆成書於東周戰亂紛擾、民生凋弊之際，面對周文疲弊、禮壞樂崩、封建制度瓦解之窘，而皆發乎血斑之句、諍諍之言，以救百姓脫痛苦之淵、匡時政離暴虐之治。	
所異處	爲老子本人所作，字不過五千言而寓意深遠。	爲弟子記孔子之語而成論，二萬餘字之龐大體系中卻又條理分明、立論一貫。

二、《道德經》與《論語》思想背景之異同

由於《道德經》成書於老子之手，是以欲論及《道德經》之思想背景，當以探討老子之思想背景爲是；而《論語》成書既爲孔子語論之編纂闡釋，故探及《論語》之思想背景，亦當是探討孔子之思想背景爲荷。故吾人比較《道德經》與《論語》思想背景之異同，實當即是老子與孔子二人思想背景之異同比較。

（一）時代背景之異同

老子之時代背景具有四特徵：1、禮的僵化，反成爲動亂之源；2、法的肆虐，百姓民不聊生；3、戰爭連綿，生命卑弱脆危；4、封建崩潰，社會人心驟變。此四特徵一方面因於頻年的爭戰略奪，使人民除痛苦無奈而輕生外，絲毫未感受及文明之喜悅；另一方面因於商業、地主階級的興起，帶動物質生活之進步，卻又誘發出人心慾望的黑暗污穢面。是以老子處於周文疲弊、禮崩樂壞、物欲高張、價值失序的時代，其思想課題便是針對這種文明的虛矯與自我否定，爲焦蔽的人類心靈重新指引一條通往幸福的康莊大道。

孔子之時代背景亦具有四特徵：1、王綱解紐；2、道德敗壞；3、階級變動；4、戰爭頻繁。吾人若僅從封建崩潰、文化低落之面向看，則此亦是一充滿墮落、無序且破敗之場域；而則若改換另一前瞻性面向來看，則秦漢以後數千年之政治型態、社會結構與價值系統，皆於此一大變局之時代中奠基、

鑄型。孔子思想即在面臨此危機與轉機之際，爲中原文化開拓新的出路，其雖面對悲涼失望之現實種種，而仍充滿信心與希望，故而在此嚴重社會危機中，激發出原始儒家對重建道德人格與社會秩序的強烈要求。

　　此兩者所同：在老子、孔子同爲東周春秋末期人，兩者皆嘗爲仕，且孔子亦嘗問禮於老子，是以就孔子之「王綱解紐」、「道德敗壞」、「階級變動」、「戰爭頻繁」諸時代背景特徵言，亦與老子所面對之「禮的僵化」、「法的肆虐」、「戰爭連綿」與「封建制度全面崩潰」諸現象等同無異。

　　而則此兩者之異：在此環境所同下，二人的主張、看法極爲相異。

　　老子因任過周柱下史，親眼見及周室政治體系之敗亂崩潰，具世襲之史官淪爲流浪諸國之士人，而周文反成王公貴權用以爭權奪利之文飾藉口。如此破敗、墮落與紊亂之社會，與有識之士無力回天之現象，勢必促使老子極度厭倦人僞一切，而衷心期望回到「自然、質樸而無欲」的生活。

　　孔子則不然，生長於周公所受封而具完整禮樂系統之魯國，且一度爲仕眞實以禮樂教化而致魯國大治，雖則仍因貴權、士族所反以致辭官周遊列國與講學。而則孔子依舊懷抱期望，不僅不反對禮樂、甚而極度推展，期望透過政治的實踐，能爲紊穩亂之社會重注人文精神，而完成其主張之「仁道」世界理想。

（二）地域背景之差異

　　老子所處地域爲黃河以南，因長江、漢水匯集沖積而成之江漢沃原，不僅屏障著南方生活之安逸，且更使之成爲荊楚民族富饒根據地，故而遂成周天子無法管轄之蠻荒地帶。

　　孔子所處地域爲黃河以北，因氣候寒苛、物資貧乏，故也惟有重實務之「強者」方能生存其間。其所居之魯國雖始終爲列強環伺下之弱國，而則在文化成就上魯國不僅爲周室「禮樂」傳統文化的唯一保護者，更爲整個動亂時代中「禮樂文明」之擎石。

　　是故地域背景之不同，惟造成老子、孔子思想內涵之極大差別而無所同矣。因北地之苦寒磽瘠、謀生不易，方成重務實、切人事、貴人事、重經驗之思想特質，故而造就孔子思想之所以「重禮樂」、「主仁道」之思想。南地則因溫暖豐饒、生活無虞，方成達觀、不屑實際、不重禮法、不拘經驗之玄理思想特質，故進而造就老子絕不同於北方、且甚反於北方之「倡自然而然」、「天道」之思想。

（三）歷史文化背景之差異

老子之歷史文化背景具有二種因素。其一，因老子掌理柱下史官之職務，以其飽覽古籍之淵博學識，與親身觀察體驗之敏銳觀察力，故能立於更寬闊、更高點，自擾亂政局中清楚辨析出「有爲之害」與「無爲之利」，而奠定「自然、清靜」之「無爲思想」。其次，老子亦繼承原始母系氏族社會之文化思想，由傳承自太古以來華夏文化中尚母、尚黑、尚水、尚質樸等特點，使《道德經》中相對重疊顯現出貴左、尚母、尚黑、尚柔、尚慈等思想特性。

孔子之歷史文化背景，乃繼承並發揚自堯、舜、禹、湯而至文、武、周公此一脈相傳之禮樂道統。其對周文化之一心嚮往於《論語》中展露無遺，雖則孔子深知周文形式上勢必因應時代而因革損益，而則其所以「從周」之根本，便在振興周文精神內涵中所闡述出的「人性眞實之道」，此亦即孔子終其一生所闡釋之「仁道」矣。

是故歷史文化背景之不同，亦造成老子、孔子思想內涵之極大差別而無所同矣。老子之柱下吏職務與繼承華夏母系文化特質，奠定其思想尚母、尚黑、尚水、尚質樸之特質，與一反周文桎梏而追求自然、清靜之「無爲思想」。而孔子既以堯、舜、禹、湯、文、武、周公此一脈相傳道統之繼承人與發揚者自居，則必然畢生致力於「從周」與「振興周文」，以發皇其闡述人性眞實之道的「仁道」思想矣。

（四）「自然之天」與「神義性之天」之差異

初民社會對「天」之看法，由「神人合一」而逐轉爲「德命符應」且更注重「天人合一」之學。而面對現實社會之理解與社會發展之不同所轉變之「天人關係」，當造成諸子對於天人關係闡釋的差異，並進而影響及諸子思想內容之極端不同。

老子論天，源於對眞實世人之關懷、與現實社會之關愛，故不僅將天回歸於「自然之天」，且本於「自然之天」，更將之系統化而爲「天道」之哲學系統論。「自然」乃老子「天道」思想體系上最根本之性質與德性，惟人類遵循「人－地－天－道」四個漸進效法楷式，效法地、效法天而至效法老子「自然」之道，方能回歸「自然而然」之最終理想境地。

孔子論天，繼承於《詩》、《書》及春秋時人之神義性正統觀點，他不否認天的神性本質，而只在天人關係上稍加改變以使「天」和個人發生聯繫。其以神義性之觀點處理之意涵，在因於「天」對於「人」的主宰與運命中，

人必須順從天命以完成「對人事」、「對自我實現」之積極要求與最妥善之處理；而當人因此而成全「人道」之際，「神性」的天人關係便逐漸轉變爲「道德」的天人關係，天人間之對立便逐漸消失，而「天人合一」的理想便可實踐與完成。

　　綜合以上四點之比較，吾人彙整其差異如下表：

表二：《道德經》與《論語》之老子、孔子思想背景比較

思想背景 \ 書名		《道德經》	《論語》
思想主體		老子	孔子
時代背景	同	同爲東周春秋末期人，兩者皆嘗爲仕，且孔子亦嘗問禮於老子，是以就孔子之「王綱解紐」、「道德敗壞」、「階級變動」、「戰爭頻繁」諸時代背景特徵言，亦與老子所面對之「禮的僵化」、「法的肆虐」、「戰爭連綿」與「封建制度全面崩潰」諸現象等同無異。	
	異	任過柱下吏，親眼見及周室崩潰、史官流浪，周文反成爭權奪利之藉口。墮落與紊亂社會與有識之士無力回天之象，促使老子極度厭倦人僞一切，而衷心期望回到「自然、質樸而無欲」的生活。	生長於完整禮樂系統之魯國，且一度爲仕實現禮樂教化於魯國，雖因貴權所反致辭官遊列國與講學。而依舊懷抱期望，甚而極度推展禮樂，期望透過政治的實踐，完成其主張之「仁道」世界理想。
地域背景		黃河以南之富饒地，與周天子無法管轄之蠻荒地帶。 南方達觀、不屑實際、不重禮法、不拘經驗之玄理思想特質，造就老子不同於北方、且甚反於北方之「倡自然而然」、「天道」之思想。	黃河以北氣候寒苛、物資貧乏之域，所居之魯國雖爲弱國卻爲整個動亂時代中「禮樂文明」之擎石。 北方重務實、切人事、貴人事、重經驗之思想特質，造成孔子思想之所以「重禮樂」、「主仁道」之思想。
歷史文化背景		柱下吏職務與繼承華夏母系文化特質，奠定老子思想尚母、尚黑、尚水、尚質樸之特質，與一反周文桎梏而追求自然、清靜之「無爲思想」。	以堯、舜、禹、湯、文、武、周公此一道統之繼承人與發揚者自居，則孔子必然畢生致力於「從周」與「振興周文」，以發皇其闡述人性眞實之道的「仁道」思想。
天		源於對現實世人與現實社會之關愛，不僅將天回歸於「自然之天」，且更將之系統化而爲「天道」之哲學系統論。惟人類遵循「人－地－天－道」四個漸進效法楷式，方能回歸「自然而然」之終極境地。	繼承於《詩》、《書》及春秋時人之神義性觀點。因於「人」必須順從「天」主宰與運命，以積極完成「人道」之要求；「神性」的天人關係逐漸轉變爲「道德」的天人關係，而逐漸實踐與完成「天人合一」之終極理想。

三、《道德經》與《論語》思想概述之比較

《道德經》整個思想基礎在於「道」，而由「道」之概念發展出「自然無爲」、「虛靜」、「柔弱」等諸「德行」，至於天地、萬物、人等都交融於「道」中。

《道德經》中的「道」字，「好像」有許多不同的用法和意義；實則不然，基本上只有四個用法和四種意義：（1）說（say）；（2）道路（way, road）；（3）老子的道（Tao）；（4）準則（principle）、道理或路徑。幾乎大半章句中之「道」字，皆指老子之道的「道」這一專名。

吾人藉由老子以各種不同的述寫來了解「老子的道」這一專名之種種性格，即是「道觀」。老子「道觀」所展現的世界景象爲：

（1）道是在天地之先就已生成的一混然的東西，且爲萬物的本源。

（2）道也是萬物的貯藏庇蔭所。

（3）道也是人、天和地的楷示。

（4）道是恍惚的，但有形象、有精質。

（5）道不斷在運動、運行，道的作用是柔弱的。

（6）道無名、無聲，而質樸。

（7）道之規律指標無欲、柔弱、不爭、虛靜與無爲……等。

在老子的道觀中，「道」老子宇宙觀中的最高階者，也構成這宇宙的天、地、萬物，道的動力規則在於「自然而然」，而其指標則在無欲、柔弱、不爭、虛靜與無爲等。老子未說明人是否是道所生，但人是該取法於天、地與道。

《論語》爲孔子藉由個人生命體驗與力行中，對吾人等作人性之道與德之教誨典範。其內容計二十篇，分爲上、下兩部分，整個思想基礎亦在於「道」。

《論語》全書二十篇中共出現 89 個「道」字，其意義有：（1）說；（2）道路、路途；（3）領導、治理；（4）勸導、引導；（5）方式、方法；（6）技術、技藝；（7）準則、道理或路徑；以及作爲一專名之（8）孔子的道。

吾人藉由《論語》來了解「孔子的道」這一專名之種種性格，所展現的世界景象有：

（1）「道」非自然而成

（2）「道」的內涵爲「忠恕」

（3）「道」的根本爲「孝悌」

（4）「道」是「君子」的終極目標

（5）學「道」的過程在「無終食之間違仁」

（6）任何人皆可學「道」

（7）人之生命與意義價值在於「道」

　　於孔子的心目中，道即是「仁道」，「道」非自然而成的，其的內涵為「忠恕」、根本在於「孝悌」，人人皆可學「道」，而「道」即是「君子」的終極目標，學「道」的過程在「無終食之間違仁」；最重要的，人之生命與意義價值就在於實踐這一個「道」（「仁道」）。

　　綜合以上所言，吾人彙整其差異如下表：

表三：《道德經》與《論語》之思想概述比較

書名　　思想概述	《道德經》	《論語》
內　　容	共 81 章，五千餘言	共 20 篇，512 章，近二萬餘言
思想中心	道——自然之天道	道——人為之仁道
道之意義	（1）說（say）； （2）道路（way, road）； （3）老子的道（Tao）； （4）準則（principle）、道理或路徑。	（1）說； （2）道路、路途； （3）領導、治理； （4）勸導、引導； （5）方式、方法； （6）技術、技藝； （7）準則、道理或路徑； （8）孔子的道。
道之展現性格（道觀）	（1）道是在天地之先就已生成的一混然的東西，且為萬物的本源。 （2）道也是萬物的貯藏庇蔭所。 （3）道也是人、天和地的楷示。 （4）道是恍惚的，但有形象、有精質。 （5）道不斷在運動、運行，道的作用是柔弱的。 （6）道無名、無聲，而質樸。 （7）道之規律指標無欲、柔弱、不爭、虛靜與無為……等。	（1）「道」非自然而成 （2）「道」的內涵為「忠恕」 （3）「道」的根本為「孝悌」 （4）「道」是「君子」的終極目標 （5）學「道」的過程在「無終食之間違仁」 （6）任何人皆可學「道」 （7）人之生命與意義價值在於「道」
人與道之關係	老子未說明人是否是道所生，但人是該取法於天、地與道。	人人皆可學「道」，「道」即是「君子」的終極目標，人之生命與意義價值，就在於時時刻刻實踐此一「仁道」。

第三章　老子《道德經》教育思想之探討

　　教育乃人類生存不可或缺之一種活動，自人類開始存在與此世界之際，教育活動即已隨之存在；教育使人類文化得以延續、累積與進步發展，是以人類一整體生存發展之歷史，亦即是教育活動之歷史。

　　教育之意義為何？就人類歷史發展觀點而言，人類之教育當先有具體實際之活動，然後始進行探究此活動所具之意涵。就「教育」二字字義而論，中國古籍中多將「教」、「育」二字分用。言「教」者，諸如：《尚書‧虞書‧舜典》之：「敬敷五教」；〔註1〕《禮記‧王制》之「明七教以興民德」、「立四教」；〔註2〕《中庸》之：「脩道之謂教」、「自明誠，謂之教」；〔註3〕以及《荀子‧修身篇》之：「以善先人者謂之教」〔註4〕……等；此皆在申明「教」字具傳授、教化與修持之意。言「育」者，則如：《中庸》之：「可以贊天地之化育」；〔註5〕《道德經‧第五十一章》之：「長之育之」；〔註6〕《詩經‧蓼莪》之：「長我育我」；〔註7〕《易經‧蒙卦》之：「君子以果行育德」〔註8〕……等；

〔註1〕參見（唐）孔穎達疏、（清）阮元校勘《尚書‧虞書‧舜典》（十三經注疏1），頁44，臺北市：新文豐出版公司，1968年出版
〔註2〕參見（唐）孔穎達疏《禮記正義‧王制第五（注疏卷第十三）》（冊二），頁1，臺北市：臺灣中華書局，珍倣宋版印1980年1月臺三版。
〔註3〕參見（宋）朱熹註《四書集注》，頁46及頁85，臺北市：藝文印書館，1999年9月初版七刷。
〔註4〕參見王先謙著《荀子集解》，頁14，臺北市：藝文印書館，1957年6月30日初版。及李滌生著《荀子集釋》，頁25，臺北市：臺灣學生書局，1988年10月初版第五次印刷。
〔註5〕同註3，（宋）朱熹註《四書集注》，頁86。
〔註6〕參見（晉）王弼著、（唐）陸德明釋文《老子道德經注‧第五十一章》，頁31，臺北：世界書局，2001年8月初版十一刷。
〔註7〕參見王財貴編訂《詩經‧小雅‧谷風之什‧蓼莪》，頁138，臺北：讀經出版

此皆在申明「育」字乃生育、養育與培育之意。而「教育」二字連用，最早見於《孟子‧盡心篇上》所云：「得天下英才而教育之，三樂也」〔註9〕句中。〔註10〕吾人依據《說文解字》：「教，上所施，下所效也。」、〔註11〕「育，養子使作善也。」〔註12〕二字之解與綜上所言可得，凡具增長知能與增進德行之活動，皆爲教育；此亦即郭爲藩先生所云：「教育是教導養育、循循善誘，培育陶冶之義。」〔註13〕

　　前章已提，先秦諸子思想之發軔，均係針對周室封建制度全面崩潰、周文禮樂制度疲弊瓦解而致戰亂連綿、民生凋弊、民不聊生而來；老子《道德經》與《論語》二書思想自不例外。是以吾人今藉教育意義、教育目的、教育方法、教育內容等四方面之探討，以了解老子《道德經》與《論語》二書之教育思想概絡。又老子《道德經》之作者老子思想發軔甚早、且較孔子年長，是以本章遂以老子《道德經》教育思想之探討爲先，下一章始探討《論語》之教育思想。

第一節　老子《道德經》之教育意義

　　老子《道德經》全書以「道」爲其思想中心，所主張之「絕聖棄智」與「無爲」的思想，常爲一般學者誤解爲「反智」、「反教育」，是故吾人當先就此辨別其誤解處爲荷。

一、老子《道德經》主張「反智」、「反教育」？

　　就中國文教歷史來看，老子《道德經》之所以被忽略、否定於中國教育思想中，係有其原因的。就《道德經》內容觀之，以下幾點乍看之下，即被認定爲反智、反教育：

　　　　社，1996 年 7 月初版。
〔註 8〕參見（明）來知德註，《來註易經圖解‧蒙卦》，頁 176，臺北：武陵出版有限公司，2004 年 10 月二版七刷。
〔註 9〕同註 3，（宋）朱熹註《四書集注》，頁 860。
〔註 10〕參見陳榮波著《哲思之鑰》，頁 65，桃園縣：逸龍出版社，2003 年 9 月 3 日初版。
〔註 11〕參見（漢）許慎撰、（清）段玉裁注《說文解字注》，頁 127，臺北市：天工書局，1992 年 11 月 10 日再版。
〔註 12〕同註 11，（漢）許慎撰、（清）段玉裁注《說文解字注》，頁 744。
〔註 13〕參閱郭爲藩、高強華著《教育學新論》，頁 2，臺北市：正中書局，1992 年 10 月臺初版第四次印行。

1、絕聖「棄智」，民利百倍。〔註14〕

2、「絕學」無憂。〔註15〕

依據第一段「絕聖『棄智』」引文，老子之意謂：「若將聖與智去掉，老百姓就會有百倍於前的利益。」此即老子認為：棄絕聖與智，百姓就可得百倍之利。則此表示老子為「反智」者。

而據第二段「『絕學』無憂」引文，老子則告訴吾人：「不要學習就無沒有憂愁。」既此，則表示老子亦為反對學習者，而以學習為教育活動之重點所在而論，則老子亦即是「反教育」者。

而則，若老子果真為反智、反教育，那麼於傳統中國社會中以「士人」階級為主，講究學習、教育之政治結構體系中，老子哲學應早即煙消雲散，如何還能歷經久遠且與儒家共成先秦思想之巨擘？是以，吾人認為此應為一錯誤觀點，當需深入探討之。

歷來學者對於老子《道德經》「絕聖棄智」之看法，約略可分為下列二類：

1、直接認定老子「絕聖棄智」即是主張完全去除掉「聖」與「智」（無知無智）：

持此種看法者，如范壽康先生、〔註16〕陳鼓應先生、〔註17〕余英時先生〔註18〕等人。而則，據《道德經・第七章》所云：「聖人後其身而身先，外其身而身存。」〔註19〕此處老子仍表明仍要「聖」與「智」；是以，此諸學者說法似仍有爭議之處。

〔註14〕同註6，（晉）王弼著、（唐）陸德明釋文《老子道德經注・第十九章》，頁10

〔註15〕同註6，（晉）王弼著、（唐）陸德明釋文《老子道德經注・第二十章》，頁11

〔註16〕范壽康先生認為：「我們有肉體，我們因而有利欲，而這肉體和利欲就是使我們追求物質的快樂，使我們道德日趨墮落，使我們都喪失天真的基本的原因。我們果想復性復初，我們不可不先把肉體加以忘卻，把名利之念加以斷絕，把一切智慧加以拋棄。……」又謂：「老子假定著嬰兒的天性至善，他反對一切的後天知識與技巧，所以我們可以說老子的主張是絕對的性善論和絕對的消極論。」參見范壽康著《中國哲學史綱要》，頁65～66，臺北市：臺灣開明書局，1967年3月二版。

〔註17〕陳鼓應先生認為：「老子主張無知無智，因為他認為一切巧詐的事情都是由心智作用而產生的。……」見陳鼓應著《老子今註今譯及評介》，頁42，臺北市：臺灣商務印書館，1997年1月二次修訂版第一次印刷。

〔註18〕余英時先生以〈反智論與中國政治傳統〉乙文，主張：「道家的反智論影響及於政治必須以老子為始作俑者」即是。參見余英時著《歷史與思想》，頁1～46，臺北市：臺灣聯經出版事業股份有限公司，2004年11月初版第二十四刷。

〔註19〕同註6，（晉）王弼著、（唐）陸德明釋文《老子道德經注・第七章》，頁4。

2、認爲老子「絕聖棄智」主張中的「聖」與「智」另具其他意義者。

　　持此種看法者，如：嚴靈峰先生、〔註20〕魏元珪先生、〔註21〕牟宗三先生等人。前二者參酌了王弼之註解，將「智」與「知」分別其義，另闢新路主張老子反「智」而不反「知」，且將「智」分爲能知人之好惡而行巧詐的「智」，與內在之明而合乎自然之「大智」。而直指老子重內在之明、不重巧詐之智。此種看法係針就老子《道德經》原典，並參酌王弼之注解以對「絕聖棄智」加以說明與剖析，但因其分析各各不同、且僅就字義辯解，恐令吾人陷於以管窺天、而難以貫通老子思想全貌。

　　牟宗三先生則提出如下看法：

> 牽涉到智、聖、仁、義這一方面說，道家就只有 How 的問題，沒有
> What 的問題。……道家說絕聖棄智、絕仁棄義，並不是站在存有層
> 上對智、聖、仁、義，而是從作用層上來否定。「絕」、「棄」是作用
> 上的否定字眼，不是實有層上的否定。〔註22〕

此種係就《道德經》之「絕」、「棄」係作用層之否定，而非存層之否定來推展其說。牟宗三先生又言：

> 道家不正面對智、聖、仁、義，做一個分析的肯定、原則上的肯定。
> 它只是順著儒家所肯定的智、聖、仁、義，問一個問題：你如何以
> 最好的方式，把智、聖、仁、義體現出來呢？……依道家的講法，
> 最好的方式就是「正言若反」〔註23〕這個方式。……「正言若反」

〔註20〕嚴靈峰先生認爲：「老子書中，『知』、『智』兩字，義各有當：不可混淆。『知』指知性、知覺、知識而言；『智』則指智慧、智巧而說。……老子對於『智慧』、『智巧』的否定，是毫無疑義的。反之，老子卻不否定『知』，換言之，它也肯定知性和知識。……」參見嚴靈峰著《老子研讀須知》，頁291，臺北市：正中書局，1996年5月臺二版第二次印行。

〔註21〕魏元珪先生說道：「知與智乃人之工具而非本質，知爲識見之門，智爲識見之化，但知見與識慧必須與『道』相契，方顯真知與卓識，否則難免淪爲人世之陋見與淺知淺識。……老子十九章在『破假歸真』，以一切『離道生僞』，故『絕聖棄智，民利百倍』，老子所追求的聖境界是反璞歸真，淳樸是尚，與道相契，而不是華飾巧智，興大僞，立虛名，而與世相浮沉的。……老子不重外智，卻重內在之明，不重人爲之智，卻重合乎自然之大智。」參見魏元珪著《老子思想體系探索（上）》，頁386～387，臺北市：新文豐出版社有限公司，1997年8月初版。

〔註22〕參見牟宗三著《中國哲學十九講》，頁132～133，臺北市：臺灣學生書局，1999年9月初版八刷。

〔註23〕「正言若反」乙句出自《道德經·第七十八章》：「天下莫柔弱於水，而攻堅

是道家的名言。這個話就是作用層上的話。「正言若反」所涵的意義
就是詭辭，就是弔詭（paradox），這是辯證的詭辭（dialectical
paradox）。〔註24〕

其中牟宗三先生所論之「作用層」、「存有層」、「詭辭」等名詞，似有「玄之
又玄」之形上概念，頗令吾人不知如何理解；而則其所論及「正言若反」一
義，似為吾人了解老子《道德經》思想特色，與其是否主張「反教育」之關
鍵樞紐，是以吾人對老子「絕聖棄智」之主張，當透由此一樞紐方向深入探
究，方能參透其意。

（一）「反智」之辨

老子是否「反智」，吾人擬分就相關的幾章來作討論。首先，《道德經·
第十八章》云：

> 大道廢，有仁義；慧智出，有大偽；六親不和，有孝慈。國家昏亂，
> 有忠臣。〔註25〕

此段文句中，顯示老子之思考方式為「由 A 而有 B」，如次：

1、因「大道」「廢」了，所以才「有」「仁義」；

2、因「智」「出」了，所以才「有」「大偽」；

3、因「六親（倫理）」「不和（壞）」了，所以才「有」「孝慈」；

4、因「國家」「昏壞敗亂」了，所以才「有」「忠臣」。

對之第 1、3、4 句中因「大道」、「六親」、「國家」之「廢失」、「不和」
與「昏亂」，而有「仁義」、「孝慈」與「忠臣」的出現，此中並無爭議性且極
合理。而則就第 2 句而言，因「智慧」「出」了而「有」「大偽」，則顯突兀且
矛盾。吾人比對此章老子《道德經》及王弼注解臚列如下：

> 《道德經》：「大道廢，有仁義；」

> 《王弼注》：「失無為之事，更以施慧立善道，進物也。」

> 《道德經》：「智慧出，有大偽；」

強者莫之能勝。以其無以易之。弱之勝強，柔之勝剛，天下莫不知，莫能行。
是以聖人云：受國之垢，是謂社稷主；受國不祥，是謂天下王。『正言若反』。」
同註 6，（晉）王弼著、（唐）陸德明釋文《老子道德經注·第七十八章》，頁
45～46。

〔註24〕同註22，牟宗三著《中國哲學十九講》，頁 139～140。

〔註25〕同註 6，（晉）王弼著、（唐）陸德明釋文《老子道德經注·第十八章》，頁 10。

《王弼注》：「行術用明，以察姦僞；趣睹形見，物知避之。故智慧
出則大僞生也。」

《道德經》：「六親不和，有孝慈；國家昏亂，有忠臣。」

《王弼注》：「甚美之名生於大惡，所謂美惡同門。六親，父子兄弟
夫婦也。若六親自和，國家自治，則孝慈忠臣不知其所在矣。魚相
忘於江湖之道，則相濡之德生也。」〔註26〕

對之「六親不和，有孝慈；國家昏亂，有忠臣。」王弼首云：「甚美之名生於
大惡，所謂美惡同門。」此非指順著「美之名」方生出「大惡」，而係反其道
稱「美之名」而「生於大惡」。則吾人其意謂即：並非先有「美的名」才有「大
惡」，而係有「大惡」才顯現出「美的名」。

其次，王弼又言：「六親，父子兄弟夫婦也。若六親自和，國家自治，則
孝慈忠臣不知其所在矣。魚相忘於江湖之道，則相濡之德生也。」此無異表
示：「六親（倫理）平和」與「國家治平」時，吾人「並未察覺」孝慈與忠臣
的重要，因為「大家皆已然做到了！」此如同魚於江海中終日與水在一起，
而渾然不知水的存在與重要性，惟有在魚缺了水而甚至必須互以口水相滋潤
以為生存時，方知水對它的重要性。

是以，吾人依此推論，老子《道德經》之上述引文中的「有」當為「顯
現出」之意來解方顯其合理性。此意即：因為「失」方顯現「得」之重要、
因為「無」方顯現「有」之重要；當「家庭安樂」與「國家和平」之際，眾
人皆已做到了「孝慈」和「忠臣」而不自覺，但若「孝慈」和「忠臣」於大
家心目中顯現出其重要性時，此已表示現實時局之紛亂已到「六親不和」和
「國家昏亂」之地步了。

王弼此種注解，頗為合理且最令吾人所接受與了解。吾人依王弼之注來
解，則「大道廢，有仁義」乃表示人們已「偏離、廢除」了「大道」，方才顯
現出「仁義」之重要；再就「智慧出，有大僞」而言，則此更確定了因人們
太強調「智慧」，才顯現出這許多「虛偽不實」的問題。若依此，吾人可確定
老子果然是「反智」的；而則老子《道德經》中所「反智」之「智」又為何？

為便了解，茲將提及「絕聖棄智，民利百倍」之《道德經・第十九章》
臚列於下：

〔註26〕同註6，（晉）王弼著、（唐）陸德明釋文《老子道德經注・第十八章》，頁10

　　絕聖棄智，民利百倍；絕仁棄義，民復孝慈；絕巧棄利，盜賊無有。

　　此三者以爲文不足，故令有所屬：見素抱樸，少私寡欲。〔註27〕

王弼之注解爲：

　　聖智，才之善也。仁義，人之善也。巧利，用之善也。而直云絕，
　　文甚不足，不令之有所屬，無以見其指，故曰，此三者以爲文而未
　　足，故令人有所屬，屬之於素樸寡欲。〔註28〕

吾人試依王弼注解來看：「才能」達到了「善」即是「聖智」；「人」達到了「善」即是「仁義」；而「物用」達到了「善」即是「巧利」。若此，即表示王弼認爲老子基本上亦同意「聖智」、「仁義」與「巧利」並非不好、不可取。而則王弼繼續詮釋道：老子「直說」要「絕除」之原因，在於這些概念「文甚不足」，此亦即是因於人們對於「聖智」、「仁義」與「巧利」等概念之執著，而紛採「爭奪」、「盜取」與「欲求」等不當之行爲手段以達成，那麼眞正「聖智」、「仁義」與「巧利」之意義就此亡失，所剩者惟謀求者所巧立名目之「聖智」、「仁義」與「巧利」了。

　　是故王弼才接著說：「不令之有所屬，無以見其指，故曰，此三者以爲文而未足，故令人有所屬，屬之於素樸寡欲。」亦即強調：不要去講究巧立名目所規定的「聖智」、「仁義」與「巧利」這些「是什麼？」要回歸到我們「眞誠」、「樸實」的心中去尋求「如何實踐？」當你回歸「眞誠」、「樸實」的心中，便會少掉「爭奪」、「盜取」與「欲求」，此亦惟有在「絕聖棄智」、「絕仁棄義」、「絕巧棄利」之下，吾人不再強調「聖智」、「仁義」與「巧利」這些名目概念，不再對之起執著，那麼就能產生「民利百倍」、「民復孝慈」、「盜賊無有」的功效了。

　　依此，老子所否定的「智」，應是人爲「爭奪」、「盜取」與「欲求」所巧立那個名目的「智」。但是否如此？有必要再依循老子的相關論點探討下去。

　　《道德經・第六十五章》提及：「民之難治，以其智多。故以智治國，國之賊；不以智治國，國之福。」〔註29〕就此內容來看，如果將「智」用上述的之義的「智」來判讀，那老子在此之意思則是：老百姓很難治理是因爲百姓有許多爲了「爭奪」、「盜取」與「欲求」而巧立的『智』。而用人爲巧立的

〔註27〕同註6，（晉）王弼著、（唐）陸德明釋文《老子道德經注・第十九章》，頁10。

〔註28〕同註6，（晉）王弼著、（唐）陸德明釋文《老子道德經注・第十九章》，頁10。

〔註29〕同註6，（晉）王弼著、（唐）陸德明釋文《老子道德經注・第六十五章》，頁40。

「智」來治理國家時，就會造成整個國家名器遭受私人的竊據；不用人為巧立的「智」來治理國家，那才是整個國家百姓之福。如此整章文句很清楚，而則人為巧立的「智」指的是什麼，則仍不清楚。是以吾人仍有必要參照《道德經・第六十五章》與王弼之注解，方能作清楚之判定：

《道德經》：「古之善為道者，非以明民，將以愚之。」

《王弼注》：「明，謂多見巧詐，蔽其樸也。愚謂無知守真，順自然也。」

《道德經》：「民之難治，以其智多。」

《王弼注》：「多智巧詐，故難治也。」

《道德經》：「故以智治國，國之賊；」

《王弼注》：「智，猶巧也，以智而治國，所以謂之賊者，故謂之智也。民之難治，以其多智也，當務塞兌閉門，令無知無欲，而以智術動民。邪心既動，復以巧術防民之偽，民知其術，防隨而避之，思惟密巧，奸偽益滋，故曰，以智治國，國之賊也。」

《道德經》：「不以智治國，國之福。知此兩者亦稽式。常知稽式，是謂玄德。玄德深矣，遠矣，」

《王弼注》：「稽，同也。古今之所同則而不可費，能知稽式，是謂玄德，玄德深矣，遠矣。」

《道德經》：「與物反矣，」

《王弼注》：「反其真也。」

《道德經》：「然後乃至大順。」〔註30〕

此處王弼注解「明」為「多見巧詐」，「愚」為「無知守真，順自然也」，而「智」則為「多智巧詐」。依此，老子所言之：「民之難治，以其智多」，其意即：「多智巧詐，故難治也」。而老子所云：「以智治國，國之賊」其意又即：「智，猶巧也，以智而治國，所以謂之賊者」。於此，吾人可以看到，老子所反對者乃是「多智巧詐」的「巧智」。若此，老子所反的很清楚乃是「多智巧詐」之「巧智」。

　　吾人以此比對前面《道德經・第十八章》所言之：「慧智出，有大偽」〔註31〕

〔註30〕同註6，（晉）王弼著、（唐）陸德明釋文《老子道德經注・第六十五章》，頁40。
〔註31〕同註6，（晉）王弼著、（唐）陸德明釋文《老子道德經注・第十八章》，頁10。

以及〈第十九章〉：「絕聖棄智，民利百倍」〔註32〕二句，那麼其意思就是：大家之所以「虛偽不實」，乃因於我們太強調了「多智巧詐」之「巧智」；惟有在去除「多智巧詐」之「智」後，方能「民利百倍」。如此不正應合此〈第六十五章〉文末老子所言：「與物反矣，然後乃至大順。」其要求人心「反璞歸真」之觀點矣！〔註33〕

（二）「知」之辨

中國古籍中「知」與「智」二字都與知識相關，是以吾人在確定老子所反對的「智」乃「多智巧詐」之「智」之後，當緊接著了解老子對「知」所持之態度。

老子《道德經》全書中共出現 65 個「知」字，茲依詞性歸類如下：

1、當名詞者，共 3 個：

如：〈第四十七章〉：「其知彌少」、〔註34〕〈第五十六章〉：「知者不言」、〔註35〕〈第八十一章〉：「知者不博」〔註36〕……等。

2、當內動詞者，共 12 個：

如：〈第三十三章〉：「自知者明也」、〔註37〕〈第三十三章〉：「知足者富也」、〔註38〕〈第四十四章〉：「知足不辱」〔註39〕……等。

3、當外動詞者，共 40 個：

如：〈第二章〉：「天下皆知美之為美」、〔註40〕〈第二章〉：「皆知善之為善」、〔註41〕〈第四章〉：「吾不知其誰之子」〔註42〕……等。

〔註32〕 同註6，（晉）王弼著、（唐）陸德明釋文《老子道德經注・第十九章》，頁10。

〔註33〕 又《竹簡老子甲本》第一章即曰：「絕智棄辯，民利百倍。絕巧棄利，盜賊無有。絕偽棄慮，民復季子。……」其中所謂「絕智棄辯」、「絕巧棄利」之意，無疑與王弼所稱之去除「多智巧詐」不謀而合，亦與吾人之探討結果相同。以《甲本》為目前所見《道德經》之最古版本，顯見老子所言之意亦在此。參見，廖名春著《郭店楚簡老子校釋》，頁1～5，北京：清華大學出版社，2003年6月第1版第一次印刷。

〔註34〕 同註6，（晉）王弼著、（唐）陸德明釋文《老子道德經注・第四十七章》，頁29。

〔註35〕 同註6，（晉）王弼著、（唐）陸德明釋文《老子道德經注・第五十六章》，頁34。

〔註36〕 同註6，（晉）王弼著、（唐）陸德明釋文《老子道德經注・第八十一章》，頁47。

〔註37〕 同註6，（晉）王弼著、（唐）陸德明釋文《老子道德經注・第三十三章》，頁19。

〔註38〕 同註6，（晉）王弼著、（唐）陸德明釋文《老子道德經注・第三十三章》，頁19。

〔註39〕 同註6，（晉）王弼著、（唐）陸德明釋文《老子道德經注・第四十四章》，頁28。

〔註40〕 同註6，（晉）王弼著、（唐）陸德明釋文《老子道德經注・第二章》，頁1。

〔註41〕 同註6，（晉）王弼著、（唐）陸德明釋文《老子道德經注・第二章》，頁1。

4、讀去聲作「智」者，共 10 個：

如：〈第三章〉：「常使民無知無欲」、〔註 43〕〈第十八章〉：「慧智出，有大僞」〔註 44〕……等。

而關於老子「知」之意義，吾人可簡略分類並試說明如下：〔註 45〕

1、當「知道」解，例如：

（1）〈第十七章〉：「太上，不知有之。」〔註 46〕

釋意：最好的統治者，沒有人「知道」有它的存在。

（2）〈第三十二章〉：「始制有名，名亦既有，夫亦將知止，知止可以不殆。」〔註 47〕

　　釋意：一旦有章典和制度，就有名稱名位。名稱名位既已有了，也要「知道」適可而止。

2、當「知識」或「學問」解，例如：

（1）〈第十章〉：「明白四達，能無知乎。」〔註 48〕

釋意：明白四方通達，能夠沒有「知識」嗎？。

（2）〈第五十三章〉：「使我介然有知，行於大道，唯施是畏。」〔註 49〕

釋意：假使我稍微有「知識」，我就在大道上行走，而唯恐走斜路。

（3）〈第五十六章〉：「知者不言，言者不知。」〔註 50〕

釋意：有「知識（學問）」的人不多（不亂）說話，多（亂）說話的人沒有什麼「知識（學問）」。

〔註 42〕同註 6，（晉）王弼著、（唐）陸德明釋文《老子道德經注・第四章》，頁 3。

〔註 43〕同註 6，（晉）王弼著、（唐）陸德明釋文《老子道德經注・第三章》，頁 2。

〔註 44〕同註 6，（晉）王弼著、（唐）陸德明釋文《老子道德經注・第十八章》，頁 10。

〔註 45〕參見劉福增撰〈老子的「知」與「智」以及爲「學日益，爲道日損」——兼論老子是否反智〉，《國立編譯館館刊》第 25 卷第 2 期頁 15～36，臺北市：國立編譯館，1997 年 12 月。及劉福增著，《老子哲學新論》，頁 211～275，臺北：東大圖書股份有限公司，1999 年 3 月初版。

另，下文中所有對於《道德經》的章句解釋，亦採劉福增先生解釋爲依據，但各句之釋意則間或依筆者之了解而改，不完全依劉福增先生之看法。

〔註 46〕同註 6，（晉）王弼著、（唐）陸德明釋文《老子道德經注・第十七章》，頁 9。

〔註 47〕同註 6，（晉）王弼著、（唐）陸德明釋文《老子道德經注・第三十二章》，頁 19。

〔註 48〕同註 6，（晉）王弼著、（唐）陸德明釋文《老子道德經注・第十章》，頁 5。

〔註 49〕同註 6，（晉）王弼著、（唐）陸德明釋文《老子道德經注・第五十三章》，頁 32。

〔註 50〕同註 6，（晉）王弼著、（唐）陸德明釋文《老子道德經注・第五十六章》，頁 34。

（4）〈第八十一章〉：「知者不博，博者不知。」〔註51〕

釋意：有「知識（學問）」者不賣弄博學，賣弄博學的人沒有什麼「知識
　　　（學問）」。

3、當「了解」、「領會（悟）」或「認識」解，例如：

（1）〈第十六章〉：「知常曰明，不知常，妄作凶。知常容。」〔註52〕

釋意：「了解（領會、把握）」到道乃為常道的（或了解、領會、把握到
　　　道之常的）稱之為明。不能了解（領會、把握）道乃為常道或道
　　　之常的的人，就會輕舉妄動，惹事生非而招來凶（或：極為凶）。
　　　能「了解（領會、把握）」道之常，就能容〔而讓萬物各展其所能，
　　　不妄加己意而對之有所干涉〕。

（2）〈第二十八章〉：「知其雄，守其雌，為天下谿。」〔註53〕

釋意：「了解（體認）」到剛強的雄，卻寧願安守住於柔弱的雌中，而甘
　　　願成為天下的溪谷。

（3）〈第四十三章〉：「吾是以知無為之有益。」〔註54〕

釋意：我因此能夠「了解（體認）」到無為之益，及其妙用、大用。

4、當「知足」解，例如：

（1）〈第三十三章〉：「知足者富，強行者有志。」〔註55〕

釋意：能夠「知足」而淡泊財富的是富裕的人，而能自強不息於道行修
　　　養的人，便是具有志氣的人。

（2）〈第四十四章〉：「知足不辱，知止不殆，可以長久。」〔註56〕

釋意：能夠隨時「知足」的人不會遭受屈辱，而「知道」適可而止的人
　　　不會遭遇危險，這樣便可以長久了。

　　由上述有關「知」之句子與句意分析，吾人可以看出老子之「知」有「知
道」、「知識」、「學問」、「了解」、「領會（悟）」、「認識」及「知足」等意；而
從其對一般「知道」、「知識」、「了解」、「知足」等，並未加以否定之負面看

〔註51〕同註6，（晉）王弼著、（唐）陸德明釋文《老子道德經注・第八十一章》，頁47。
〔註52〕同註6，（晉）王弼著、（唐）陸德明釋文《老子道德經注・第十六章》，頁9。
〔註53〕同註6，（晉）王弼著、（唐）陸德明釋文《老子道德經注・第二十八章》，頁16。
〔註54〕同註6，（晉）王弼著、（唐）陸德明釋文《老子道德經注・第四十三章》，頁27。
〔註55〕同註6，（晉）王弼著、（唐）陸德明釋文《老子道德經注・第三十三章》，頁19。
〔註56〕同註6，（晉）王弼著、（唐）陸德明釋文《老子道德經注・第四十四章》，頁28。

法，則亦可以看出老子對「知」並未抱否定的態度。據此，吾人可以肯定老子並非全面的「反智」而只是反對「多智巧詐」之「巧智」罷了。

（三）「學」之辨：

「學」是「教育」的主要手段、方法之一，亦是達成「教育之目標」的唯一途徑。針對老子「絕學無憂」〔註57〕此一看似「反教育」的說法，要確定其是否真為老子之意，吾人亦有必要就老子《道德經》篇章中有關於「學」之文字篇章做分析、了解，以藉此了解老子對「學」之態度。

首先，〈第六十四章〉書云：

> 是以聖人欲不欲，不貴難得之貨；學不學，復眾人之所過。〔註58〕

對於「欲不欲，不貴難得之貨」文句，王弼注解為：「好欲雖微，爭尚為之，興難得之貨雖細，貪盜為之起也。」〔註59〕對於「學不學，復眾人之所過」，王弼則注：「不學而能者，自然也。喻於學者，過也。故學不學，以復眾人之過。」〔註60〕故此二句合起來即是：聖人意欲眾人所不意欲的，不去珍貴那些難得的財貨（才不致造成偷、盜），及聖人學習眾人所不學習的，以補救眾人之過失。既此，則很清楚，此章中之「學」乃指「學習」而言；而且，重要的是，就句意來看，老子並未「反教育」。

其次，〈第四十八章〉老子云：

> 為學日益，為道日損。損之又損，以至於無為。〔註61〕

「為學日益，為道日損」之句一般人多詮解為「隨著為學一天天的增多，為道就會一天天減損低落。」若此，則後句之「損之又損，以至於無為。」便無法理解。因「無為」對老子而言，代表一非常高之修養境界，必須達此境界才能對「道」有如實之體會、把握，是以此句吾人仍需藉助王弼之注解來了解。王弼注「為學日益」為「務欲盡其所能，益其所習」，〔註62〕注「為道日損」為「務欲反虛無也」。〔註63〕依此，整句之意即是：「學習要盡其所能不斷地增進所應學習的，而要學道則必須不斷地減損人為的貪求、慾望、刻意有為等（如對世

〔註57〕同註6，（晉）王弼著、（唐）陸德明釋文《老子道德經注·第二十章》，頁11。
〔註58〕同註6，（晉）王弼著、（唐）陸德明釋文《老子道德經注·第六十四章》，頁39。
〔註59〕同註6，（晉）王弼著、（唐）陸德明釋文《老子道德經注·第六十四章》，頁39。
〔註60〕同註6，（晉）王弼著、（唐）陸德明釋文《老子道德經注·第六十四章》，頁39。
〔註61〕同註6，（晉）王弼著、（唐）陸德明釋文《老子道德經注·第四十八章》，頁29。
〔註62〕同註6，（晉）王弼著、（唐）陸德明釋文《老子道德經注·第四十八章》，頁29。
〔註63〕同註6，（晉）王弼著、（唐）陸德明釋文《老子道德經注·第四十八章》，頁29。

俗功名利祿有所貪求，那將使人陷溺於欲望之逐求而無法做到無爲而見到道）
而返回到無爲而自然、不爲欲望所陷溺挾持、不執著而空掉對欲望的執著。」
如此解釋則合理而順暢。若此，老子的「學」乃是「積極的學」，而非「拒絕學
習」。而既主張「積極的學」，那吾人就不能說他「反教育」。

其三，〈第二十章〉云：

> 絕學無憂。唯之與阿，相去幾何？〔註64〕

此處《王弼注本》如是解云：

> 下篇，爲學者日益，爲道者日損。〔註65〕然則學求益所能，而進其
> 智者也。若將無欲而足，何求於益？不知而中，何求於進？夫燕雀
> 有匹，鳩鴿有仇，寒鄉之民，必知旃裘，自然已足，益之則憂。故
> 續鳧之足，何異截鶴之頸？畏譽而進，何異畏刑？唯阿美惡，相去
> 若何？〔註66〕

吾人如依王弼注解來看：「爲學日益，爲道日損」本爲正面「積極的學」之意，
但是如果人們積極所學到者，只是學到那些「狡詐巧智」（前文所提，老子所
反對的「智」，即「巧智」），那麼「足夠了（適度）就好」，而不要要求太過，
因超過基本需求，就「違反自然」了。此如同幫梟鷹加上長腳、或將鶴之長
頸去除一般，此皆根本違反了它們的天性本能。如果只爲榮華富貴、功名利
祿而學習「狡詐巧智」，那與官場上只知唯唯諾諾深怕丟官甚而遭受刑戮的心
理有何不同？

依上所言，《道德經・第二十章》看似「反學習」之文句，亦跟老子看似
「反智」之文句一般，此並不代表老子眞是反對一切「智」；老子反對的是「多
智巧詐」之「巧智」；老子亦不反對「學習」，而他所不反對者，很清楚地，
是那種不爲「功名利祿」而做的「學習」。若只在意於榮華富貴、功名利祿，
那就違背了老子順其自然、恬淡、無爲的基本態度。此種學習，老子當然反
對。依此，若要說老子對教育是持完全反對的態度，這是不能成立的說法。

是以，由以上對老子《道德經》中關係到「學」的章句之辨析，我們可

〔註64〕同註6，（晉）王弼著、（唐）陸德明釋文《老子道德經注・第二十章》，頁11。

〔註65〕今本《道德經》一般分81章，一般將之分爲上、下二篇。〈上篇〉又稱〈道
篇〉，自第一章至第三十七章計37章；〈下篇〉又稱〈德篇〉自第三十八章至
八十一章計44章。是以，此中「下篇」即爲〈德篇〉之意，而「爲學者日益，
爲道者日損。」一句於〈第四十八章〉中，故屬〈下篇〉之章句。

〔註66〕同註6，（晉）王弼著、（唐）陸德明釋文《老子道德經注・第二十章》，頁11。

以發現到：老子的「學」乃指「學習」而言，而除了為「功名利祿」而做的「學習」外，他並不反對「學習」。

二、老子之「正言若反」

先前探討《道德經・第六十五章》中關於「智」的概念時，曾提及王弼注解「明」是「多見巧詐」會「蔽其樸」的，而「愚」則為「無知守真」是「順自然」的。〔註67〕然就一般字義上的了解，「明」應是「明白事理」；既此，怎會說是遮蔽掉質樸的本性呢？而「愚」則是「愚昧無知」，又如何能由之說到順應自然呢？這隱然有深意於其中。其次，於探究老子「絕聖棄智」、「絕學無憂」時，吾人亦發覺老子並非要完全的"絕""棄"掉「智」與「學」；他反而意圖透過"絕""棄"來告訴人們真正的「智」、真正的「學」為何。是以，老子所採取的即是牟宗三先生所謂之「『正言若反』的詭辭方式」。以下吾人即先就老子之「正言若反」〔註68〕作一了解，而後再探討老子《道德經》之教育主張。

（一）「道」之疑義

老子思想重點在於他的「道」，而則其於〈第一章〉即言：「道可道，非常道」〔註69〕意謂：「如果可以言說的便不是常道。」果真如此，那麼整個《道德經》五千言所闡釋的「道」便不是「道」，那老子《道德經》也將毫無意義與價值可言，是以《道德經》老子之言當非如此。其於〈七十八章〉中所留下令人深思之四字：「正言若反」，〔註70〕顯然便已提示：雖然吾人能藉由名詞和語言來表達內心之概念，但這名言並非萬能的，名言亦可能限制或變更吾人所認知對象之概念。是以「正言」如何「若反」，與「道」是否真無法藉由名言表達，顯然便值得吾人繼續探討。

（二）老子之認知活動

吾人之所以能認知此一世界，端賴三要素：一者，能認知之主體，如吾人藉感官或其他方式進行者；二者，被認知之對象，即客體，除現象界事物

〔註67〕此中王弼注解《道德經・第六十五章》：「古之善為道者，非以明民，將以愚之。」乙句為：「明，謂多見巧詐，蔽其樸也。愚謂無知守真，順自然也。」同註6，（晉）王弼著、（唐）陸德明釋文《老子道德經注・第六十五章》，頁40。

〔註68〕同註6，（晉）王弼著、（唐）陸德明釋文《老子道德經注・第七十八章》，頁46。

〔註69〕同註6，（晉）王弼著、（唐）陸德明釋文《老子道德經注・第一章》，頁1。

〔註70〕同註6，（晉）王弼著、（唐）陸德明釋文《老子道德經注・第七十八章》，頁46。

外，形上本體、思想、情感等亦可被吾人所認知；三者，主客體間所產生之關聯，必須有認知趨向。就老子《道德經》全書中以下諸章句，顯示老子亦具此認知三要素之概念：

1、〈第四章〉言：「吾不知誰之子，象帝之先。」〔註71〕

此中「吾」即主體，「誰之子」即客體，「象帝之先」用以描述成為兩者關聯。

2、〈第十六章〉：「萬物並作，吾以觀復。」〔註72〕

此中「吾」亦主體，「萬物」即客體，「並作」、「觀復」則構成二者間之關聯。

3、〈第二十章〉：「我獨異於人」〔註73〕

此中「我」即主體，「人」為客體，「異」則為二者間之關聯。

4、〈第四十九章〉：「善者吾善之，不善者吾亦善之」〔註74〕

此中「吾」亦主體，「善者」、「不善者」為客體，「善之」則為二者間之關聯。

5、〈第五十七章〉：「我無為而民自化」〔註75〕

此中「我」亦主體，「民」為客體，「無為」、「自化」則為二者間之關聯。

一般語文中構成主體者，多以「我」、「吾」、「己」或「自」（此字因常與其它字結合而成另外語意，如「自然」等，故捨去不論），而就老子《道德經》篇中「吾」字凡22字、「我」字凡19字、「己」字凡2字，且文句多兼有主、客體與兩者聯繫之三要素事實，如此顯見《道德經》亦對吾人之認知活動深具了解。

（三）認知活動之所限

其次，就老子《道德經》中感官之認知態度來看，吾人以眼睛之感官為例，試臚列如下：

1、〈第四章〉：「道沖，……湛兮似或存」〔註76〕

此中老子言「道」為沖虛（空虛）、卻又似乎存在的矛盾現象，顯示「見

〔註71〕同註6，（晉）王弼著、（唐）陸德明釋文《老子道德經注・第四章》，頁3。
〔註72〕同註6，（晉）王弼著、（唐）陸德明釋文《老子道德經注・第十六章》，頁9。
〔註73〕同註6，（晉）王弼著、（唐）陸德明釋文《老子道德經注・第二十章》，頁11。
〔註74〕同註6，（晉）王弼著、（唐）陸德明釋文《老子道德經注・第四十九章》，頁30。
〔註75〕同註6，（晉）王弼著、（唐）陸德明釋文《老子道德經注・第五十七章》，頁35。
〔註76〕同註6，（晉）王弼著、（唐）陸德明釋文《老子道德經注・第四章》，頁3。

道」這認知活動，似乎存在著矛盾。

2、〈第十章〉：「天門開闔，能無雌乎？」〔註77〕

就老子對五官的感知活動，並未抱持否定與反對態度，但要求守「雌」，在柔和寧靜的心理狀態下，去作感官認知。值得注意的是，老子並非用直述「天門開闔，守雌。」之句型，而以「能無雌乎？」否定疑問方式提出，此種效用顯然比直述肯定句來得更強。

3、〈第十二章〉：

> 五色令人目盲；五音令人耳聾；五味令人口爽。……是以聖人爲腹
> 不爲目〔註78〕

就老子思考方式，「目」之所以「盲」係因「五色」所起、「耳」之所以「聾」則在「五音」，顯示出外在現象界之聲色，反使人眼、耳感官喪失其功能。爲何如此，當追查下去。

4、〈第十四章〉：

> 視之不見名曰夷，聽之不聞名曰希，搏之不得名曰微。此三者不可
> 致詰，故混而爲一。……無狀之狀，無物之象，是謂惚恍。〔註79〕

〈第二十一章〉：

> 道之爲物，惟恍惟惚。惚兮恍兮，其中有象；恍兮惚兮，其中有物。
>
> 〔註80〕

就認知之「道」而言，並非完全「視之不見」、「聽之不聞」、「搏之不得」，因「道」表現於現象界「爲物」時，「惚恍」中仍有「無狀之狀，無物之象」之「象」、「物」現狀型態。故老子言：「此三者不可致詰」，顯然一語道破感官不可能提供吾人完全正確之認知，是故藉由「名曰」來指稱，而所指稱的「道」便有「夷」、「希」、「微」之性格。

5、〈第十六章〉云：

> 致虛極，守靜篤。萬物並作，吾以觀復。夫物芸芸，各復歸其根。歸
> 根曰靜，是謂復命。復命曰常，知常曰明。不知常，妄作凶。知常容，
> 容乃公，公乃王，王乃天，天乃道，道乃久。沒身不殆。〔註81〕

〔註77〕同註6，（晉）王弼著、（唐）陸德明釋文《老子道德經注・第十章》，頁5。
〔註78〕同註6，（晉）王弼著、（唐）陸德明釋文《老子道德經注・第十二章》，頁6。
〔註79〕同註6，（晉）王弼著、（唐）陸德明釋文《老子道德經注・第十四章》，頁7～8。
〔註80〕同註6，（晉）王弼著、（唐）陸德明釋文《老子道德經注・第二十一章》，頁12。
〔註81〕同註6，（晉）王弼著、（唐）陸德明釋文《老子道德經注・第十六章》，頁9。

以老子之講法，則此章句中表示「吾」人要能「觀」到「萬物並作」的「復」
（反復）規律，則當由「極」「致虛」、「篤」「守靜」的實踐工夫才能達成。
〔註82〕對於我們所要感知萬「物」（對象）的「歸根」現象，要經過「復命」
→「知常」的理解層次才能達到個人的洞「明」，但「明」之前仍會有「妄
作」的「凶」險，那麼主體自我仍需依循「知常」而→「容」（包容）→「公」
（大公）→「王」（周全）→「天」（順天）→「道」（循道）→「久」（長久）
等過程，才能「明」、才會「沒身不殆」（終身不危殆）。〔註83〕

　　吾人由上述 5 項中可得看出，《道德經》文中顯然透出吾人所憑藉之感官
認知並不完全可靠，反有「矇蔽」之可能，是以仍需透由「致虛、守靜」功
夫以實踐、完成「修道」之過程。而因為《道德經》觀察到吾人認知活動及
指謂之名言皆受到有限性之限制之，是以老子《道德經》提出「正言若反」
之命題以突破諸等限制。

（四）老子之「正言若反」

　　吳慧貞先生對《道德經》之「正言若反」如是云：

> 所謂之「正言若反」，是一個經過深思熟慮的命題。我們從「正言」
> 以及「反」字的使用來看，可以很輕易地發現：「正言若反」這個命
> 題，必須要預設一個與「正言」相對的「反言」。而「若」字的使用，
> 已經涉及到一個主觀的時間歷程，亦即主體在認識上是歷經了一個
> 從「反言」到「正言」的過程。即是說，主體一開始接觸到「正言」
> 之時，是先下了一個「這是『反言』」的結論，後來才發現到它其實
> 是一句「正言」。〔註84〕

〔註82〕此處文句字義之詮釋，採劉福增先生之解釋。參見，劉福增編著《老子精讀》，
　　　　頁 56～59，臺北：五南圖書出版股份有限公司，2004 年 2 月初版一刷。

〔註83〕牟宗三先生進一部以為：「道德經中所說的『致虛極，守靜篤』（十六章）就
　　　　代表道家的工夫。……由虛一靜的工夫使得生命虛而靈、純一無雜、不浮動，
　　　　這時主觀的心境就呈現無限心的作用，無限心就可以『觀復』，即所謂『夫物
　　　　芸芸，各復歸其根，歸根曰靜，是謂復命。』……當主觀虛一而靜的心境朗
　　　　現出來，則大地平寂，萬物各在其位，各適其性、各遂其生、各正其正的境
　　　　界，就是逍遙齊物的境界。萬物之此種存在用康德的話來說就是『存在之在
　　　　其自己』，所謂消遙、自得、無待，就是在其自己……」，參見同註 22，牟宗
　　　　三著《中國哲學十九講》，頁 122。

〔註84〕參見吳慧貞撰《老子正言若反的語言模式研究》，頁 122～123，國立臺灣師範
　　　　大學中國文學研究所碩士論文，2002 年。

猶如人之認知一般，因人於現象界之語言不可能含攝所有，自必有其限制性
存在；是以，當吾人面對一物以某性格來「名」、來建構此物時，有時反而造
成對此物其他性格之矇蔽與拘限。此有若「瞎子摸象」，因個人所見部位殊異
而使象有諸多性格，惟有明眼者以超越、統合之方式，方能逐漸拼湊象之原
貌。其次，現象界中性格概念之名、言皆兩兩相對或比較而生，當吾人言「我」
時，則必有一相對性之「彼」的概念同生；亦如《道德經・第二章》所云：

天下皆知美之爲美，斯惡已；皆知善之爲善，斯不善已。故有無相

生，難易相成，長短相較，高下相傾，音聲相和，前後相隨。〔註85〕

「有無」、「難易」、「長短」、「高下」等皆爲相對、相生之概念，吾人執著於
其一之「有、難、長、高」概念時，現象界卻不會因此而減除另一相對之「無、
易、短、下」概念，相反過來，若無「無、易、短、下」與之對應、比較，
則吾人又如何了解「有、難、長、高」之相對概念；是以當吾人獨言「美之
爲美」卻不去了解「惡之爲惡」時，不僅無異於掩耳盜鈴，且反更陷入主觀、
對立、二分之「獨斷」，更陷於「惡」之泥淖中。

　　吾人以老子《道德經》之「無爲」概念爲例，就老子所處之時空背景，「周
文疲弊」之社會現實中，促使維繫周朝封建體系之禮樂制度早成爲空架子，
此不僅因外在空洞的形式使禮樂成爲造作、虛僞與束縛而無眞實生命之物，
亦導致人之生命、精神也因之受束縛、不自在、不自然，甚而造成整體社會
混亂極度不安；若老子此時還講究「形式的禮樂」，則無異於對紛亂社會雪上
加霜，是以面對此一人爲造作、努力、形式的「有（有爲）」所產生的問題，
老子遂提出以「無（無爲）」來解決。〔註86〕

　　而則老子的「無」爲「無活動」（inaction）、「不作爲」、「不做任何事」嗎？
答案是「否定」的。因老子既已說天下「萬物」生於「有」「有」生於「無」，
那麼「無」沒有作爲又怎能生「有」。老子提到：「人法地，地法天，天法道，
道法自然。」，〔註87〕此即明白表示了「人」不僅要法天地與道的「無爲」，
且要經由「無爲」而「回歸」於「自然而然」的無所束縛、無所桎梏的精神
絕對自由的境界，是以，這「回歸」的作用就是「無爲」的作用。〔註88〕是

〔註85〕同註6，（晉）王弼著、（唐）陸德明釋文《老子道德經注・第二章》，頁1～2。
〔註86〕同註22，牟宗三著《中國哲學十九講》，頁87～90。
〔註87〕同註6，（晉）王弼著、（唐）陸德明釋文《老子道德經注・第二十五章》，頁14。
〔註88〕王弼注《老子道德經注・第二十五章》：「人法地，地法天，天法道，道法自
　　　　然。」乙句如是云：「法，謂法則也。人不違地，乃得全安，法地也。地不違

故，「無」實是積極的作用，而非什麼都沒有的「空無」；「無」之作用即在化解吾人所造作、執著之那個「有為」，而讓人心回到無所束縛與桎梏之「自然而然」般如「質樸」〔註89〕之「道」的境界。而其所「回歸」到的如「質樸」的「道」，這「道」並非靜止不動、有形有狀的「道」，而是「無狀之狀，無物之象，是謂惚恍。迎之不見其首，隨之不見其後」〔註90〕的「道」，它即是「有」、「無」不斷反覆循環相生的「道」。

此種了解「有」、「無」不斷反覆循環相生原理之認知，便是藉由「若」「反言」之「無」（無為）的作用，而使身為認知主體之吾人，不僅認知及「正言」之「有」（有為），且更進一步超越、消融「有」、「無」之「反言」與「正言」二者對立之概念，而領會此二者實為不斷之反復循環（即「觀復」）與缺一不可之的作用，而這一整個所顯之認知程序與運動（或辯證方法），即是老子所云之「正言若反」。〔註91〕

天，乃得全載，法天也。天不違道，乃得全覆，法道也。道不違自然，乃得其性，法自然者。在方而法方，在圓而法圓，於自然無所違，自然者，無稱之言，窮極之辭也。用智不及無知，而形魄不及精象，精象不及無形，有儀不及無儀，故轉相法也。道順自然，天故資焉。天法於道，地故則焉。地法於天，人故象焉。所以為主其一之者，主也。」其以「不違法則」為「法」的注解乃消極意義之注解，老子既於第四章稱：「挫其銳，解其紛，和其光，同其塵」，以「挫、解、和、同」闡釋「道」之積極作為，是故消極注解「法」為「不違法則」，不若注解為「回歸」、方具積極意義。同註6，（晉）王弼著、（唐）陸德明釋文《老子道德經注・第二十五章》，頁14～15。

〔註89〕 《道德經・第二十八章》云：「知其榮，守其辱，為天下谷，常德乃足，復歸於樸。」故「質樸」即是「自然」即是「道」。同註6，（晉）王弼著、（唐）陸德明釋文《老子道德經注・第二十八章》，頁16。

〔註90〕 同註6，（晉）王弼著、（唐）陸德明釋文《老子道德經注・第十四章》，頁7～8。

〔註91〕 是故牟宗三先生特就此一老子由「無」以悟「道」的「正言若反」辯證方法提出解釋，其在《理則學》一書中云：「就《道德經》的體悟說，『道』該當是『無限的妙用』。它是宇宙萬物的實體，而此實體是經由『無限妙用去體會』，不是經由『有限物』去了解。所以它是『獨立而不改，周行而不殆』，它是『有物混成，先天地生』。因此它不能是任何一定的概念，我們也不能用一定的概念去限制它或範圍它。如果我們用上一個概念說它是什麼，它實不就是這個概念之所是，所以它並不『是』什麼。如果我們固執地說它一定是什麼，這便成為它自身的否定，與它自身相矛盾，而轉為不是「道」。所以要真想在踐履中體悟『道』，把道如其性而湧現出來，就必須把你所用上的那一個概念拉下來，即是說，由否定那個概念而顯示。這就是：『是而不是』。它是Ａ又不是Ａ。擬若固執它『不是Ａ』，它就不是『不是Ａ』。那就是說，任何概念著不上。著上去就等於對道的否定而不是道，所以必須經由『否定之否定』這辯證的發展而顯示。甚至你說『道就是道』，這也不對。因為道不能由任何一個肯定的陳述

質是,「正言若反」實藉由「反言」而使吾人認知之主體發覺到「正言」所在,使主體的認知不再陷於獨斷、二分與對立矛盾之現象中,而由此更積極之抽離與超越,進而化解兩者所存在之對立性格。是以,此時「若反」成為「正言」之另一形式,而藉此同時銷融「反言」與「正言」,達至全盤地、一體地相互融攝了解、與超越相對性與二分性而達成真正的至真、至善境界。

(五)「正言若反」之表達

牟宗三先生認為:

> 「正言若反」是道德經上的名言。這個話就是作用層上的話。「正言若反」所涵的意義就是詭辭,就是弔詭(paradox),這是辯證的詭辭(dialectical paradox)。……這種詭辭不屬於知識的範圍。這不是分析的講,而當該屬於智慧。所以道德經不落在知識的層次上提供一些辦法,它不用分析的方式。正言若反不是分析的方式,它是辯證的詭辭,詭辭代表智慧,它是詭辭的方式。〔註92〕

此中透露吾人,「正言若反」之表達似乎不屬知識之範疇,亦即不在之分析命題之語言形式中。為了解此論是否正確,吾人當就老子《道德經》本文中觀之。

首先,吳慧貞先生就《道德經》全書81章五千餘言中,研究發現其使用具否定意義之字如:「不」字共出現 244 次,「無」字則出現 102 次,二者合共 346 次,平均每一章出現 4.27 次。另如加上:「莫」字 20 次、「非」字 10 次、「未」字 7 次、「勿」字 4 次、「弗」字 2 次、「沒」字 2 次等,總計否定字 391 字,平均每章即約出現 4.83 次。〔註93〕此種現狀是否足以直接認定老子之「正言若反」=(等於)否定命題!為免錯誤,吾人試依據吳慧貞先生之觀點繼續探討之。〔註94〕

去指示。指示它就是限制它,限制它就不是它自己。所以它是它自己而又不是它自己方是它自己。這種辯證的思維完全為的是防止執著。」參見牟宗三著《理則學》,頁 272～273,臺北市:正中書局,2004 年 8 月臺二版。

〔註92〕同註22,牟宗三著《中國哲學十九講》,頁 140。

〔註93〕吳慧貞先生補充道:「八十一章中,只有〈第五十三章〉沒有出現這兩個否定字;但是這唯一沒出現「不」或「無」的〈第五十三章〉,還是出現了「非」字。」按《道德經‧第五十三章》原文即:「使我介然有知,行於大道,惟施是畏。大道甚夷,而民好徑。朝甚除,田甚蕪,倉甚虛;服文綵,帶利劍,厭飲食,財貨有餘,是謂盜夸。非道也哉!」同註84,吳慧貞撰《老子正言若反的語言模式研究》,頁 133。

〔註94〕同註84,吳慧貞撰《老子正言若反的語言模式研究》,頁 134～159。

1、不必然型態命題

就《道德經・第八十一章》「信言不美，美言不信。」〔註95〕來看，其意當為：「眞實之言詞不華美，華美之言詞不眞實。」乍看之下似為一否定命題，即「眞實之言詞必然是不華美」、「華美之言詞必然是不眞實」。但吾人單就「信言不美」來看，此一句主詞「言詞」同時加上「眞實」與「華美」兩形容詞，顯已構成「言詞為眞實」與「言詞為華美」二合一的「複式單一命題」。

單就「言詞為眞實」而言，則吾人可驗證其為眞；而則，就「言詞為華美」此一後驗、偶有之單一命題，吾人卻無從檢驗其眞假？（可為華美、可不為華美）。是以「信言不美」一句必非集合複式單一命題，而係一「型態複式單一命題」。又，以其謂詞（「華美」）之於主詞（言詞）既為不必然眞假，則此即是屬「型態複式單一命題」之「不必然型態命題」。是故，吾人可證「信言不美」為一「不必然型態命題」，而「美言不信」亦然。

除了此句，〈第五十六章〉之：「知者不言，言者不知。」〔註96〕與〈第六十八章〉之：「善為士者不武，善戰者不怒」〔註97〕等皆屬之。此種「不必然的型態命題」，亦即是「正言若反」的形式之一，由開始以為否定之命題，經仔細推論後發覺其實質既不肯定、亦不否定，因而此時吾人方能正視吾人固有之思考模式，實已僵硬、遲滯且陷入二分法之對立思維，而此一對立的思維亦正是《道德經》所要化消的。

2、否定命題

吾人雖知老子《道德經》的否定句型中具有「不必然型態命題」之形式，而則並不足代表《道德經》全書皆是此種形式。所謂：「天地不仁」、〔註98〕「生而不有，為而不恃，長而不宰」〔註99〕……等，其中之「不」字，顯然均為否定意義，而確定構成了「否定命題」。

當吾人用「白色的馬」此一肯定句型，明確指出了「馬」是「白色」的概念時，亦同時以「白色」限制了其範圍；而則，當吾人用「非黑色的馬」此種否定命題時，除了只限定「黑色除外」，顯然「白色」、「紅色」、「棕色」……等均可成為答案，此時其概念與範圍卻反而因此增大。因此顯而易見，肯定命題

〔註95〕同註6，（晉）王弼著、（唐）陸德明釋文《老子道德經注・第八十一章》，頁47。
〔註96〕同註6，（晉）王弼著、（唐）陸德明釋文《老子道德經注・第五十六章》，頁34。
〔註97〕同註6，（晉）王弼著、（唐）陸德明釋文《老子道德經注・第六十八章》，頁41。
〔註98〕同註6，（晉）王弼著、（唐）陸德明釋文《老子道德經注・第五章》，頁3。
〔註99〕同註6，（晉）王弼著、（唐）陸德明釋文《老子道德經注・第十章》，頁6。

係於當下便指明了且限制了對象物之概念、性格；而否定命題卻並非如此，由
於其領域大於肯定命題之領域，所以對於內涵無法指明、抑或清楚描述之對象，
便可採取此等命題由對方自行採取各種方式去呈現其所想要描述的對象。

　　就〈第五章〉：「天地不仁」〔註100〕乙句，此中「不仁」係「仁」之反面，
劉福增先生認爲有「殘酷（unkind）」及「不講仁心的，淡漠的一視同仁」二種
義。〔註101〕吾人如解爲「殘酷」、冷酷無情，那麼顯然無異於畫地自限，且《道
德經》全書未曾見曰：「天地殘酷」，何以「不仁」定是「殘酷」；而若依其後有
「多言數窮」之脈絡，將「不仁」解爲「不講仁心的」，顯然較爲適合。〔註102〕
而則，「天地」既屬於自然界，如何能行「不仁」？又如何能言「不仁」？是以
「天地」根本無法有「仁不仁」，而只有人才有此「仁不仁」之問題。〔註103〕
又如〈第二章〉：「行不言之教」，〔註104〕教育之方式泰半用言語表示，而《道
德經》爲何獨主張「不言」，這顯然並非要求吾人「無言」而係要以「力行實踐」
來「行教」。

　　質是，老子《道德經》顯然亦有意以此種方式，提示吾人經由否定而重
新檢視個人固著之思維，當吾人甚而進一步改變吾人之習慣、行爲，這方是

〔註100〕同註6，（晉）王弼著、（唐）陸德明釋文《老子道德經注・第五章》，頁3。
〔註101〕同註82，劉福增編著《老子精讀》，頁19～21。
〔註102〕〈第五章〉全文：「天地不仁，以萬物爲芻狗；聖人不仁，以百姓爲芻狗。天
　　　　地之間，其猶橐籥乎！虛而不屈，動而愈出。多言數窮，不如守中。」因其
　　　　後有「多言數窮」之句，是以此處當解爲「不講仁」而非「不行仁」。同註6，
　　　　（晉）王弼著、（唐）陸德明釋文《老子道德經注・第五章》，頁3。
〔註103〕吳慧貞先生引吳光明先生所言指出：「中國式的否定詞句可以肯定，甚至強調
　　　　肯定；中國的思想家（尤其是道家）更是在否定命題中凸顯正面含意的個中
　　　　高手。在中國哲學中否定式陳述至少有下列四種特徵：第一、否定表示了對
　　　　細節的全面掌握，……第二、否定引導我們注意到被否定物以外的所有領
　　　　域。……第三、因爲否定裏潛藏有這種肯定式的力量，雙重否定便成爲特別
　　　　強調的肯定。……第四、我們常可以看到中國哲學運用否定詞句裏的特殊含
　　　　蓄而推展其意。這種微妙的否定事實上是對肯定的一種透徹地描述。……因
　　　　此否定並不是純粹的否定，……否定性詞句是我們生活實踐的指導。所有這
　　　　些中國具體思考的例子都來自於平常人的真實日常生活經驗。中國式的邏輯
　　　　是經驗式的瞭解，也是具體的思考。」《道德經》之「天地不仁」即是提示吾
　　　　人，非天地不仁、而係人們本身之不仁！前者見同註84，吳慧貞撰《老子正
　　　　言若反的語言模式研究》，頁140；後者參見吳光明撰〈古代儒家思維模式試
　　　　論〉，楊儒賓、黃俊傑編《中國古代思維方式探索》，頁50～51，臺北市：正
　　　　中書局，1996年11月臺初版。
〔註104〕同註6，（晉）王弼著、（唐）陸德明釋文《老子道德經注・第二章》，頁2。

《道德經》否定命題所蘊含之意義。〔註105〕

3、相對法

　　為避免一般思維落於偏執一面，透過相對之方法將兩種相對的概念對舉，可以轉化觀念，注意到現象世界之現象其實係處於變化流動之狀態，因而不再偏執，故此亦是「若反」的「正言」之一。

　　相對法比之前面二種之不必然型態命題與否定命題更為複雜，因它可以命題之形式出現，亦可以單純之句式形式出現；且一提及「相對」，便產生了「關係」的問題。不同於型態命題（如「善者不辯」〔註106〕）和否定命題（如「天地不仁」〔註107〕）的使用繫詞之特點，相對法句式則在突顯主詞與謂詞間之關係，如「有無相生，難易相成」〔註108〕與「損之而益，…益之而損」。〔註109〕依據吳慧貞先生研究，老子《道德經》篇章中所採之相對法如下：

　　（1）集合命題：此為集合兩句以上之命題所組成，亦稱主謂命題。為《道德經》中之最主要的語言形式。又可分為：

　　　　Ⅰ、關係命題：此種命題包含了時空因素之關係。如：〈第三十章〉：「物壯則老，是謂不道，不道早已。」〔註110〕與〈第五十五章〉：「物壯則老，謂之不道，不道早已。」〔註111〕

　　　　Ⅱ、比較命題：此種命題帶有主從、大小關係之比較。如：〈第二十六章〉：「重為輕根，靜為躁君。……輕則失本，躁則失君。」〔註112〕與〈第七十六章〉：「強大處下，柔弱處上。」〔註113〕

〔註105〕吾人認為：透由否定命題，可使思維不易受拘禁而較為靈活。吳慧貞先生引自彭文興先生所言以為：「在《道德經》的使用方式中，通常是對於一般人所習慣性地認為正確的事，採取否定的方式，震驚他們封閉的心靈狀態，讓他們能夠重新思考一些向來所習以為常的事，究竟是否正確，是否合道？」前者見同註84，吳慧貞撰《老子正言若反的語言模式研究》，頁140～141；後者參見彭文興撰《道德經的道論之研究》，頁40，輔仁大學哲學研究所碩士論文，1997年7月。

〔註106〕同註6，（晉）王弼著、（唐）陸德明釋文《老子道德經注・第八十一章》，頁47。

〔註107〕同註6，（晉）王弼著、（唐）陸德明釋文《老子道德經注・第五章》，頁3。

〔註108〕同註6，（晉）王弼著、（唐）陸德明釋文《老子道德經注・第二章》，頁1。

〔註109〕同註6，（晉）王弼著、（唐）陸德明釋文《老子道德經注・第四十二章》，頁27。

〔註110〕同註6，（晉）王弼著、（唐）陸德明釋文《老子道德經注・第三十章》，頁17～18。

〔註111〕同註6，（晉）王弼著、（唐）陸德明釋文《老子道德經注・第五十五章》，頁34。

〔註112〕同註6，（晉）王弼著、（唐）陸德明釋文《老子道德經注・第二十六章》，頁15。

〔註113〕同註6，（晉）王弼著、（唐）陸德明釋文《老子道德經注・第七十六章》，頁45。

Ⅲ、原因命題：此種命題顯現出因果關係，在《道德經》篇章中極多此種命題。如：〈第三章〉：「為無為，則無不治。」、〔註114〕〈第二十二章〉：「曲則全，枉則直，窪則盈，敝則新，少則得，多則惑。」〔註115〕及〈第十九章〉：「絕聖棄智，民利百倍；絕仁棄義，民復孝慈。」〔註116〕等。

《道德經》採取集合命題之語言形式，在教導吾人由此等因果、時空與比較之命題中突破與超越，方能解脫諸等名言與現象相對之二分思維所帶來之禁梏。

（2）一般句型：此種句型不一定以主詞、謂詞及繫詞之命題形式來表達概念，而卻亦顯現了「正言若反」的形式。

Ⅰ、相即而對的句式：此種句式同時將兩種看起來相對、卻有實際依存關係的概念對舉，以使吾人瞭解事物之兩兩對立面，並非互相抗衡之對待關係，反而當是一相互轉化之依賴關係，此種方是現象世界真實樣貌。如：〈第二章〉中說：「有無相生，難易相成，長短相較，高下相傾」〔註117〕即是。

Ⅱ、疑問句式：一般人常沉溺於相對的二元思考，是以《道德經》採取疑問句式，使吾人由開始懷疑、而懂得懷疑，進而對此種二元思維產生反省。反省之後，方有契入超越思維之可能。如：〈第十章〉：「載營魄抱一，能無離乎？專氣致柔，能嬰兒乎？滌除玄覽，能無疵乎？愛民治國，能無為乎？天門開闔，能無雌乎？明白四達，能無知乎？」〔註118〕與〈第二十章〉：「唯之與阿，相去幾何？善之與惡，相去若何？」〔註119〕

Ⅲ、疑似句式：否定命題雖擴大命題範圍，但顯然仍有不免落於二元對立思維之處；是以《道德經》藉由「若」之疑似句法，使吾人得以瞭解現象世界相對相即之事實，〔註120〕從而促此現象界中如

〔註114〕同註6，（晉）王弼著、（唐）陸德明釋文《老子道德經注・第三章》，頁2。

〔註115〕同註6，（晉）王弼著、（唐）陸德明釋文《老子道德經注・第二十二章》，頁12。

〔註116〕同註6，（晉）王弼著、（唐）陸德明釋文《老子道德經注・第十九章》，頁10。

〔註117〕同註6，（晉）王弼著、（唐）陸德明釋文《老子道德經注・第二章》，頁1。

〔註118〕同註6，（晉）王弼著、（唐）陸德明釋文《老子道德經注・第十章》，頁5。

〔註119〕同註6，（晉）王弼著、（唐）陸德明釋文《老子道德經注・第二十章》，頁11。

〔註120〕傅佩榮先生認為：「為了避免否定法過於消極，對絕對界形成不可捉摸的空洞印象，「疑似法」比較有跡可尋。……如果否定法能藉否定表示宗教語言的辯

光與暗、白與黑、是與非⋯⋯之種種「好像」之對立崩解，〔註121〕而呈現眞實卻無對立之最終的實相。如〈第四十一章〉：「明道若昧，進道若退，夷道若纇⋯⋯」〔註122〕此中「若」之用法，即是老子之「道」最佳詮釋方法。

綜而言之，老子《道德經》中所使用之大量否定用詞，並非單一的形式即可全部概括說明的，而縱然可由理論上一一對二元性的思維模式加以探究辨析，但超越之思維仍無法被二元性思維所模式化、理論化的；此亦即說明了「正言若反」之語言形式，並無窮盡的可能。吾人既無法以二元性對立思維窮盡「正言若反」之超越思維，亦代表老子《道德經》哲學「似」在告知吾人，惟由工夫的實踐著手，方有契入超越主體境界之可能。此非然乎？

（六）老子「正言若反」下之教育主張

吾人透過老子《道德經》中「正言若反」之認知，清楚了解到老子對「學」、「智」之主張並非純然「反智」、「反教育」，而除去關於「學」、「智」之篇章外，《道德經》中也有一些關於教育之理念且係採「正言若反」方式所表達的。以下試摘錄幾則代表性的篇章來討論。

1、〈第七章〉：「聖人後其身而身先，外其身而身存。」〔註123〕

此說明聖人因「無私」且「不執著」於自己有形之形軀生命一定要爭「先」、要「存在」，結果反而因此「不爭」而使生命「眞實存在」，因爲聖人的無私無欲，反而成就了非凡的德業。

吾人回觀現時之教育，由於過於強調所謂教育之「績效」、「排名」，結果

證性格，那麼疑似法則有益於指出這種辯證過程的大趨勢，使絕對的實在界如「烘雲托月」般展現出來。」參見傅佩榮撰〈宗教語言的意義問題〉，台大哲學系主編《當代西方哲學與方法論》，頁 111～112，臺北市：東大圖書公司，1988 年 3 月初版。

〔註121〕杜方立先生指出：「所謂的大成、大盈、大直、大巧等，筆者認爲都是一種對表象對立超越後所達到的層次與境界，這種超越表象對立之後的層次與境界，之所以會看似若缺、若沖、若屈、若拙，是因爲觀者仍然停留在表象對立的層次中，而大成、大盈、大直、大巧，既然已超越了表象對立的層次，當然不會執於對立的表象上，這對仍停留在表象對立層次，以對立的表象爲衡量的標準的觀者而言，當然是不足取的，所以才會視之爲缺、沖、屈、拙等。」參見杜方立撰〈試論老子的辯證思維〉，《鵝湖月刊》第 285 期，頁 51，臺北市：鵝湖出版社，1999 年 3 月出版。

〔註122〕同註6，（晉）王弼著、（唐）陸德明釋文《老子道德經注‧第四十一章》，頁26。

〔註123〕同註6，（晉）王弼著、（唐）陸德明釋文《老子道德經注‧第七章》，頁4。

促使教育失去了原本該有之實質內容與意義，學子們為追逐名校、高分而失去真正求學求知的企圖，且一旦上了名校後便以自我放逐方式放棄學習，那麼此一「教育」又有何意義可言？唯有吾人回歸到教育「本該為什麼」、「本該有什麼」中，不執著於「教育」的形式、成效為何時，那麼「教育」之功能方能自然發微出來。

2、〈第二十九章〉：「為者敗之，執者失之。」〔註124〕

此表示一心想要「有作為」者「必定失敗」，而一意「執著」者「必定失之」。王弼注解為：

> 萬物以自然為性，故可因而不可為也，可通而不可執也；物有常性
> 而造為之故必敗也，物有往來而執之故必失之。〔註125〕

再看〈第六十四章〉提及：「是以聖人無為，故無敗；無執，故無失。」〔註126〕可以體會到一切的事物（包含教育在內），往往因為吾人之執著，一心一意偏執於某些論調與主張中，而未考慮及生命體各有其性、當使其順性自然發展，如此必然導致失敗——無法使萬物各隨其性而成其命。比諸於教育，教學者應顧及求學者之特質、潛能與身心發展情形，適時予以引導開發，如一味的強求功效自必將仍徒流於形式教育、僵化教條的失敗中。

3、〈第十一章〉：「有之以為利，無之以為用。」〔註127〕

此處提及「利」與「用」之差別。當木頭作成輪子、泥土作成陶罐之後，輪子、陶罐已成為「一定之功用」，只能拿來承載物品、裝置食物；此種對老子來說，只是「利」，即「有限之用」。然則，木頭除了作輪子仍有諸多用途（桌椅、宮室、雕刻……等），泥土除了作陶罐亦有諸多用途（磚瓦、杯碗泥偶……等），只有在木頭、泥土未被依特定用途來製成特定之物時，方有「無限的用途」、「無限的妙用」。是以「利」是「有限的用」，而「用」是「無限的用」。

據此就教育對象之個體而言，每個人都有「無限發展」之可能，是以吾人教育之目標便不應訂在「有限之功用」上。除「因材施教」外，更應積極導引使每一學生將其「無限的潛能」發展出來，而非以「標籤」定位與「限制」個別學生的發展，課程內容之規劃不當為切割的、零散的、撕裂的，因

〔註124〕同註6，（晉）王弼著、（唐）陸德明釋文《老子道德經注·第二十九章》，頁17。
〔註125〕同註6，（晉）王弼著、（唐）陸德明釋文《老子道德經注·第二十九章》，頁17。
〔註126〕同註6，（晉）王弼著、（唐）陸德明釋文《老子道德經注·第六十四章》，頁39。
〔註127〕同註6，（晉）王弼著、（唐）陸德明釋文《老子道德經注·第十一章》，頁6。

此皆爲「有限的」。多以「通識教育」來補足「專業科目」以外其他廣泛知識之不足，才符合老子「無之以爲用」之意。

4、〈第十章〉：「生而不有，爲而不恃，長而不宰，是謂玄德。」〔註128〕

「道」最玄妙之德的體現在於順萬物本性使其自生、自長，而不去強制主宰與控制。是故古人依四季之變化以春播、夏耕、秋收、冬藏，反因「道」之「無爲」而致萬物欣欣向榮。但現代科技的進步，人們以化學肥料、農藥、生長激素甚而基因改造等方式意圖控制作物生長、繁殖，以開墾、濫墾恣意擴展人類勢力範圍，此即「有爲」，是以導致無法控制之傳染病滋生、環境安危問題不斷。

教育講求「因勢利導」，講求「因材施教」，需依據不同之時空變化予以順性之規劃，切不可一味迷戀於科技之教化信條中，多以人文哲學之素養培育學生對人、對事、對物、對自然宇宙的尊重與關懷，方是道德之眞正體現，亦才能促進教育眞正提昇。

5、〈第八章〉：「居善地，心善淵，與善仁，言善信，正善治，事善能，動善時。夫唯不爭，故無尤。」〔註129〕

文句中老子並未否定一切「德行才能」，但其所強調之「不爭」實是要人們「無爲」，不去「執著」於「德行才能」之追求，才不會有任何「怨尤」，也才是眞正的「德」與「能」。就教育而言，其終極目標在促進學生實現自我之理想，而非汲汲於人我「德行才能」之表現；當個人不再執著於「德行才能」概念與爭勝，方是超越之最佳自我實現。

由上述篇章之探析，吾人得見老子「正言若反」之辯證方式亦表現於其教育理念上。老子《道德經》字裡行間中，實已含藏著對人生處世之積極關懷與理想態度，時刻提醒吾人，不要過度執著於「教育爲何？」「仁義道德爲何？」，而應眞正回歸於「如何」來實踐教育之理念、目標；惟去除僵化之教條主義及形式主義，回歸於「無爲而爲」，方能使教育發揮最大功效。

第二節　老子《道德經》之教育目的

陳迺臣先生指出：

〔註128〕同註6，（晉）王弼著、（唐）陸德明釋文《老子道德經注‧第十章》，頁6。
〔註129〕同註6，（晉）王弼著、（唐）陸德明釋文《老子道德經注‧第八章》，頁4～5。

　　所謂目的，是人在行事之前或行事當中意欲或設想去達致或獲致的
結果。教育目的便是教育主體（指的或是施教者、受教者、其他相
關者、或相關的由人組成之團體）在教育活動之歷程中意欲或設想
去達致或獲致的結果。……教育目的……乃是教育歷程之相關者經
過反省、思考而獲得的意義之所在。它使所有參與教育者，體會到
教育的可欲性在哪裡，使他們了解爲什麼要這樣做而不要那樣作，
使他們發現到教育之價值的所在。〔註130〕

吾人認爲，由於教育歷程所意欲或設想者多屬於哲學範疇，是以對於老子《道德經》教育目的之探討，當先了解《道德經》思想體系中心所在之「老子之『道』中之教育哲理」；其次，教育之主體既係以「人」爲中心，是以吾人當接著探討「老子《道德經》中理想之人格」；最後，由於中國歷來教育之目的皆在入仕而治國，是以吾人當以「老子《道德經》中理想之國家」爲教育目的之最後探討主題。

一、老子之「道」中之教育哲理

　　吾人於前文中即已指出：老子《道德經》整個思想基礎在於「道」，而由「道」之概念發展出「自然無爲」、「虛靜」、「柔弱」等諸「性格」，以至於天地、萬物、人等皆交融於「道」中。依循劉福增先生之見解探究，吾人可知《道德經》中的「道」字，基本上只有四個用法和四種意義：（1）說（say）；（2）道路（way, road）（3）準則（principle）、道理或路徑；（4）老子的道（Tao）。此中老子之道的「道」應視爲一專名（proper name），而其性格具有下列七種：（1）天地之先即已生成之一混然的東西，且爲萬物的本源；（2）是萬物的貯藏庇蔭所；（3）是人、天和地的楷示；（4）是恍惚的，但有形象、有精質；（5）不斷在運動、運行，而其作用是柔弱的；（6）無名、無聲而質樸；（7）其規律的指標在無欲、柔弱、不爭、虛靜與無爲……等。〔註131〕

　　若吾人由老子之道的「道」所展現出之諸多性格，而直論此即教育哲理之所在，顯有不當之擴大解釋之疑惑，是以藉由《道德經》書中兼論及「道」與「人」之篇章以探尋，方當是吾人所要探尋其教育哲理之重點所在。

〔註130〕參見陳迺臣著《教育哲學》，頁239～241，臺北市：心理出版社，1992年8月再版一刷。

〔註131〕同註45，劉福增著《老子哲學新論》，頁430～444。

（一）「道」為萬物之本源，且為人、天地、萬物之楷模

於〈第二十五章〉中老子有云：

> 有物混成，先天地生。寂兮寥兮，獨立不改，周行而不殆，可以為
> 天下母。吾不知其名，字之曰道，強為之名曰大。大曰逝，逝曰遠，
> 遠曰反。故道大，天大，地大，王亦大。域中有四大，而王居其一
> 焉。人法地，地法天，天法道，道法自然。〔註132〕

此中即表示萬物是由道所生成的，此一混然的道具有無聲無形、獨立而不受
其他東西之影響而改變，與運行無所不至且不止息等性格；又據〈第四十二
章〉所云：「道生一，一生二，二生三，三生萬物。」〔註133〕是故道可以成為
天地之母。

就「道大，天大，地大，王亦大。域中有四大，而王居其一焉。」一段，
人能配天大、地大、道大而成為四大之一的「人大」，顯示老子對人之某些特
性有所重視，是以能成為人大，而則老子仍提出「人法地，地法天，天法道，
道法自然。」之楷式，提示「人」當法「地」、「天」、「道」的「自然而然」
規律，而非自以為是。

如是，則現實自然界之一切，皆為道之所生，那麼就如同其〈第十六章〉
所云：「不知常，妄作凶。」〔註134〕人類是不能夠顛倒妄為的。科技之發展，
使人類無限性之自我膨脹，總以為「人定勝天」、總以為「人為萬物之靈」，
因之為所欲為，終而導致與大自然、天地、道嚴重的脫節，此不僅造成人類
本身身、心、靈之嚴重傷害，更造成大自然藉「聖嬰現象」時而乾旱、豪雨、
龍捲風、地震、海嘯……等諸天然災害之反噬。是以惟有除去人類之妄作，
才能回歸於天地萬物之源、回歸於道。

（二）人之修道在依循「道」之規律指標

在上章中，吾人已探討《道德經》中「道」之規律指標如下：

1、〈第三十四章〉云：「大道氾兮，其可左右。萬物恃之而生而不辭，功
成不名有，衣養萬物而不為主。常無欲，可名於小；萬物歸焉而不為主，可
名為大。以其終不自為大，故能成其大。」〔註135〕此中顯示「道」之幾種特

〔註132〕同註6，（晉）王弼著、（唐）陸德明釋文《老子道德經注·第二十五章》，頁14。
〔註133〕同註6，（晉）王弼著、（唐）陸德明釋文《老子道德經注·第四十二章》，頁26。
〔註134〕同註6，（晉）王弼著、（唐）陸德明釋文《老子道德經注·第十六章》，頁9。
〔註135〕同註6，（晉）王弼著、（唐）陸德明釋文《老子道德經注·第三十四章》，頁20。

點：〔註136〕

　　（１）其存況上：為無所不在，故若水之氾濫充滿整個宇宙。

　　（２）其生成上：道生養萬物。

　　（３）其價值觀上：雖生養萬物、為萬物所歸，卻不居功、不為主而故能成其大。

　　２、〈第四十章〉云：「反者道之動，弱者道之用。天下萬物生於有，有生於無。」〔註137〕此中顯示：

　　（１）道的運動是反復不斷的；道的作用是柔弱的。

　　（２）天地萬物生自於有名狀之物與無名狀之物。

　　３、〈第七十三章〉云：「天之道，不爭而善勝。不言而善應，不召而自來，繟然而善謀。」〔註138〕此顯示出天的準則有：不去爭攘而擅於取勝、不多說話而善於回應、不去召請而萬物自來等三者。此諸準則規律，皆用以說明〈第三十七章〉所云：「道常無為而無不為」〔註139〕這一「無為而無不為」之特性。

　　吾人可藉由上面探討得知，老子《道德經》一再的強調著「道」的指標與規律特性有：「不斷反復」、「柔弱」、「無名」、「無聲」、「質樸」、「無欲」、「不爭」、「虛靜」等諸「無為而無不為」之特性。顯示出老子雖也認同「人」特異於萬物而足居四大之一的偉大性質，但「人之道」畢竟有缺損，故當取法於此諸「道」的指標與規律特性。

（三）「致虛守靜」是修道之實踐工夫

〈第十六章〉中老子云：

> 致虛極，守靜篤。萬物並作，吾以觀復。夫物芸芸，各復歸其根。歸根曰靜，是謂復命。復命曰常，知常曰明。不知常，妄作凶。知常容，容乃公，公乃王，王乃天，天乃道，道乃久。沒身不殆。〔註140〕

此顯示下列幾個要點：

　　１、人之實踐上：實踐工夫惟在「致虛守靜」，必須且積極認真地經由「極」「致虛」、「篤」「守靜」的實踐工夫，「人」方能「觀」到「萬物並作」的「復」

〔註136〕同註82，劉福增編著《老子精讀》，頁111～112。

〔註137〕同註6，（晉）王弼著、（唐）陸德明釋文《老子道德經注·第四十章》，頁25。

〔註138〕同註6，（晉）王弼著、（唐）陸德明釋文《老子道德經注·第七十三章》，頁43～44。

〔註139〕同註6，（晉）王弼著、（唐）陸德明釋文《老子道德經注·第三十七章》，頁21。

〔註140〕同註6，（晉）王弼著、（唐）陸德明釋文《老子道德經注·第十六章》，頁9。

（反復）規律。

　　2、人之認知上：對於我們所要感知萬「物」（對象）的「歸根」現象，要經過「復命」→「知常」的理解層次才能達到個人的洞「明」。

　　3、人之依循上：人在「洞明」之前，仍會有「妄作」的「凶」險，那麼主體自我仍需依循「知常」而→「容」（包容）→「公」（大公）→「王」（周全）→「天」（順天）→「道」（循道）→「久」（長久）等過程，才能「明」、才會「沒身不殆」（終身不危殆）。

　　又《道德經‧第十章》中云：

　　　　載營魄抱一，能無離乎？專氣致柔，能嬰兒乎？滌除玄覽，能無疵
　　　　乎？愛民治國，能無為乎？天門開闔，能無雌乎？明白四達，能無
　　　　知乎？〔註141〕

此中除「愛民治國，能無知乎？」指治國之所在外，其餘皆指修人之所在。老子期望人之修為能作到：1、人之身、心、靈合一，魂魄與身軀不分離；2、人之摶氣柔和如嬰兒一般；3、人要洗清幽深心思中的所有雜念，使之無任何瑕疵；4、人之天生感官（眼、耳、鼻、舌、身）之開合，能作到柔與寧靜；5、人能通曉四方、廣達天下而無智詐。事實上，當此五種吾人修道之目標所在達成之際，業已表示「致虛守靜」之實踐工夫業已成就。

　　惟吾人之心能擺脫一切執著和事物之羈絆，才能契入「道」之境界中。當其內心「致虛守靜」，方得使身心合一、摶氣柔和、心無雜念、感官柔靜、知曉四方之目標達成，也方能經由「復命」→「知常」而「洞明」、而感知萬物的「歸根」、「復命」，而達到對「道」的全般理解。

二、老子《道德經》中理想之人格

　　就老子《道德經》全書中，「人」字出現凡 85 次，除了以「聖人」二字出現 31 次外，其他計有「眾人」5 次、「善人」7 次、「俗人」2 次、「愚人」1 次、「人主」1 次，其餘 38 次則以單一「人」字出現作為泛稱一般之人之用。是以吾人可見「聖人」當為老子心目中的理想人格無疑。劉福增先生有云：

　　　　老子和儒家都把心目中理想的典範的人，叫做「聖人」。但兩者給
　　　　聖人的人格內容很不一樣。老子的聖人，是無為、謙虛、無欲、用

〔註141〕同註6，（晉）王弼著、（唐）陸德明釋文《老子道德經注‧第十章》，頁5。

樸。老子從未明指誰會是聖人，儒家常指堯、舜、禹、湯等為聖王。〔註142〕老子所謂聖人，是他想像中典範的人，還是心目中已有人選的抽象的講，並不清楚。從老子思想的反社會性格來看，應是前者。〔註143〕

關於儒家或《論語》的「聖人」標準，吾人留至下一章討論，在此處僅就老子《道德經》的「聖人」探討之。

就劉福增先生所云：「老子的聖人，是無為、謙虛、無欲、用樸。」〔註144〕一句，當是指老子心中「聖人」之標準；而吾人為求明晰，則將《道德經》裡的「聖人」標準分二方面：其一在「聖人」內在之個人修為，其二則在「聖人」外在之治國良方。今分別討論之：

（一）聖人內在之個人修為

依據老子《道德經》內文，吾人將相關「聖人內在之個人修為」者，今條列分析如下：

1、「無為」：如：〈第二章〉云：「聖人處無為之事，行不言之教。」〔註145〕
意謂：聖人以無為來處世，以不言來行教化。

2、「無私」：如：〈第七章〉云：「聖人後其身而身先，外其身而身存。」〔註146〕
　　意謂：聖人把自己放在別人後面，反而會在別人前面；把自己生命置於度外，反而保存生命。

3、「無欲」：如：〈第十二章〉云：「聖人為腹不為目，故去彼取此。」〔註147〕
　　意謂：聖人但求基本生理自然要求的溫飽，而不去追求美好的物欲和外在聲色的滿足。

4、「守道」：如：〈第四十七章〉云：「聖人不行而知，不見而名，不為而

〔註142〕此中較奇特者，《論語》全書二十篇中僅出現「聖」字凡8次，其中4次為「聖人」、1次為「聖者」、其餘3次則單為「聖」字，顯現此時以前儒、道二家均未有「聖王」之詞句，所謂之「聖王」當為儒家後人所出。

〔註143〕同註82，劉福增編著《老子精讀》，頁9。

〔註144〕同註82，劉福增編著《老子精讀》，頁9。

〔註145〕同註6，（晉）王弼著、（唐）陸德明釋文《老子道德經注·第二章》，頁2。

〔註146〕同註6，（晉）王弼著、（唐）陸德明釋文《老子道德經注·第七章》，頁4。

〔註147〕同註6，（晉）王弼著、（唐）陸德明釋文《老子道德經注·第十二章》，頁6。

成。」〔註148〕

  意謂：聖人所不遠行就能知的、所不看見就能洞見的、所不去刻意作為
    就能完成的，就是天地、萬物與人之「道」。

  5、「沖虛」、「素樸」：如：〈第二十二章〉云：「聖人抱一為天下式。」
〔註149〕

  意謂：聖人抱持沖虛素樸作為天下範式。

  6、「持重」、「守靜」：如：〈第二十六章〉云：「重為輕根，靜為躁君。是
以聖人終日行不離輜重。」〔註150〕

  意謂：重為輕的根據，靜為躁的主宰。所以聖人立身處世，持重以克輕，
    守靜以勝躁。

  7、「善救人」、「救物」：此亦無異於儒家之「仁民愛物」矣。如〈第二十
七章〉云：「聖人常善救人，故無棄人；常善救物，故無棄物。是謂襲明。」
〔註151〕

  意謂：聖人常善救助人，所以無被遺棄的人；常善救助物，所以無被遺
    棄的物。這就是所謂的承襲洞明。

  8、「不自是」：如：〈第七十一章〉云：「聖人不病，以其病病，是以不病。」
〔註152〕

  意謂：聖人不弊病，因為他不自以為是，而知道把弊病當作弊病。正因
    把弊病當作弊病，所以不會有弊病。

  9、「不自炫」：如：〈第七十二章〉云：「聖人自知不自見，自愛不自貴。
故去彼取此。」〔註153〕

  意謂：聖人自知而不自我炫現，自愛而不自顯高貴，因此成就自知與自
    愛，而去除掉自現與自貴。

  10、「不莽勇」：如：〈第七十三章〉云：「勇於敢則殺，勇於不敢則活。

〔註148〕同註6，（晉）王弼著、（唐）陸德明釋文《老子道德經注・第四十七章》，頁29。
〔註149〕同註6，（晉）王弼著、（唐）陸德明釋文《老子道德經注・第二十二章》，頁12。
〔註150〕同註6，（晉）王弼著、（唐）陸德明釋文《老子道德經注・第二十六章》，頁15。
〔註151〕同註6，（晉）王弼著、（唐）陸德明釋文《老子道德經注・第二十七章》，頁15～
    16。
〔註152〕同註6，（晉）王弼著、（唐）陸德明釋文《老子道德經注・第七十一章》，頁43。
〔註153〕同註6，（晉）王弼著、（唐）陸德明釋文《老子道德經注・第七十二章》，頁43。

此兩者，或利或害，天之所惡，孰知其故？是以聖人猶難之。」〔註154〕

意謂：無所顧慮與畏懼的莽勇遭致殺害，有所顧慮與畏懼的不莽勇得致存活；這兩者，一方得力一方受害；是天厭惡莽勇嗎？沒人能知，又何況聖人都尚且難知道。

11、「去甚」、「去奢」、「去泰」：如：〈第二十九章〉云：「聖人去甚，去奢，去泰。」〔註155〕

意謂：聖人要去除過份的甚、奢與泰，以回歸於「自然而然」。

12、「與人而不取人」：如：〈第七十九章〉云：「聖人執左契，而不責於人。有德司契，無德司徹。天道無親，常與善人。」〔註156〕

意謂：聖人存執右契，但不責取於人。有德的司掌右契，與人而不取於人，無德的人卻如司掌稅收者，只取於人而不與人。天道無偏私，卻常幫助善人，因與而不取合於天道，故天助他。

又如：〈第八十一章〉云：「聖人不積，既以爲人己愈有，既以與人己愈多。天之道，利而不害。聖人之道，爲而不爭。」〔註157〕

意謂：聖人不去積藏什麼，盡量以其所有的爲人，所以自己愈有；盡量以其所有的與人，所以自己愈多。天之道，在於利養萬物而不去傷害。聖人之道，在於行無爲而不去爭奪。

13、「方而不割」、「廉而不劌」、「直而不肆」、「光而不耀」：如：〈第五十八章〉云：「聖人方而不割，廉而不劌，直而不肆，光而不耀。」〔註158〕

意謂：聖人處事方正而不割（倔強）人，廉稜而不傷人，直率而不肆虐，光亮而不刺眼。

就聖人內在修爲諸德行來看，聖人之標準計有：「無爲」、「無私」、「無欲」、「守道」、「沖虛」、「素樸」、「持重」、「守靜」、「善救人」、「救物」（「仁民愛物」）、「不自是」、「不自炫」、「不莽勇、「去甚」、「去奢」、「去泰」、「與人而不取人」、「方而不割」、「廉而不劌」、「直而不肆」、「光而不耀」……等諸德行，乍見之下似皆屬隱晦之面，且與儒家主張有所悖逆，而則是否如此，且

〔註154〕同註6，（晉）王弼著、（唐）陸德明釋文《老子道德經注·第七十三章》，頁43。
〔註155〕同註6，（晉）王弼著、（唐）陸德明釋文《老子道德經注·第二十九章》，頁17。
〔註156〕同註6，（晉）王弼著、（唐）陸德明釋文《老子道德經注·第七十九章》，頁46。
〔註157〕同註6，（晉）王弼著、（唐）陸德明釋文《老子道德經注·第八十一章》，頁47。
〔註158〕同註6，（晉）王弼著、（唐）陸德明釋文《老子道德經注·第五十八章》，頁36。

待後面諸章再行論斷。

（二）聖人外在之治國良方

吾人再依據老子《道德經》內文，將相關「聖人外在之治國良方」者條列分析如下：

1、「以道治國」

如：〈第六十章〉云：「以道莅天下，其鬼不神；非其鬼不神，其神不傷人；非其神不傷人，聖人亦不傷人。夫兩不相傷，故德交歸焉。」〔註159〕

意謂：以道莅臨天下，鬼不神通；並非鬼不神通，而是神通不傷人；並非只神通不傷人，聖人亦不傷人。鬼與聖人兩不相傷，所以彼此的德交相歸與，世界就充滿了道和德了。

又如：〈第七十章〉云：「聖人被褐懷玉。」〔註160〕

意謂：聖人外表雖披被褐衣，但卻身懷美玉，內藏治國之大道。

又如：〈第七十七章〉云：「聖人為而不恃，功成而不處，其不欲見賢。」〔註161〕

意謂：聖人之道是為而不恃，功成而不處，他不想表現自己的賢能。

2、「無為之治」

如：〈第三章〉云：「聖人之治，虛其心，實其腹，弱其志，強其骨。常使民無知無欲，使夫智者不敢為也。為無為，則無不治。」〔註162〕

意謂：聖人的治政，虛靜人民的心思，充實人民的肚子，柔弱人民的心志，強壯人民的筋骨。常使人民無知無欲，使智詐巧者不敢為。以無為治政，則無不治好。

又如：〈第五章〉云：「天地不仁，以萬物為芻狗；聖人不仁，以百姓為芻狗。」〔註163〕

意謂：聖人不講仁心，如道與天地一般，對萬物和百姓虛靜淡漠，無為而治。

〔註159〕同註6，（晉）王弼著、（唐）陸德明釋文《老子道德經注·第六十章》，頁36～37。
〔註160〕同註6，（晉）王弼著、（唐）陸德明釋文《老子道德經注·第七十章》，頁42。
〔註161〕同註6，（晉）王弼著、（唐）陸德明釋文《老子道德經注·第七十七章》，頁45。
〔註162〕同註6，（晉）王弼著、（唐）陸德明釋文《老子道德經注·第三章》，頁2。
〔註163〕同註6，（晉）王弼著、（唐）陸德明釋文《老子道德經注·第五章》，頁3。

又如：〈第五十七章〉云：「聖人云：『我無爲而民自化，我好靜而民自正，我無事而民自富，我無欲而民自樸。』」〔註164〕

意謂：聖人說：我無爲則人民自己自然而然順化，我守靜則人民生活自然端正、上軌道，我無多事則人民自然生活富足，我無欲求則人民自然追求樸素。

又如：〈第六十四章〉云：「聖人無爲故無敗；無執故無失。……聖人欲不欲，不貴難得之貨；學不學，復衆人之所過。以輔萬物之自然，而不敢爲。」〔註165〕

意謂：聖人爲無爲之事，因此無敗；無固執，因此無所失。……聖人去欲不欲，不珍貴難得之貨；去學不學，回復衆人所錯過的，以輔助萬物的自然發展，而不敢作爲。

3、「淳樸自然」

如：〈第二十八章〉云：「樸散則爲器，聖人用之，則爲官長。」〔註166〕

意謂：淳樸自然散開後便成爲有用之器物，就如同得有道的常德的人，會回歸於淳樸自然，這樣的人散佈到天下，會變爲有用的人；聖人當選用這樣有用的人，來擔任服務社會的官吏以領導大衆。

4、「無我無私」

如：〈第四十九章〉云：「聖人無常心，以百姓心爲心。……聖人在天下，歙歙爲天下渾其心。百姓皆注其耳目，聖人皆孩之。」〔註167〕

意謂：聖人沒有一己之定見與私心，他是以百姓的意見、意志與情感來作爲他的心志。……聖人在百姓面前，都是心無所主、和順而隨合的。他隨時都以渾樸的心來治理天下。百姓都專注其耳目而機巧伶俐，但聖人都把他們當嬰兒看待。

5、「不好高騖大」

如：〈第六十三章〉云：「聖人終不爲大，故能成其大。夫輕諾必寡信，多易必多難。是以聖人猶難之，故終無難矣。」〔註168〕

〔註164〕同註6，（晉）王弼著、（唐）陸德明釋文《老子道德經注·第五十七章》，頁35。
〔註165〕同註6，（晉）王弼著、（唐）陸德明釋文《老子道德經注·第六十四章》，頁39。
〔註166〕同註6，（晉）王弼著、（唐）陸德明釋文《老子道德經注·第二十八章》，頁16。
〔註167〕同註6，（晉）王弼著、（唐）陸德明釋文《老子道德經注·第四十九章》，頁30。
〔註168〕同註6，（晉）王弼著、（唐）陸德明釋文《老子道德經注·第六十三章》，頁38～

意謂：聖人始終不好高騖大以爲大事，因此能成就大事，輕諾必定寡信，
　　　多容易的必定多困難，所以聖人把容易的還看作難的，因此終究
　　　無難事。

6、「言下身後」

如：〈第六十六章〉云：「是以欲上民，必以言下之；欲先民，必以身後
之。聖人處上而民不重；處前而民不害。」〔註169〕

意謂：聖人要想居人民之上，必須以言辭謙下；要想居人民之先，必須
　　　以自身讓後。所以聖人處上，而人民不覺重負；處前位，而人民
　　　不覺其妨害。

7、「受國垢辱」

如：〈第七十八章〉云：「聖人云：『受國之垢，是謂社稷主；受國不祥，
是謂天下王。』」〔註170〕

意謂：聖人說：承受國家垢辱的，是謂社稷主；承受國家不吉祥的，是
　　　謂天下王。

就聖人外在治國良方來看，聖人之標準計有：「以道治國」、「無爲之治」、
「淳樸自然」、「無我無私」、「不好高騖大」、「言下身後」、「受國垢辱」……
等諸德行。其中吾人已知，老子之道本就「無爲」、「淳樸」、「自然」，是以所
分之「以道治國」、「無爲之治」、「淳樸自然」實皆屬老子「無爲之治」；除此
外「言下身後」則當是「謙沖爲懷」。是以聖人之治國標準當爲「無爲之治」、
「無我無私」、「不好高騖大」、「謙沖爲懷」、「受國垢辱」……等諸德行。

另外，除了「聖人」外，老子《道德經》書中亦出現3次「嬰兒」一詞，
爲便了解，吾人先就具「嬰兒」之篇章探討：

1、〈第十章〉：「專氣致柔，能嬰兒乎？」〔註171〕此中意謂：「人之摶氣
有柔和到像嬰兒一般可能嗎？」這是就個人對「道」的修行目標而言。

2、〈第二十章〉：「我獨泊兮其未兆，如嬰兒之未孩。」〔註172〕意謂：「只
有我自己淡泊寧靜，沒有任何欲求的表現，就如同嬰兒未有嘻笑一般。」此

39。
〔註169〕同註6，（晉）王弼著、（唐）陸德明釋文《老子道德經注・第六十六章》，頁40。
〔註170〕同註6，（晉）王弼著、（唐）陸德明釋文《老子道德經注・第七十八章》，頁46。
〔註171〕同註6，（晉）王弼著、（唐）陸德明釋文《老子道德經注・第十章》，頁5。
〔註172〕同註6，（晉）王弼著、（唐）陸德明釋文《老子道德經注・第二十章》，頁11。

亦是因個人之修「道」而淡泊名利、無所爭執、無所欲求。

3、〈第二十八章〉：「知其雄，守其雌，爲天下谿。爲天下谿，常德不離，復歸於嬰兒。」〔註173〕此中意謂：「知道雄性的剛動、躁進，而安守住雌性的柔靜、謙下，以成爲天下柔靜、卑下、質樸的谿壑；當處在柔靜、卑下、質樸之谿壑時，常德的道便不會離開你，這樣就能回到像嬰兒那樣淳樸自然。」此仍是藉「嬰兒」之淳樸自然特性，以補充或加強說明「道」之特性。

吾人可以由上發覺，老子使用「嬰兒」一詞，皆在加強或補充說明老子哲學體系中心所在「道」的純眞、無邪、反璞歸眞的諸種性格；是以老子並非要人身形回歸「嬰兒」之狀態，而係藉嬰兒以形容、補充「道」之純眞、無邪、質樸等性格。老子《道德經》心目中的理想人格，仍在「聖人」一詞。

總就老子《道德經》書中「聖人」之人格理想來看：其內在修爲需具「無爲」、「無私」、「無欲」、「守道」、「沖虛」、「素樸」、「持重」、「守靜」、「善救人」、「救物」（「仁民愛物」）、「不自是」、「不自炫」、「不莽勇」、「去甚」、「去奢」、「去泰」、「與人而不取人」、「方而不割」、「廉而不劌」、「直而不肆」、「光而不耀」……等諸德行；其外在治世需具「無爲之治」、「無我無私」、「不好高騖大」、「謙沖爲懷」、「受國垢辱」……等諸德行。這一切德行，皆與老子之「道」的諸性格不謀而合，是以吾人可言，老子理想之「聖人」人格，一皆與「自然」、「寡欲」、「質樸」的道諸性格相應，對老子而言，教育之理想人格培養之目的，當在使人回歸於「自然之道」，回歸於老子心中的「道」。

三、老子《道德經》中理想之國家

就老子《道德經》全書中，「國」字出現凡 25 次，其中除了「大國」二字出現 6 次、「小國」二字出現 5 次外，其餘皆多與「治國」概念相當。而因老子「治國」都以「聖人之道」爲之，且已於上文討論過，本文僅針對以「國家」爲主體之老子《道德經》書中理想國家概念討論之。

（一）老子主張「小國寡民」？

一般人論及老子心中理想的國家，多立即認爲「小國寡民」，是否眞實？有待釐清。「小國寡民」一詞僅出現於《道德經・第八十章》，且僅出現一次。其原文如下：

〔註173〕同註6，（晉）王弼著、（唐）陸德明釋文《老子道德經注・第二十八章》，頁16。

> 小國寡民，使有什伯之器而不用，使民重死而不遠徙。雖有舟輿，
> 無所乘之；雖有甲兵，無所陳之。使人復結繩而用之。甘其食，美
> 其服，安其居，樂其俗。鄰國相望，雞犬之聲相聞，民至老死不相
> 往來。〔註174〕

吾人意謂：「小小的國家，少少的人民。使他擁有十倍百倍如此眾多的武器，而不使用；使人民重視生死、珍惜生命，而不願遷徙到遠方。雖然有舟車，卻無所乘坐；雖然有甲兵，卻無所陳列。使人民回復結繩使用的生活。吃著甘甜的飲食，穿著美麗的衣服，住著安適的居所，享受歡樂的風俗。鄰國相望，雞犬之聲相聞，人民從出生直至老死，不相往來。」

首先說明，老子一貫以其特有之語言方式，如此簡潔地描述「小國寡民」之場景：

1、〈小國〉〈寡民〉
2、〈有什伯之器〉〈而不用〉
3、〈民重死〉〈不遠徙〉
4、〈雖有舟輿〉〈無所乘之〉
5、〈雖有甲兵〉〈無所陳之〉
6、〈使人復結繩〉〈而用之〉
7、〈甘其食〉〈美其服〉〈安其居〉〈樂其俗〉
8、〈鄰國相望，雞犬之聲相聞〉〈民至老死不相往來〉

吾人就其中 2、3、4、5、8 項而言，此為老子一貫正言若反的對反語句，如果以老子真實要說的講法，那麼這幾句就是說：「不用什伯之器」、「不遠徙」、「不乘舟輿」、「不陳甲兵」、「不相往來」此似乎意味著，希望人回到「簡單」、「樸實」、「為腹不為目」之「道」的生活？

（二）國與國之間當「謙下」

其次，針對「小國」二字而言，其他篇章中出現最多的，也是除了〈第八十章〉這 1 次以外的另 4 次，都只有在〈第六十一章〉中，其內容如下：

> 大國者下流，天下之交。天下之牝，牝常以靜勝牡，以靜為下。故
> 大國以下小國，則取小國；小國以下大國，則取大國。故或下以取，
> 或下而取。大國不過欲兼畜人，小國不過欲入事人。夫兩者各得其

〔註174〕同註6，（晉）王弼著、（唐）陸德明釋文《老子道德經注・第八十章》，頁46〜47。

　　　所欲，大者宜爲下。〔註175〕

吾人意謂：「大國者要居謙下靜柔之位，以爲天下之交匯處。大國居天下的雌位，而雌常以靜勝雄，以靜作爲居下。所以大國對小國以謙下靜柔，則取得小國；小國對大國以謙下靜柔，則取得大國。所以有的謙下靜柔以取得，有的謙下靜柔而取得於。大國不過想兼畜人家，而小國不過想入事人家。兩者各得所想要的，但是大國宜居謙下靜柔之位。」

　　奇怪的是，〈第六十一章〉老子只強調「大、小國都要謙下靜柔」且「大國要謙下於小國」，並沒有強調「大國要變成小國」，或者是「小國比大國要來得更好」等語句，而這「謙下」之詞也十分符合老子對其「道」（不爭、柔靜）的闡釋方式。吾人已知老子以「道」爲其系統中心，而其亦不斷將「道」之「樸」、「柔」、「靜」等諸性格於各章中一再強調、一再提出。是以在《道德經》其他篇章中（除第六十一、八十章）均未出現「小國」二字，加上出現「小國」二字最多次的〈第六十一章〉並未強調小國的好，吾人要說老子主張「小國寡民」實極爲牽強！

（三）理想國家在於「以道治國」

　　其三、扣除〈第六十一章〉出現5次「大國」二字外，僅剩〈第六十章〉有云：「治大國，若烹小鮮。」乙句，此章原文如下：

　　　治大國，若烹小鮮。以道莅天下，其鬼不神；非其鬼不神，其神不
　　　傷人；非其神不傷人，聖人亦不傷人。夫兩不相傷，故德交歸焉。
　　　〔註176〕

吾人意謂：「治理大的國家，猶如烹煮小魚一般。以道莅臨天下，鬼不神通；並非鬼不神通，而是神通不傷人；並非只神通不傷人，聖人亦不傷人。鬼與聖人兩不相傷，所以彼此的德交相歸與，世界就充滿了道和德了。」

　　此中仍是強調「以道治天下」之道理，不管大國、小國都要以「道」來治，而非「背道而馳」。吾人再加上〈第六十一章〉一起來看，更可察覺：老子甚至更在意「大國」要「守道」之問題，而非指稱「小國寡民」是其理想國度。

　　是以，如同劉福增先生所云：

〔註175〕同註6，（晉）王弼著、（唐）陸德明釋文《老子道德經注·第六十一章》，頁
　　　　37。
〔註176〕同註6，（晉）王弼著、（唐）陸德明釋文《老子道德經注·第六十章》，頁36
　　　　～37。

把老子的「小國寡民」解釋爲是老子遐想的一個優游閒暇的小世界，
不是他的一種理想社會或理想國，不但對該章本身比較好解釋和好
瞭解，而且使我們再處理老子在其他章節所表述的政治思想時，適
度與這一章分開，以避免不必要的牽連，和牽強附會的解說。因爲
老子在其他章節中並沒有提到「小國寡民」是理想社會或理想國的
概念，而〈小國寡民〉章本身也沒有明白表述「小國寡民」是一種
理想社會或理想國，以及它是理想社會或理想國的道理，因此如果
硬要從別的章節「擠出」這道理，就很難不牽強附會了。〔註177〕

「小國寡民」實非老子心中理想社會或理想國，而老子心中眞正理想國家爲
何？就前文對「聖人外在之治國良方」之探討中，吾人實可發覺，老子眞正
念茲在茲的理想國度，當是由老子心中「聖人」依「老子的道」所治理的國
度無疑。

第三節　老子《道德經》之教育內容

　　教育的實踐，爲期有效達成教育之目的，必然有其精心規劃之學習項目，
此即是教育之內容。高強華先生指出：

> 教育需要具體的內容，……。教育的內容是指在學校的安排與教師的
> 指導之下，爲達成教育目的所從事的一切有程序的學習活動與經驗。
> 我國古代的禮、樂、射、御、書、數以及現代學校教育中德、智、體、
> 群、美各門各類的學科與教材，都是教育的具體內容。〔註178〕

高強華先生此一種定義，係針對學校教育可見之性質項目而言，但因現實的
教育環境並不囿於學校教育，且其範圍似略顯狹隘，是故定義上似顯未完全。
吾人又據陳迺臣先生指出：

> 教育內容是達到教育目的的工具之一，另一工具是教育的方法。如
> 把教育看成教導與學習的歷程，那麼教育內容是教師所欲教導的那
> 些項目，或是教師希望學生學習的那些項目。如把教育看成一種價
> 值導向的活動，那麼教育內容便是那價值本身。如果視教育爲一種
> 有成就的活動，那麼教育內容是那個成就的內涵。

〔註177〕同註45，劉福增著《老子哲學新論》，頁396。
〔註178〕同註13，郭爲藩、高強華著《教育學新論》，頁183。

> 但是所謂教育內容，其涵蓋的範圍，比一般人想像的要大。有人會
> 認爲，教育的內容就是課程。這種想法是否正確，要看課程一辭的
> 定義如何而定。如果在此課程意指的是一種普通所謂的「顯著課程」
> 或「正式課程」，亦即一種有計畫、有目的、有進程的教導和學習活
> 動內容的結構整體，那麼教育內容的範圍要比這種課程來得大。如
> 果課程意指的是顯著（正式）課程再加上潛在（非正式）課程二者
> 的總合，那麼與教育內容的範圍差堪吻合。〔註179〕

此種將「顯著課程（正式課程）」加上「潛在課程（非正式課程）」二者總合爲教育內容之說法，則實較符合現今教育內容之範圍。教育內容本便不限於學校教育之正式課程，首在吾人呱呱落地之始，便已然開始接受家庭之教育，家中父母尊長無時不刻教導吾人某些價值觀與習慣，吾人亦在及齡入學前早受家庭有、無意所「薰陶」而形成某些獨特之言行、習慣。其次，學校教育同時，吾人亦同時展開非正式之社會教育學習，而迨自離開學校教育謀職生活始，及至成家、立業、終老，則亦無時不刻受實際社會教育（涵攝職業性、娛樂性、文藝性、政治性、體育性……等）之所「洗禮」養成，此一非正式課程之社會教育，則實亦爲廣義之教育內容。又，學校教育中之「同儕文化」、亦或突出之教育領導者（含教師或教學團隊）言行影響下，所顯現獨特之校風、班風，或特殊之教育環境所改變之學生風氣，此等「潛在課程（非正式課程）」之教育成效均非在教學者細緻「規劃」與「控制」下所能意料，亦當是教育內容之一。

是以，吾人探討老子《道德經》之教育內容，顯然亦不能將之視爲學校課程而予以分割條目、提綱挈領出來。老子原本亦無所謂「一定要教育什麼人」，或「一定要教育什麼內容、方法」之主張，其「道」之主張本就是要求「自然而然」且「無爲」的，若強要作探討分析顯然即是輕率以「造作之人僞」來探討老子「無不爲之無爲」。而則，若完全對《道德經》之教育內容「視若無睹」、「存而不論」，卻又對老子《道德經》五千之智慧名言十分不公，是以，吾人僅能在此就其以「道」爲主所展開思想體系，略談其所隱而未現之教育內容。

雖然教育內容涵蓋之範圍，可謂每一人自出生而至老死，所有一切有意或無意、有計畫或無計畫之活動內容均在其中，而則吾人探討教育內容仍有

〔註179〕同註130，陳迺臣著《教育哲學》，頁271。

諸多重點可尋，陳迺臣先生就學校教育重點內容分析有如下五種：1、生存的知能；2、生活的知能；3、道德及精神修養的理念和方法；4、社會服務的正確觀念和做法；5、合理的人生觀及世界觀。〔註180〕此五種係與生物性、社會性及倫理（文化）性之教育目的相符應；而就吾人來看，此等五重點亦可引以分析其他類教育或教育思想之內容。是以，吾人刻就引此分析老子《道德經》之以「道」爲中心的之教育思想內容。

一、生存的知能

所謂「生存的知能」，主要是關於生理健康、心理健康、以及種族延續的各種知識和能力。這些內容的目的在於人類之生物本能的維護、生長和種族的不斷延續。〔註181〕老子《道德經》中所提示吾人者約略如下三點：

（一）柔弱勝剛強

《道德經·第三十六章》云：

> 將欲歙之，必固張之。將欲弱之，必固強之。將欲廢之，必固興之。
> 將欲奪之，必固與之。是謂微明。柔弱勝剛強。〔註182〕

此中提醒吾人：要想做好某事，如果直接衝著去作，這是一種剛強之做法，而則卻不易成功，往往反而易招致失敗之後果；反之，若從此某事之相反方式去做，雖是一種柔弱之做法，卻更容易達到成功之目的。此種即是「柔弱勝剛強」所涵之意指。

又〈第七十六章〉：

> 人之生也柔弱，其死也堅強。萬物草木之生也柔脆，其死也枯槁。
> 故堅強者死之徒，柔弱者生之徒。是以兵強則不勝，木強則兵。強
> 大處下，柔弱處上。〔註183〕

老子藉由堅強者死和柔弱者生的對反之喻，及處上之弱勝於處下之強，再次認定「柔弱勝剛強」之主張。

一般人視「堅強」爲無敵者，殊不知世間看來堅強之事物，由於其彰顯

〔註180〕同註130，陳迺臣著《教育哲學》，頁286。
〔註181〕同註130，陳迺臣著《教育哲學》，頁286～287。
〔註182〕同註6，（晉）王弼著、（唐）陸德明釋文《老子道德經注·第三十六章》，頁20～21。
〔註183〕同註6，（晉）王弼著、（唐）陸德明釋文《老子道德經注·第七十六章》，頁45。

外溢，往往卻自暴其短而無法持久；而老子卻以爲看來柔弱的事物，由於其含藏內斂，才更富生命之韌性。是以，柔弱可視爲吾人潛藏與生存處世之基本功夫。

（二）反非智、反非學

老子之教育思想以「道」爲中心，是故教育內容便以「自然之道」爲本。所謂之「絕聖棄智」、「絕學無憂」，經由前文業已證明並非純然之「反智」、「反學」，而係反對人僞造假、巧詐奸惡之「知」與「學」，務期使人心回歸於「自然而然」之大道上。老子於〈第二章〉亦業已提示吾人「聖人處無爲之事，行不言之教。」〔註184〕教育上力行實踐而不執著，以「身教」勝於「言教」方是最要之道。

當今之教育環境，雖已實施所謂之「教育改革」，而則實仍陷於過去教育「形式主義」、「功利主義」之深淵而絲毫未變，價值導向、市場經濟理論促使教育主管機關更強調所謂教育之「績效」、「排名」，結果增了面子卻失足了裡子，教育更失去了原本該有之實質內容與意義。莘莘學子爲追逐名校、高分而失去眞正求學求知的企圖，且一旦上了名校後便以自我放逐方式放棄學習；而如此競爭壓力下更促成教育成爲「有錢人」的教育，經濟壓力沉重之弱勢學子反更成爲高學費私校之祭品。那麼此一「教育改革」又有何意義可言？不若老子「絕學無憂」之悲慨矣！

（三）無爭故無尤

《道德經·第二章》云：

> 天下皆知美之爲美，斯惡已。皆知善之爲善，斯不善已。故有無相生，難易相成，長短相較，高下相傾，音聲相和，前後相隨。是以聖人處無爲之事，行不言之教。萬物作焉而不辭，生而不有，爲而不恃，功成而弗居。夫唯弗居，是以不去。〔註185〕

當天下人皆知美是美好的，如此相對的好惡之心就此產生。當天下人皆知善爲人人讚許之美好德性，如此僞善之行便因之相應而起了。天底下諸般事物之「有」與「無」、「難」與「易」、「長」與「短」、「高」與「下」、「音」與「聲」、「前」與「後」諸般概念皆乃相待而生、相因而成、相比而顯、相依而存、相和而出、

〔註184〕同註6，（晉）王弼著、（唐）陸德明釋文《老子道德經注·第二章》，頁2。

〔註185〕同註6，（晉）王弼著、（唐）陸德明釋文《老子道德經注·第二章》，頁1～2。

相續而現。是以聖人以無爲來處世，以不言來行教化。萬物欣欣向榮生長而不多言，生養萬物而不強自佔有，做事而不自恃其能，成就了功業而不居功，正因其不居功，故其功績方能永垂不朽。

美之爲美，乃相對主觀之認知作用，當吾人有一美的認定之時，亦當有一醜之認定與其相應，於此之際，吾人愛美惡醜之慾念更將相續而生，此後煩惱必自連綿不斷而永無休止。是以老子提示吾人，世間諸事皆相對而生，並無絕對之標準；惟有無爲、不辭、不有、不恃、弗居方能保其不去。

二、生活之知能

生活之知識與技能主要關係在食、衣、住、行、育、樂與謀生（職業）之技能等方面，其目的在提昇生活之品質。〔註186〕而老子於老子《道德經》中所提示吾人者約略如下四項：

（一）見素抱樸，少私寡欲

老子於〈第十九章〉云：「見素抱樸，少私寡欲。」〔註187〕蓋因世人追逐名利，以致出現狡智、僞詐與巧利諸三等過度之行爲舉止，而欲回復民利、孝慈、無盜賊之生活，便惟有回歸個人根本，尋求「少私寡欲」。體道之人，減少其文飾巧僞之外在華表，自能避免之逐於外物而多其私欲，而回復人們最初的本性，方乃溯本清源之良方。

〈第五十九章〉老子又云：

> 治人事天，莫若嗇。夫唯嗇，是謂早服；早服謂之重積德；重積德
> 則無不克；無不克則莫知其極；莫知其極，可以有國；有國之母，
> 可以長久。是謂深根固柢，長生久視之道。〔註188〕

「嗇」字本指「吝嗇」，於此處則指「儉省」。治理人事、順奉天時之法莫過於「嗇」；惟能「嗇」方能早日降服吾人之慾念；而能降服慾念，則方能深入培養無慾無爲之至德；能培養無慾無爲之至德，便能達「無所不爲」之境地；能達「無所不爲」之境，則中能進入「無所不達」之「道」的無窮境界中。就爲政者而言，如能減除苛政繁令、守住眞樸，眞心爲人民著想，則必受人民之愛戴、歡迎。就修道者而言，如能減少身心慾望、守住眞樸，那定能進

〔註186〕同註130，陳迺臣著《教育哲學》，頁287。
〔註187〕同註6，（晉）王弼著、（唐）陸德明釋文《老子道德經注・第十九章》，頁10。
〔註188〕同註6，（晉）王弼著、（唐）陸德明釋文《老子道德經注・第五十九章》，頁36。

入返樸歸真之境界。

老子所倡導「寡欲知足」、「去奢崇儉」、「回歸自然之道」諸美德，未必僅適用於昔日農業社會，於今工商社會、物資富裕之生活中，尤其不可忽視其要性。看看今日之兒童，因為物質生活的優渥而不懂得愛物、惜物，亦因父母的過度寵愛而不懂得惜福、感恩；再看今日之成人，因每日之大宴小酌應酬不斷而至身體疾病叢生，更因為沉溺於奢侈之物質享樂中而至心靈空虛、匱乏。是以實應體認：「少私寡慾」之簡樸生活方是現代人所必須的。儉約之方法存乎「用心」：凡事節制、凡事知足、凡事感恩。生活中之錢財當用則用、當省則省，凡物資能重複使用則儘求回收再用，使其不過度浪費；於內在精神上，降低個人物質慾望、凡事不與人作負面比較與計較、多充實內在精神生活以豐富自己內在生命，此皆自然能知足常樂；內心常有喜樂，自然事事感恩、惜福、惜緣；長此以往持之以恆，定能回歸自性，找回真正自我。

於老子心目中之理想國度者，多為恬淡寡欲、不慕榮利之人；雖嘗粗劣食物卻嚼出甘甜美味，雖穿粗俗衣裳卻覺之舒適自然，雖住斗室一寓但樂在乾淨輕爽，隨時隨地輕鬆自在，無入而不自得。因為知足，故每天都很快樂；因為不慕榮利，故可盡情欣賞、享受大自然之美景；心中了無罣礙，自然其身、心、靈皆得輕安自在。吾人於〈第八十章〉中所見：「使民復結繩而用之。甘其食，美其服，安其居，樂其俗。鄰國相望，雞犬之聲相聞，民至老死不相往來。」〔註189〕因此一恬淡寡欲之生活，人民粗食淡飯、安居樂業；雖與鄰國彼此相望，雞鳴狗吠彼此相聞，而則人民彼此聲息相通，自生至死不以利害相交，而安居其中而不以欲求相往來。是以「少私寡欲」方真為回歸自然，尋回本心、長視久生之道矣。

（二）為腹不為目，去彼取此

〈第十二章〉老子有云：

> 五色令人目盲；五音令人耳聾；五味令人口爽；馳騁畋獵，令人心發狂；難得之貨，令人行妨。是以聖人為腹不為目，故去彼取此。〔註190〕

老子諄諄提示吾人：過度追求色彩之享受，終必自得視覺遲鈍、視而不見；過份追求聲音之享受，最後終必聽覺不靈、聽而不聞；過度追求美味之享受，

〔註189〕同註6，（晉）王弼著、（唐）陸德明釋文《老子道德經注・第八十章》，頁47。
〔註190〕同註6，（晉）王弼著、（唐）陸德明釋文《老子道德經注・第十二章》，頁6。

終必自得味覺喪失、食不知味；過度縱於策馬打獵、追逐鳥獸，最後終必心神不靈、魂不守舍；過度追求金銀珍寶，亦終必自得行傷德敗。是以，聖人重視內在自然，但求基本生理自然要求的溫飽；不往外追逐享受，執於外在物欲與聲色之滿足，寧取質樸寧靜，不取奢侈浮華。

　　此中對於現代人心之所以無法安靜、人心無法安寧，亦一針見血予以點出。現代人心之無法安靜，最主要即是過度放縱自己的「慾望」，遂讓此心一直向外追逐，而永無休止：所吃，不僅求飽腹，且更甚求其美味、高級；所穿，不僅在蔽體，且更欲求其流行、品味；所用，不僅要好用，而更甚求其品牌、花費。此若：車子本為吾人交通代步之工具，而今卻淪為身份地位比較之徵象，似乎不開名車者，便顯現不出其身份地位一般。再若：居家本為親子共敘天倫之所，而則現代人不惜巨資以求富麗堂皇、顯耀名位，卻往往因掙財逐利、事業奔波，全家大小少有相聚時刻，「鑰匙兒」成群留於補習班、安親班中，不僅孩子感受不到家庭之溫暖，大人更覺小孩惹人心煩，而至家庭教育徹底失敗，父慈子孝、兄友弟恭、夫義婦順等家庭倫理喪失殆盡，社會亂象不斷滋生，當然使人心更加惶惶不已。此時若能放下彼我之比較與競爭，回歸自我心靈深處，用心思索與反省，或許便更能體悟出老子為何主張：「聖人為腹不為目，故去彼取此。」〔註191〕之所在！

（三）吾之有大患，為吾有身

　　〈第十三章〉老子又指出：

　　　吾所以有大患者，為吾有身，及吾無身，吾有何患？〔註192〕

人類之所以有如此多之憂患，乃在具有此一血肉之軀，為此臭皮囊之百般受到外在環境誘惑而引起無止之慾望，求不得、怨別離之苦遂連綿不絕。是以《荀子‧禮論篇》有言：「人生而有欲，欲而不得，則不能無求；求而無度量分界，則不能不爭，爭則亂，亂則窮。」〔註193〕荀子以為人自呱呱墜地生來即有欲，因為此欲得不到內在之滿足遂而便不能不向外求；而因為所求始終無法度量出滿足之分界，是以便不能不去爭奪，而一旦爭奪始則動亂四起，動亂四起則終至民窮財盡。是以，《道德經‧第三章》云：「不見可欲，使民

〔註191〕同註6，（晉）王弼著、（唐）陸德明釋文《老子道德經注‧第十二章》，頁6。
〔註192〕同註6，（晉）王弼著、（唐）陸德明釋文《老子道德經注‧第十三章》，頁7。
〔註193〕同註4，王先謙著《荀子集解》，頁231。及李滌生著《荀子集釋》，頁417。

心不亂。」〔註194〕〈第四十六章〉又云：「咎莫大於欲得。」〔註195〕皆在說明此點。人既生於此現實之自然界中，而既有人身即有人生來之所欲，當然有了此諸欲望，則一切需求、困擾、煩惱身而動亂不安等，便自然隨之而起；是以，老子方於〈第四十六章〉鄭重提示：「禍莫大於不知足；咎莫大於欲得。故知足之足，常足矣。」。〔註196〕

　　而則如何克服？〈第四十四章〉言：「甚愛必大費，多藏必厚亡。知足不辱，知止不殆，可以長久。」〔註197〕〈第二十九章〉又言：「是以聖人去甚，去奢，去泰。」〔註198〕此皆提示吾人：「知足」、「知止」最為重要，面對外在誘惑要能「去甚、去奢、去泰。」而不過於極端、奢侈與驕泰，即是知足與知止；惟此，方能控制欲望而不為慾望所制，方能免諸煩惱、斷除大患。

（四）我有三寶，持而保之

　　老子於〈第六十七章〉有云：

> 我有三寶，持而保之：一曰慈，二曰儉，三曰不敢為天下先。慈故能勇，儉故能廣，不敢為天下先，故能成器長。今舍慈且勇，舍儉且廣，舍後且先，死矣！夫慈，以戰則勝，以守則固。天將救之，以慈衛之。〔註199〕

老子提示吾人：以「慈愛」、「儉省」、「謙讓（不敢為天下先）」三寶，為吾人生存之所依。當吾人捨棄此三寶，那麼就只有自取滅亡之途。此中之三種美德：「慈愛」乃是父母、親長發自內心對孩子、後輩之關愛；「儉省」乃是吾人對自己涵養德行之力行實踐功夫；「謙讓」則是主體之自我、對外在情境之他種人、物所表現之謙卑胸懷。當每個人由自我實踐中出發、且力行不輟此三寶，那麼當大災難來臨時，自能勇而無懼。

　　「儉」、「讓」之德，於談及「少思寡欲」與「柔弱不爭」時皆已經具陳，故此處僅述「慈」之概念。老子講「慈」，亦見於〈第十八章〉：「六親不和，

〔註194〕同註6，（晉）王弼著、（唐）陸德明釋文《老子道德經注・第三章》，頁2。
〔註195〕同註6，（晉）王弼著、（唐）陸德明釋文《老子道德經注・第四十六章》，頁28。
〔註196〕同註6，（晉）王弼著、（唐）陸德明釋文《老子道德經注・第四十六章》，頁28～29。
〔註197〕同註6，（晉）王弼著、（唐）陸德明釋文《老子道德經注・第四十四章》，頁28。
〔註198〕同註6，（晉）王弼著、（唐）陸德明釋文《老子道德經注・第二十九章》，頁17。
〔註199〕同註6，（晉）王弼著、（唐）陸德明釋文《老子道德經注・第六十七章》，頁41。

有孝慈。」〔註200〕與〈第十九章〉：「絕仁棄義，民復孝慈」〔註201〕二章中；二者所指，皆爲人倫中父母對兒女的愛。其對「孝慈」並未持反面態度，而係一再提示吾人：因爲「失」、「無」，方顯現「得」與「有」之重要性；平日家庭安樂之際，眾人做到孝慈而不自知，但若「孝慈」大家心目中顯現出其重要性時，實已表示現實時局之紛亂已到國家紛亂、六親不和之地步了。

　　事實上，老子之「慈」不非僅限於人倫之慈，就老子所言：「天將救之，以慈衛之。」〔註202〕一句，天地爲何能以慈救之？由老子〈第五章〉所云：「天地不仁，以萬物爲芻狗；聖人不仁，以百姓爲芻狗。」〔註203〕便可理解老子之「慈」，尚可擴及對萬物的「不仁」之心、「不仁」之愛；《王弼注》曰：「天地任自然，無爲無造，萬物自相治理，故不仁也。」〔註204〕「不仁」之心，實爲「自然無爲」之愛，老子此種自然無爲之愛，即是一種順應個體發展的適性之愛，眞摯、誠懇而不佔有，惟對萬物「無私無我」，故能無患、無爭而純正，故能回歸於「道」之最眞。是以，「不仁之仁」方是人間最「慈」之愛。

三、道德及精神修養的理念和方法

　　所謂之「道德及精神修養的理念和方法」，主要在人生之重要價值，而以道德價值與美感價值爲兩大支柱。在所有有價值的教學活動中，道德與美感二者是最重點，如果未在適當時機中，將學科知識及技能與此二者結合，那麼這所進行之教育，不僅不完整、不健全，且可能是「反教育」的。〔註205〕吾人就生理與生存之知能探討，只是教育內容中「求眞」的一面，並不全然且易以偏概全；而則加上道德與美感之培養、探討，則是教育內容中「求眞」與「求善」、「求美」之結合，此方爲具整體而初步之教育內容。就此一要項，老子《道德經》中所提示吾人者約略如下四點：

（一）致虛守靜

　　老子於〈第十六章〉中云：

〔註200〕同註6，（晉）王弼著、（唐）陸德明釋文《老子道德經注・第十八章》，頁10。

〔註201〕同註6，（晉）王弼著、（唐）陸德明釋文《老子道德經注・第十九章》，頁10。

〔註202〕同註6，（晉）王弼著、（唐）陸德明釋文《老子道德經注・第六十七章》，頁41。

〔註203〕同註6，（晉）王弼著、（唐）陸德明釋文《老子道德經注・第五章》，頁3。

〔註204〕同註6，（晉）王弼著、（唐）陸德明釋文《老子道德經注・第五章》，頁3。

〔註205〕同註130，陳迺臣著《教育哲學》，頁286～288。

　　致虛極，守靜篤。萬物並作，吾以觀復。夫物芸芸，各復歸其根。歸

　　根曰靜，是謂復命。復命曰常，知常曰明。不知常，妄作凶。知常容，

　　容乃公，公乃王，王乃天，天乃道，道乃久。沒身不殆。〔註206〕

顯示人之實踐功夫惟在「致虛守靜」上。吾人要感知萬物之「歸根」，勢必經
由「極」「致虛」、「篤」「守靜」之修習，方能「觀」萬物之「復命」，進而藉
由「知常」而「容」、「公」、「王」、「天」、「道」、「久」之層層理解最後才能
達至個人的洞「明」。

　　而人又如何「致虛守靜」？老子於〈第十章〉中提及：「載營魄抱一，能
無離乎？專氣致柔，能嬰兒乎？滌除玄覽，能無疵乎？……天門開闔，能無
雌乎？明白四達，能無知乎？」〔註207〕當人之修為能作到：1、身、心、靈合
一，魂魄、身軀兩不分離；2、摶氣柔和如嬰兒一般；3、洗清幽深心思中所
有雜念；4、眼、耳等諸感官開合，能作到柔與寧靜；5、通曉四方、廣達天
下而無智詐。當此五種目標之達成，即已成就「致虛守靜」之實踐工夫矣。

　　老子以為人們的內心本應昭靈不昧、清明在躬的，但因受到外物私欲的
蒙蔽，才不得虛靜。如想體驗大道，自必須從「明心」、「復性」的工夫做起。
體道之人若常保此虛靜的境界，才能開闊心靈，廣納眾理，而有所取捨，進
而有所領悟，這是悟道、體道者首先需要具備的心靈修養。

（二）涵養水德

《道德經‧第八章》云：

　　上善若水，水利萬物而不爭，處眾人之所惡，故幾道，居善地，心

　　善淵，與善仁，言善信，正善治，事善能，動善時。夫唯不爭，故

　　無尤。〔註208〕

上善者若水一般，水能滋養萬物而不與相爭，且能居於眾人所厭惡之卑下處，
是以水之德接近於「道」。上善者德行一如水一般，處身退讓謙下，宅心寂默
深沉，博施而不望回報，說話真誠無欺，為政獲致良好成效，做事亦得良好
效能，行動順乎天時。這如水之謙下不爭，所以沒有絲毫怨尤與過患。

　　老子以「水」之德性比若最高典範之「道」，期勉吾人學習水之的德行。
惟從水德中領悟守柔無爭之道理，方能勘破名利的枷鎖，而真正逐步達到悟

〔註206〕同註6，（晉）王弼著、（唐）陸德明釋文《老子道德經注‧第十六章》，頁9。

〔註207〕同註6，（晉）王弼著、（唐）陸德明釋文《老子道德經注‧第十章》，頁5。

〔註208〕同註6，（晉）王弼著、（唐）陸德明釋文《老子道德經注‧第八章》，頁4～5。

道之境界。人與人相處之所以不安穩，主要即在爭名逐利，一般世人看不破功名利祿，而窮其一生汲汲於爭權奪利，此於老子眼中很是愚蠢無知，大好生命浪費於明爭暗鬥上，殊不知如夢幻泡影之人生轉眼成空後，所得仍舊只剩塚上那一坏土，而此渾渾噩噩、隨俗流沉所爭究竟為何？是否值得？

　　李白有謂：「天生我才必有用」，自然界之一草一木皆有其功用，何況貴為萬物之靈的人類！每個人來此娑婆世界都有其獨特功用之存在，不論其外表之美醜、能力之高低、出身之好壞……，只要戮力將自己角色扮演好，此各盡其職責，不正是生生不息之社會安定力量，又有何需「比較」、「計較」呢？吾人若能善加體悟，深入思考此中道理，當便較能逐步放下事事愛作負面「比較」與「計較」之愚癡心態，並藉此擴大自己心量，使自己的德性更接近「聖人」的境界，而不致弄得自己不愉快，終至虛度一生，白走一趟人生路。

　　《尚書‧大禹謨》有言：「滿遭損，謙受益」，〔註209〕此不正是老子之水德精神。水，不論何方，水之所至總是利益萬物，其默默行善而不與人爭，隨方就圓是故無處而不自在；人若能涵養謙虛卑下的水德，那麼不論何時何地，總是圓融自在，使人滿心歡喜。於企業，他懂得放下身段，聆聽基層員工的心聲；於政治，他會探察民隱，瞭解民間疾苦，訂立經世濟國之方案；甚而於平民，他也能作到夫義婦順、父慈子孝、兄友弟恭，隨時傾聽家人的心聲，使全家人和樂融融。

　　水德之本質接近於「道」，當吾人能看清世間名利之假相，使心、欲不再向外追逐，靜下來學習水之謙虛卑下，進而只求利益他人、不與人爭之時，吾人便已接近「道」而不自覺了。是以，「道」不假外求，當人能放下「假我」，以「真我」與人誠懇相對時，此當下即是「道」之彰顯。

（三）報怨以德

　　老子認為真正的善，在保有自然之和諧，而解怨之根本在於無怨，並非大怨已生，再求和解，是以〈第六十三章〉云：「為無為，事無事，味無味。大小多少，報怨以德。」〔註210〕聖人之妙高智慧在於「為之於未有，治之於未亂。」，〔註211〕此種方為「無為而無不為」〔註212〕之妙道。「德」於此，是一如嬰兒般

〔註209〕同註1，（唐）孔穎達疏、（清）阮元校勘《尚書‧虞書‧舜典》，頁58。
〔註210〕同註6，（晉）王弼著、（唐）陸德明釋文《老子道德經注‧第六十三章》，頁38。
〔註211〕同註6，（晉）王弼著、（唐）陸德明釋文《老子道德經注‧第六十四章》，頁39。
〔註212〕同註6，（晉）王弼著、（唐）陸德明釋文《老子道德經注‧第三十七章》，頁21。

無心的天眞，無分別、比較，亦不知感恩、報怨，如此一來，怨自然散。因爲怨自恩而生，恩具大小、多少的差別，在心知執著之分別、比較之下，易產生紛擾爭端，而致原本得到時之恩與愛，反變質爲得不到時之怨與恨，而成了人間最大的痛與最深的結。是以，老子之「報怨以德」，其本意即在如何化解怨。老子不採以怨、以直報怨之方式，因爲此皆第二序之思考，故其於〈第七十九章〉云：「和大怨，必有餘怨，安可以爲善？」〔註213〕即是此意。〔註214〕

（四）去彼取此

老子《道德經》中所蘊含諸多之道德律則，多以「去彼取此」之「正言若反」樣貌出現，以將似若無形「道」落實而爲吾人道德行爲之指標，王美蘭先生歸納此諸「去彼取此」律則如下：〔註215〕

1、去「有爲」取「無爲」

強調做事不應以強力妄爲之，否則必自取滅亡；爲人當質樸堅忍，無爲自而能無所不爲。此如：〈第二十九章〉：「將欲取天下而爲之，吾見其不得已。天下神器，不可爲也。爲者敗之，執者失之。」；〔註216〕〈第五十七章〉：「我無爲而民自化」。〔註217〕

2、去「人爲」取「自然」

此強調人應效法天道，順應自然生活，法「道」而行，並去除私欲妄爲。如〈第五十一章〉云：「道之尊，德之貴，夫莫之命而常自然。……生而不有，爲而不恃，長而不宰。是謂玄德。」〔註218〕及〈第二十五章〉：「人法地，地法天，天法道，道法自然。」〔註219〕

3、去「盈」取「虛」

老子提示吾人不要驕傲自滿，應該虛靜謙下。如〈第四章〉：「道沖，而用之

〔註213〕同註6，（晉）王弼著、（唐）陸德明釋文《老子道德經注・第七十九章》，頁46。
〔註214〕參見王邦雄撰〈道家報怨以德的無爲思想〉《宗教哲學》第3卷第1期，p6，1997年1月。
〔註215〕王美蘭撰《老、孔道德思想之比較及其教育實踐》，頁90～92，國立東華大學教育研究所碩士論文，2001年6月。
〔註216〕同註6，（晉）王弼著、（唐）陸德明釋文《老子道德經注・第二十九章》，頁17。
〔註217〕同註6，（晉）王弼著、（唐）陸德明釋文《老子道德經注・第五十七章》，頁35。
〔註218〕同註6，（晉）王弼著、（唐）陸德明釋文《老子道德經注・第五十一章》，頁31～32。
〔註219〕同註6，（晉）王弼著、（唐）陸德明釋文《老子道德經注・第二十五章》，頁14。

或不盈。」〔註220〕〈第四十一章〉：「上德若谷，……，廣德若不足。」〔註221〕

4、去「躁」取「靜」

若躁進自炫、草率盲動則當失去所欲、所有，是以當穩重沈著以守之。如〈第二十六章〉云：「重爲輕根，靜爲躁君。是以聖人終日行不離輜重。」〔註222〕

5、去「為目」取「為腹」

〈第十二章〉云：「五色令人目盲；五音令人耳聾；五味令人口爽；馳騁畋獵，令人心發狂；難得之貨，令人行妨。是以聖人爲腹不爲目，故去彼取此。」〔註223〕「爲腹」之目的在「實其腹」，〔註224〕亦即滿足吾人生理本能之基本需求，此亦代表除了「食」外，其他如「衣」、「住」、「行」……等各方面基本需求亦需解決。而所謂「爲目」，則指超過基本需求外之奢泰享受，若「五色」、「五音」、「五味」、「馳騁田獵」與「難得之貨」等，皆足以令人「目盲」、「口爽」、「心狂」、「行妨」，是故當在反對、去除之列中。《王弼注》云：「爲腹者，以物養己；爲目者，以物役己，故聖人不爲目也。」〔註225〕「物」之價值在提供基本所需，一旦吾人貪欲過度，則人當反爲「物化」而受物之所役矣。

6、去「奢」、去「泰」、去「甚」，取「嗇」、「儉」

不宜浪費、驕奢，應該節約、懂得愛惜。如〈第二十九章〉云：「是以聖人去甚，去奢，去泰。」、〔註226〕〈第五十九章〉：「治人事天，莫若嗇。」、〔註227〕〈第六十七章〉：「儉故能廣」〔註228〕等。甚、奢、泰三者皆儉、嗇的反面，故當去除。老子之「儉、嗇」，並非要人節儉財富、累積金錢，因從〈第九章〉所云：「金玉滿堂，莫之能守」〔註229〕與〈第四十四章〉所云：「多藏必厚亡。」〔註230〕可以看得出，老子並非如此主張，「儉、嗇」當是特重精神上的培蓄能量，充實內在生命而言的。

〔註220〕同註6，（晉）王弼著、（唐）陸德明釋文《老子道德經注・第四章》，頁3。
〔註221〕同註6，（晉）王弼著、（唐）陸德明釋文《老子道德經注・第四十一章》，頁26。
〔註222〕同註6，（晉）王弼著、（唐）陸德明釋文《老子道德經注・第二十六章》，頁15。
〔註223〕同註6，（晉）王弼著、（唐）陸德明釋文《老子道德經注・第十二章》，頁6。
〔註224〕同註6，（晉）王弼著、（唐）陸德明釋文《老子道德經注・第三章》，頁2。
〔註225〕同註6，（晉）王弼著、（唐）陸德明釋文《老子道德經注・第十二章》，頁6。
〔註226〕同註6，（晉）王弼著、（唐）陸德明釋文《老子道德經注・第二十九章》，頁17。
〔註227〕同註6，（晉）王弼著、（唐）陸德明釋文《老子道德經注・第五十九章》，頁36。
〔註228〕同註6，（晉）王弼著、（唐）陸德明釋文《老子道德經注・第六十七章》，頁41。
〔註229〕同註6，（晉）王弼著、（唐）陸德明釋文《老子道德經注・第九章》，頁5。
〔註230〕同註6，（晉）王弼著、（唐）陸德明釋文《老子道德經注・第四十四章》，頁28。

7、去「禮」、「智」取「道」、「德」

老子強調人應去除虛華不實與私欲妄見，而立身於敦厚篤實中。如〈第三十八章〉云：「夫禮者，忠信之薄，而亂之首。前識者，道之華，而愚之始。是以大丈夫處其厚，不居其薄，處其實，不居其華。故去彼取此。」〔註231〕此處言及：德是厚，禮是薄，道是實，智是華，「仁」、「義」、「禮」等道德制度並非全然不好，而是他們必須以「道」或「上德」為根本，才是真正的「仁」、「義」、「禮」；否則失了根本，而只強調「仁」、「義」、「禮」，結果反成競爭工具、虛偽之託詞。

8、去「智巧」取「愚」

此則要求人們消解巧詐心智，保持心靈純真質樸。如〈第二十章〉云：「我愚人之心也哉，沌沌兮！俗人昭昭，我獨昏昏。俗人察察，我獨悶悶。」〔註232〕

9、去「自見」、「自貴」，取「自知」、「自愛」

不自我顯揚、自顯高貴，應求尊重自愛。如〈第七十二章〉云：「是以聖人自知不自見，自愛不自貴。故去彼取此。」〔註233〕〈第三十九章〉云：「是以侯王自謂孤、寡、不穀，此非以賤為本邪？非乎？」〔註234〕

老子「去彼取此」之句型，實為其「正言若反」辯證方式之最佳典型，老子期望透由此中所表現之真意，來時刻提醒世人不要過度執著於「是什麼？」，而真正回歸於「如何做？」來實踐真正的德行。是以，「去彼取此」重點皆在直指老子所講求「自然無為」之道，皆在直指那人人本有具足：清靜、純正、誠懇、無負擔、不佔有的「心」；惟如此，人們才不會停滯於形式化、認知上的概念，方會經由深一層的探求、覺知，而真正地反省與實踐那些善的德性於真實生活中。

四、社會服務的正確觀念和做法

第三項所提之道德修養著重於個人心靈境界之提昇與日常生活之實踐，而本項所提之重點在於包含社會性與政治性的廣義道德觀念與做法，亦即是屬於公眾性、社會性的道德領域。換句話說，以《大學》所謂「修身、齊家、

〔註231〕同註6，（晉）王弼著、（唐）陸德明釋文《老子道德經注‧第三十八章》，頁23。
〔註232〕同註6，（晉）王弼著、（唐）陸德明釋文《老子道德經注‧第二十章》，頁11。
〔註233〕同註6，（晉）王弼著、（唐）陸德明釋文《老子道德經注‧第七十二章》，頁43。
〔註234〕同註6，（晉）王弼著、（唐）陸德明釋文《老子道德經注‧第三十九章》，頁25。

治國、平天下」〔註235〕範疇而言，第三項所提的道德修養重點在個人「修身、齊家」方面，本項社會服務之觀念與做法則偏重於「治國、平天下」之道德律則。〔註236〕就此項目中，吾人分就個人、國家、天下三方向以探討老子《道德經》提示吾人之主張：

（一）聖人不仁

老子於〈第五章〉云：「聖人不仁，以百姓爲芻狗。」〔註237〕一般人見到「不仁」，當立即想到「無仁心」甚或「無感情」、「麻木不仁」等。而則，果眞如此？

首先，於老子《道德經》之〈第四十九章〉有云：「聖人無常心，以百姓心爲心。……聖人在天下，歙歙爲天下渾其心。百姓皆注其耳目，聖人皆孩之。」〔註238〕吾人可知老子如是云：「聖人並無一己之定見與私心，其以百姓的意見、意志與情感來作爲其心志。……聖人於百姓面前，皆心無所主、和順而隨合。聖人隨時皆以渾樸之心以治理天下。雖百姓皆專注其耳目而機巧伶俐，但聖人皆把他們當嬰兒對待之。」既此，聖人以百性之心爲其心而無一己之私，且以「道」來治理天下。那麼，怎會「無心」？

其次，〈第三章〉有云：「聖人之治，虛其心，實其腹，弱其志，強其骨。常使民無知無欲，使夫智者不敢爲也。爲無爲，則無不治。」〔註239〕其意爲：「聖人在治理人民上，有：虛靜人民的心思、充實人民的肚子、柔弱人民的心志、強壯人民的筋骨等做法。聖人亦常使人民無知無欲，使智詐巧之人不敢妄爲。以無爲之治政治理，則無不治好。」前文探討過，老子並不全然反對與否定所有的「知」與「欲」，他反對「狡詐的智」與「過度的欲」，是以當然主張治理人民以「虛其心，實其腹，弱其志，強其骨」，而這亦是「爲腹不爲目」〔註240〕主張之實踐，重點當然在讓人民「去彼取此」，〔註241〕與聖人同時存於「道」中。那麼是「無仁心」、「無感情」嗎？

其三，〈第七十八章〉有：「聖人云：『受國之垢，是謂社稷主；受國不祥，

〔註235〕同註3，（宋）朱熹註《四書集注・大學》，頁8～9。
〔註236〕同註130，陳迺臣著《教育哲學》，頁289～290。
〔註237〕同註6，（晉）王弼著、（唐）陸德明釋文《老子道德經注・第五章》，頁3。
〔註238〕同註6，（晉）王弼著、（唐）陸德明釋文《老子道德經注・第四十九章》，頁30。
〔註239〕同註6，（晉）王弼著、（唐）陸德明釋文《老子道德經注・第三章》，頁2。
〔註240〕同註6，（晉）王弼著、（唐）陸德明釋文《老子道德經注・第十二章》，頁6。
〔註241〕同註6，（晉）王弼著、（唐）陸德明釋文《老子道德經注・第七十二章》，頁43。

是謂天下王。』」〔註242〕其指出：「要擔當國家、社稷的重責大任者，需要能承受國家垢辱與不吉祥之諸事。」而〈第六十六章〉亦云：「是以欲上民，必以言下之；欲先民，必以身後之。聖人處上而民不重；處前而民不害。」〔註243〕指出：「聖人欲居人民之上，必須以言辭謙下；欲居人民之先，必須以自身讓後。如此聖人處上，人民方不覺重負；處前位，而人民不覺其妨害。」既然聖人需擔當國家恥辱與不吉祥之事，又需謙下與身讓，那麼老子之聖人，不可能「麻木不仁」！

最後，〈第六十四章〉有云：「聖人無爲故無敗；無執故無失。……聖人欲不欲，不貴難得之貨；學不學，復眾人之所過。以輔萬物之自然，而不敢爲。」〔註244〕指出：「聖人行無爲之事，故無敗；無固執，是以無所失。……聖人去欲而不欲，不珍貴難得之貨（以使人民不爭）；去學不學，回復眾人所錯過的（以回復「道」），以輔助萬物的自然發展，而不敢作爲。」吾人可見，聖人對待人民，重點在於「無爲之治」，使人民歸回道之質樸、自然之中，而無所執、所爭，那麼天下自然太平。是以，〈第五章〉所云：「聖人不仁，以百姓爲芻狗。」〔註245〕並非聖人「無仁心」、甚或「無感情」、「麻木不仁」。重點在於聖人不去講仁心，如「道」與「天地」一般，對一切萬物與百姓皆處之以虛靜淡漠，講求在「無爲而治」，故其治國實在「無爲而無所不爲」。

（二）大國下流

前節已論及，老子無意主張「小國寡民」之理想烏托邦，其〈第八十章〉中所陳之不欲諸事，如：「不用什伯之器」、「不遠徙」、「不乘舟輿」、「不陳甲兵」、「不相往來」等，與其所陳所欲之事：「甘其食」、「美其服」、「安其居」、「樂其俗」，〔註246〕皆指向一「桃花源記」式之遐想優游閒暇之小世界，而爲現實生活中不可實現者。〔註247〕

〔註242〕同註6，（晉）王弼著、（唐）陸德明釋文《老子道德經注·第七十八章》，頁46。

〔註243〕同註6，（晉）王弼著、（唐）陸德明釋文《老子道德經注·第六十六章》，頁40。

〔註244〕同註6，（晉）王弼著、（唐）陸德明釋文《老子道德經注·第六十四章》，頁39。

〔註245〕同註6，（晉）王弼著、（唐）陸德明釋文《老子道德經注·第五章》，頁3。

〔註246〕《道德經·第八十章》全文爲：「小國寡民，使有什伯之器而不用，使民重死而不遠徙。雖有舟輿，無所乘之；雖有甲兵，無所陳之。使人復結繩而用之。甘其食，美其服，安其居，樂其俗。鄰國相望，雞犬之聲相聞，民至老死不相往來。」同註6，（晉）王弼著、（唐）陸德明釋文《老子道德經注·第八十章》，頁46～47。

〔註247〕對於陶淵明之《桃花源記》是否有受此章之影響，茲因非在本文主題，吾人

就老子〈第六十章〉所云：「治大國，若烹小鮮。以道蒞天下，其鬼不神；非其鬼不神，其神不傷人；非其神不傷人，聖人亦不傷人。夫兩不相傷，故德交歸焉。」﹝註248﹞其意並非將大國瓜分而為諸小國以治，而係指聖人以「道」治理國家，使國與國、人與鬼、聖人與百姓皆兩不相傷害，故彼此之德亦交相歸與，此世界即充滿了道與德。如此，治理大國不異於烹煮小魚一般，皆講究以「道」執之。

於老子〈第六十一章〉中：

> 大國者下流，天下之交。天下之牝，牝常以靜勝牡，以靜為下。故大國以下小國，則取小國；小國以下大國，則取大國。故或下以取，或下而取。大國不過欲兼畜人，小國不過欲入事人。夫兩者各得其所欲，大者宜為下。﹝註249﹞

老子不僅章首強調大國者要居「謙下靜柔」之位，以為天下之交匯處；且更於章末再次強調「大國宜居謙下靜柔之位。」。顯然老子不僅主張大國、小國間當「謙下」對待，比諸當時強欺弱、大欺小之政治現實，老子更痛心疾首，要求大國以「謙下」自制，如此戰爭方能止於無爭，百姓方能不再流離顛沛矣。

（三）天下有道

老子對於天下﹝註250﹞昇平之現象，只見於〈第四十六章〉所云：「天下有道，卻走馬以糞；天下無道，戎馬生於郊。」﹝註251﹞其意指出：「天下有道之時，遣回善跑之戰馬以耕田；天下無道之時，則戰馬在郊野中生產。」此亦即天下有道之時，因無戰爭而使戰馬得以耕田；天下無道之時，則因戰爭連綿而使戰馬不得不於郊野中生產。中國自古以農立國，牛、馬為農家耕種中所必具之牲畜，是以馬能耕於田，顯現國家無戰亂、天下太平之景，迨無疑惑。然則，老子心中對於治理「天下」當有之「道」的看法，則當接續討論。

亦無意定論之。

﹝註248﹞同註6，（晉）王弼著、（唐）陸德明釋文《老子道德經注‧第六十章》，頁36～37。

﹝註249﹞同註6，（晉）王弼著、（唐）陸德明釋文《老子道德經注‧第六十一章》，頁37。

﹝註250﹞《道德經》全書中「天下」一詞共61次，大部分皆是指稱現在一般所稱之天下或世界（the world）。劉福增先生進一步指出：「我們現在一般所謂世界，有宇宙（universe），我們所在以及人的思想和感情所及的事事物物的世界，人間世，世人，或所統治或要統治的邦國等等。在需要做區分比較的時候，讓我們依次用宇宙、世界、人間世、世人和天下這些詞語來表示這些。」同註45，劉福增著《老子哲學新論》，頁408～409。

﹝註251﹞同註6，（晉）王弼著、（唐）陸德明釋文《老子道德經注‧第四十六章》，頁28。

首先，老子於〈第二十五章〉有云：「有物混成，先天地生。寂兮寥兮，獨立不改，周行而不殆，可以爲天下母。吾不知其名，字之曰道，強爲之名曰大。」〔註252〕此一先天地生而爲天下母之物，勉強稱之爲「道」。是以，就老子看來，「天下」當是由「道」所產生迄無所疑。而老子於〈第四十章〉又云：「反者道之動，弱者道之用。天下萬物生於有，有生於無。」，〔註253〕此中顯示：「反」爲道的運動、「弱」爲道的作用；天下之萬物生自有名狀的東西、或生自無名狀的東西。由於〈第四十章〉爲內容對偶之文章，並不代表前後之對偶句有絕對的關係，而句中吾人可知老子並未言明萬物是否也由道所產生，是以吾人只能說有些萬物或由道所產生，而並非所有諸物皆由道所產生。〔註254〕

其次，吾人依循老子之模式，不先探討天下當如何治理，而先探討天下於何時無法爲人所治理。老子於〈第二十九章〉已云：「將欲取天下而爲之，吾見其不得已。天下神器，不可爲也。爲者敗之，執者失之。」〔註255〕此中老子指出：「想要有爲以取天下，吾人可見其將得不到、無所成功的。天下乃神聖之物，不可以有爲，亦不可以爲人所操持。有爲者將致失敗，操持者將致失去。」是以就老子而言，「有爲」、「操持」皆將導致「敗亡」，而無法使天下太平。

又老子於〈第三十一章〉云：「夫樂殺人者，則不可得志於天下矣。」〔註256〕及〈第三十章〉云：「不以兵強天下。」〔註257〕對於藉強勢兵事以「戰爭」來侵略、取得其他弱小國家者，老子期期以之不可，並直言主事者將無法得以順遂。

〔註252〕同註6，（晉）王弼著、（唐）陸德明釋文《老子道德經注・第二十五章》，頁14。

〔註253〕本章於《竹簡甲本》中爲〈第十八章〉，內容爲：「返也者，道僮（動）也；溺（弱）也者，道之甬（用）也。天下之勿（物）生於又（有），生於亡（無）」。同註33，廖名春著《郭店楚簡老子校釋》，頁354～357。及同註6，（晉）王弼著、（唐）陸德明釋文《老子道德經注・第四十章》，頁25。

〔註254〕此種如同〈第二十五章〉後有云：「道大，天大，地大，王亦大。域中有四大，而王居其一焉。人法地，地法天，天法道，道法自然。」老子只說明域（宇宙）中四大爲「道」、「天」、「地」、「人（王）」，而其楷式爲人（取法）→地（取法）→天（取法）→道之自然；吾人若強說老子之「法」就是「生於」之意，而將之改爲人「生於」地、地「生於」天、天「生於」道、道「生於」自然，那就犯下過度的詮解《道德經》之大謬矣。同註6，（晉）王弼著、（唐）陸德明釋文《老子道德經注・第二十五章》，頁14。

〔註255〕同註6，（晉）王弼著、（唐）陸德明釋文《老子道德經注・第二十九章》，頁17。

〔註256〕同註6，（晉）王弼著、（唐）陸德明釋文《老子道德經注・第三十一章》，頁18。

〔註257〕同註6，（晉）王弼著、（唐）陸德明釋文《老子道德經注・第三十章》，頁17。

此若二次大戰期間德、義、日三國以其兵強馬壯，同組軸心之國而妄取歐、亞等洲甚而全世界，最後當然不僅失敗，且更使其整個國家、全球人民爲之賠上無數生命、財產而幾乎走入滅國之途。是以，對老子而言，藉由「軍事戰爭」意圖以「有爲」、「操持」手段以治理天下者，勢將導致「敗亡」一途。那麼，老子天下太平之治理方式爲何？

於〈第二十二章〉老子如是云：「曲則全，枉則直；窪則盈，弊則新；少則得，多則惑。聖人抱一爲天下式。不自見，故明；不自是，故彰；不自伐，故有功；不自矜，故長。夫惟不爭，故天下莫能與之爭。」〔註258〕此中指出聖人之治理在「抱一」以爲天下之楷式，此中所抱之「一」爲何，雖與下段之「不自見」、「不自是」、「不自伐」、「不自矜」及後段之「不爭」等反面（非負面）行爲似無關聯，而則若循句首老子主張「曲、窪、少」之特性，當是指「謙沖素樸」之意。而此諸反面行爲皆與「操持」之意有所相對，是以吾人可知老子之治理天下當有「非操持」之主張。

另於〈第五十七章〉，老子有云：

> 以正治國，以奇用兵，以無事取天下。吾何以知其然哉？以此。天
> 下多忌諱，而民彌貧；民多利器，國家滋昏；人多伎巧，奇物滋起；
> 法令滋彰，盜賊多有。故聖人云：我無爲而民自化，我好靜而民自
> 正，我無事而民自富，我無欲而民自樸。〔註259〕

此章老子強調「以正治國」及「以無事取天下」之主張，忌諱多、朝廷利器多、人民智詐多、法令多苛等爲「不正」和「有爲」，只有導致人民貧窮、國家昏亂、怪事連連、盜賊橫行之失敗下場；而則「無爲」、「好靜」、「無事」、與「無欲」等則皆爲「正」之治國方法，以此則將得致「民自化」、「民自正」、「民富」、「民自樸」之成效。是以，相對於「有爲」、「操持」之敗亡，治國、平天下當取「無爲」、「好靜」、「無事」、與「無欲」之法以全其功。

吾人再觀老子〈第三十二章〉所云：「道常無名，樸雖小，天下莫能臣也。……譬道之在天下，猶川谷之與江海。」〔註260〕及〈第三十七章〉所云：「道常無爲而無不爲，……吾將鎮之以無名之樸。無名之樸，夫亦將無欲。

〔註258〕同註6，（晉）王弼著、（唐）陸德明釋文《老子道德經注・第二十二章》，頁12。
〔註259〕同註6，（晉）王弼著、（唐）陸德明釋文《老子道德經注・第五十七章》，頁34～35。
〔註260〕同註6，（晉）王弼著、（唐）陸德明釋文《老子道德經注・第三十二章》，頁18～19。

不欲以靜，天下將自定。」〔註261〕此中可見，不僅前文所提個人修身、齊家之本在於「道」，且此處所論治國、平天下之本亦無法悖「道」而行之。是以「道」之「無欲」、「柔弱」、「虛靜」、「無爲」、「不爭」等諸指標性格，不僅適於「道」之本身，亦適於吾人所居且與之相處此一「世界」、「人間世」、「天下」之根本法則中。

五、合理的人生觀與世界觀

「人生觀」者意指對人生之意義與價值之有系統之看法，「世界觀」者乃對世界本質、生命現象、存有間關聯及人事物變動規律等之理解、詮釋所形成之系統理論。〔註262〕人之獨特與可貴之處，在於具有理性思考與自我反省之能力，故而能在所處世界之時、空限制中，逐步探尋出人生與世界等諸眞相、及其存在之諸意義，最後並藉此建立出人與世界間和諧共存之律則而據以逐步實踐之。

就哲學或宗教本質而言，雖此二者皆已涵蓋「人生觀」與「世界觀」之探索、建立與實踐之系統理論，而則若無法落實於生活經驗中，亦屬枉然虛論。是以吾人今試分就老子《道德經》全書中所提示吾人之「人生觀」與「世界觀」二項內容約略探討之。

（一）老子《道德經》之人生觀

論及人生觀，吾人當先回歸討論老子《道德經》書中對人之看法，而後始能接續討論「人生觀」之諸問題。由於老子以其「道」爲整個思想體系之中心所在，是以老子之「人」當是一「善爲道者」，〔註263〕並以「善爲道者」爲中心而推展及各種「聖人」、「士」、「大丈夫」、〔註264〕「有道者」〔註265〕等種種不同之人格面貌。

就老子《道德經》之「善爲道者」諸人格特質而言，王美蘭先生嘗以「太空人」、〔註266〕「眞人」、「月亮人」與「心靈自由人」等諸形容探討之：〔註267〕

〔註261〕同註6，（晉）王弼著、（唐）陸德明釋文《老子道德經注·第三十七章》，頁21。
〔註262〕同註130，陳迺臣著《教育哲學》，頁290～291。
〔註263〕同註6，（晉）王弼著、（唐）陸德明釋文《老子道德經注·第六十五章》，頁40。
〔註264〕同註6，（晉）王弼著、（唐）陸德明釋文《老子道德經注·第三十八章》，頁23。
〔註265〕同註6，（晉）王弼著、（唐）陸德明釋文《老子道德經注·第二十四章》，頁14。
〔註266〕王美蘭先生指出：「太空人」一詞最先由方東美先生所提出，其以「太空人」與「時際人」對比道家與儒家兩者不同之人格特質。同註215，王美蘭撰《老、

1、「太空人」

「太空人」一詞蘊含超越時空之境界。此因於老子之中心思想爲老子之「道」，而老子之「道」既能生宇宙、世界、天地，是故即具有「超越性」、「永恆性」之普遍原則，而涵蓋「超時空」與「超經驗」之性格。〔註268〕是故老子之「善爲道者」，既能體「道」之無窮妙用、依道而行，則當能透視遍及全宇宙之無上眞理，據於不同高度，依不同角度或觀點，而將觀照所得之一切局部表相一一予以超化。並將一切觀念上之差別，一一皆予以調和、消融。

2、「眞人」

雖老子未明言人是否爲「道」之所出，而則依據「人法地，地法天，天法道，道法自然。」〔註269〕之楷式，人當依循自然之道而修自然之德，是以老子講求消解人之「有爲」，使人復歸於自然面向中，以還諸於人之自然面貌，回復本性之最「眞」。於老子眼中，最眞之人格形象，莫過於「嬰兒」與「愚人」之狀態。

（1）如嬰兒般純眞

老子認爲生命最高之價值，乃蘊藏於生命最眞實、最純粹之狀態中。因嬰兒乃吾人生命最原始且純眞之展現，是以老子極力歌頌嬰兒之無欲且柔弱之特質，乃惟此時方能輕易超越世俗之價值取向，而使心靈不受生命外在條件之所限制。〔註270〕於老子《道德經》中，有多章論及嬰兒者，諸如：

Ⅰ、〈第十章〉云：「載營魄抱一，能無離乎？專氣致柔，能嬰兒乎？」

　　〔註271〕

Ⅱ、〈第二十章〉云：「我獨泊兮其未兆，如嬰兒之未孩。」〔註272〕

Ⅲ、〈第二十八章〉云：「常德不離，復歸於嬰兒。」〔註273〕

孔道德思想之比較及其教育實踐》，頁71。
〔註267〕同註215，王美蘭撰《老、孔道德思想之比較及其教育實踐》，頁71～83。以下所引「太空人」、「眞人」、「月亮人」與「心靈自由人」等諸名詞探討內容亦同此出。
〔註268〕此爲王美蘭先生引湯一介撰〈論老莊哲學中的超越性與內在性問題〉（《中國文化月刊》第144期，p5，1991年10月。）
〔註269〕同註6，（晉）王弼著、（唐）陸德明釋文《老子道德經注·第二十五章》，頁14。
〔註270〕參見葉海煙著《老莊哲學新論》，臺北市：文津出版社，1997年9月，頁89。
〔註271〕同註6，（晉）王弼著、（唐）陸德明釋文《老子道德經注·第十章》，頁5。
〔註272〕同註6，（晉）王弼著、（唐）陸德明釋文《老子道德經注·第二十章》，頁11。
〔註273〕同註6，（晉）王弼著、（唐）陸德明釋文《老子道德經注·第二十八章》，頁16。

IV、〈第四十九章〉云：「聖人在天下，歙歙焉；爲天下，渾其心。百姓皆注其耳目，聖人皆孩之。」〔註274〕

V、〈第五十五章〉云：「含德之厚，比於赤子。」〔註275〕

老子無時不刻提示著吾人：「如何歸復於生命之原始純樸狀態？」而吾人生命之最原始純樸狀態，當以嬰兒之時爲最，而因嬰兒象徵一柔弱、無欲之境，是故老子要人回歸於「如嬰兒之未孩」。〔註276〕蓋因嬰兒之狀態乃最爲接近老子的自然而然之「道」，而越接近此一「道」，則其涵「德」便越深，正因爲老子視人當法於自然，所以冀求人人尊重自我之自然本眞，以復歸於嬰兒之眞。當然現實上，人不可能永遠都是嬰兒狀態，是以老子才以「復歸」、「反」諸言語，以期待人能「反樸歸眞」。

（2）存愚人之心

《道德經・第二十章》云：「我獨泊兮其未兆，……。我愚人之心也哉，沌沌兮！俗人昭昭，我獨昏昏。俗人察察，我獨悶悶。」〔註277〕此中顯現老子期許吾人淡泊無爲、素樸無欲之心境。所謂之「我愚人之心也哉」，並非在於強調愚人之「行」，而在於守此愚人之「心」，此「愚人之心」非眞愚昧無知，而是有若一未經雕琢之素木，自然顯現其純淨素樸之眞，惟明瞭此一眞實之眞知，方能看透一切知識之愚昧，而歸還本心於素樸之中。是以他人「昭昭」、「察察」，我卻於「惟恍惟惚」〔註278〕之「道」中「昏昏」、「悶悶」而不止息地澹泊飄逸。〔註279〕

3、「月亮人」

老子與孔子之人格特性，一偏陰柔一偏陽剛，有若月亮與太陽。老子云：「柔弱勝剛強」、〔註280〕「強大處下，柔弱處上。」〔註281〕蓋因一般之人喜愛逞強，而不知堅強之物因其彰顯外溢，以致暴露良久而無法持久；是以老

〔註274〕同註6，（晉）王弼著、（唐）陸德明釋文《老子道德經注・第四十九章》，頁30。

〔註275〕同註6，（晉）王弼著、（唐）陸德明釋文《老子道德經注・第五十五章》，頁33。

〔註276〕同註6，（晉）王弼著、（唐）陸德明釋文《老子道德經注・第二十章》，頁11。

〔註277〕同註6，（晉）王弼著、（唐）陸德明釋文《老子道德經注・第二十章》，頁11。

〔註278〕同註6，（晉）王弼著、（唐）陸德明釋文《老子道德經注・第二十一章》，頁12。

〔註279〕又如（六十五章）中老子所云：「古之善爲道者，非以明民，將以愚之。」此中之「愚」《王弼注》曰：「愚謂無知守眞，順自然也。」即是此意。同註6，（晉）王弼著、唐）陸德明釋文《老子道德經注・第六十五章》，頁40。

〔註280〕同註6，（晉）王弼著、（唐）陸德明釋文《老子道德經注・第三十六章》，頁21。

〔註281〕同註6，（晉）王弼著、（唐）陸德明釋文《老子道德經注・第七十六章》，頁45。

子認為看來柔弱之事物，卻因其含藏內斂，而更富韌性且持久。準此，柔弱亦可視為聖人潛藏與處世之功夫，不鋒芒畢露、不傷人、不放肆，是以「聖人方而不割，廉而不劌，直而不肆，光而不燿。」。〔註282〕

就「光而不燿」此諸「正言若反」之語言形式，老子亦嘗於〈第四十一章〉中云：「明道若昧，進道若退，夷道若纇，上德若谷，大白若辱，廣德若不足，建德若偷，質真若渝，大方無隅，大器晚成，大音希聲，大象無形，道隱無名。」〔註283〕與〈第二十八章〉云：「知其雄，守其雌，……。知其白，守其黑，……。知其榮，守其辱，……」〔註284〕等語，顯現老子強調「若」之更勝於「實」、「昧」之更強於「燿」。

又老子於〈第十五章〉云：「古之善為士者，微妙玄通，深不可識。」、〔註285〕〈第三十六章〉云：「將欲歙之，必固張之。將欲弱之，必固強之。將欲廢之，必固興之。將欲奪之，必固與之。是謂微明。」〔註286〕強調出「微」之重要性。其「微」之特性便在於「微妙而不易察覺」；老子希冀人柔弱、處下，要人「若退」、「若昧」，以此表現於行為舉止中，便不會過於彰顯而自我膨脹、甚而自取滅亡。是以老子所希冀吾人者為一陰柔、內斂而不光燿的人格理想與人生態度，此柔和而靜謐，就如懸在夜空中之月亮一般，雖發出光亮，卻不刺眼耀人。

4、「心靈自由人」

面對當時盜賊、飢餓、暴亂、欺詐等之社會現實問題，老子認為之所以會產生之原由，皆在於統治階級之宰制所造成；而之所以會出現宰制，則在於吾人之主體慾望作祟之後果；由於統治階級之私欲宰制造成社會失序難安，是以面對當時動亂與爭利之社會中，人心所渴求者惟自由解放而非仁義規範。然而，對於老子而言，惟有人心真正返回於道，以及道所分予人之自發之德，始能使人得到真正之自由解放。〔註287〕

〔註282〕同註6，（晉）王弼著、（唐）陸德明釋文《老子道德經注‧第五十八章》，頁36。
〔註283〕同註6，（晉）王弼著、（唐）陸德明釋文《老子道德經注‧第四十一章》，頁26。
〔註284〕同註6，（晉）王弼著、（唐）陸德明釋文《老子道德經注‧第二十八章》，頁16。
〔註285〕同註6，（晉）王弼著、（唐）陸德明釋文《老子道德經注‧第十五章》，頁8。
〔註286〕同註6，（晉）王弼著、（唐）陸德明釋文《老子道德經注‧第三十六章》，頁20～21。
〔註287〕沈清松撰〈老子的批判哲學〉，《東吳哲學》復刊第1期，頁17，臺北市：私立東吳大學，1992年3月。

老子《道德經》與《論語》教育思想之比較

　　老子針對宰制之猖獗與主體之封限，企圖以減損人為之方式與精神上之淨化，而達到超越自我與世俗限制之境地。是以老子力倡「無欲」以透破世俗名利束縛，棄絕各種私欲，傾心大道並契而應之，使身心自人文觀念與現象「枷鎖」中，獲得徹底解放，而邁向灑脫與自如；〔註288〕換而言之，老子係以其精神縱橫馳騁、靈性自由遨翔於空靈之境，而達到其生命之極致。是以由此可知，老子之重視個體存在與個體成全，確實超乎於同時代之其他思想家。

　　此外，老子於〈第四十四章〉中云：「名與身孰親？身與貨孰多？得與亡孰病？是故甚愛必大費，多藏必厚亡。知足不辱，知止不殆，可以長久。」〔註289〕此中顯示老子排斥「名」而贊成「無名」，獨特超俗而不為名所桎梏之人格特點，試想：古今有多少人至死不悟，一生追逐虛名而渾然不知自己困於虛名之牢籠中無以自拔？正因老子看清「名」之假象，看到吾人追逐虛名必將喪失自己本性，是以他要人反求自身，務使自我不為虛名所膨脹而遠離真實自我，惟吾人不為名利之所牽絆，人心方能海闊天空，得到真正之自由解脫。

　　綜而論之，吾人就老子心中「善為道者」所展開之「太空人」、「真人」、「月亮人」與「心靈自由人」等諸性格探討後，可以察覺到：「太空人」之境界在於超越現時之時空以調和消融現實觀念之差異；「真人」之境界在以「如嬰兒之未孩」〔註290〕與「愚人之心」〔註291〕回復本性之最原始樸素；「月亮人」之境界在以陰柔、內斂之人格理想、態度使吾人生命更富韌性與持久；「心靈自由人」則求人之精神縱橫馳騁、靈性自由遨翔於空靈之境，而達到其生命之極致。是以，老子重視個體心靈之自由與超越，並期望藉由陰柔、內斂之人格理想、態度之養成，使吾人回復本性之最原始樸素，更使生命更富於韌性與持久。而此一看法，亦即老子心中之人生觀矣。

（二）老子《道德經》之世界觀

　　若就老子《道德經》全書觀看，老子《道德經》全書中並未見任何一「世界」或「宇宙」之詞句，如果吾人就此定論《道德經》無世界觀抑或宇宙觀，

〔註288〕王新春撰〈老子的人道理念——反璞歸真〉，《中國文化月刊》第193期，p35，臺中市：中國文化月刊雜誌社，1996年1月。
〔註289〕同註6，（晉）王弼著、（唐）陸德明釋文《老子道德經注・第四十四章》，頁28。
〔註290〕同註6，（晉）王弼著、（唐）陸德明釋文《老子道德經注・第二十章》，頁11。
〔註291〕同註6，（晉）王弼著、（唐）陸德明釋文《老子道德經注・第二十章》，頁11。

那麼顯然忽略了整個老子哲學之特色中所蘊含豐富之世界觀與宇宙觀。而則又如何探討老子之世界觀？抑或從何探討其世界觀？當非僅就老子《道德經》書中一、二章句即行發揮、闡釋便遽予概觀論斷，此種勢將更使先秦的老子思想離吾人心靈更遠更緲，是以惟有回歸老子《道德經》全書中，採取更多章句予以分析、比較進而批判，方能有效探尋出更貼近之老子《道德經》世界觀。

劉福增先生對於老子之世界觀有如是看法：

（1）正如同「世界」一詞在《道德經》中沒有出現，「宇宙」一詞也沒有。但是，在老子哲學中無疑的有他具特色的，內容豐富的世界觀和宇宙觀的。

（2）老子的世界觀和宇宙觀可以說是由他的道觀、天地觀、萬物觀和人間觀合成或組成的。因此，講述他的宇宙觀最好從這些諸觀講起。

（3）我的一個重要的看法是，老子的道、天地、萬物、人間是一宇宙的。也就是這些都是在同一個宇宙，而不是分屬不同的宇宙。所謂一宇宙，不但指道、天地、萬物、人間是屬一個宇宙，而且更重要的是這些，基本的，都受相同的原理支配，依相同的原理生成，即基本的是依道的原理在生成。〔註292〕

誠然，就所謂之「世界」而言，不僅包含「人間」，亦包含有「天地」、「萬物」以及諸等之所以存在此一世界之「道（理）」等，是以雖《道德經》並未明言「世界」、「宇宙」若何，而則對於《道德經》之世界觀探討，當如劉福增先生所云，需先分就老子《道德經》之「萬物觀」、「天地觀」、「人間觀」和「道觀」等探討之，而後方能對能了解共同探老子《道德經》之世界觀，有一較廣泛之了解。

1、老子《道德經》之萬物觀

老子《道德經》全書中直接提及「萬物」一詞者，有如下章句：

（1）〈第一章〉：「有、名萬物之母。」〔註293〕

（2）〈第二章〉：「萬物作焉而不辭。」〔註294〕

〔註292〕同註45，劉福增著《老子哲學新論》，頁400～454。另，下文中對於《道德經》之世界觀探討，亦摘取劉增福先生之內容爲依據探討之，但部份內容或依筆者之了解而修改，不完全依劉先生之看法。

〔註293〕同註6，（晉）王弼著、（唐）陸德明釋文《老子道德經注・第一章》，頁1。

（3）〈第四章〉：「淵兮似萬物之宗。」〔註295〕

（4）〈第五章〉：「天地不仁，以萬物為芻狗。」〔註296〕

（5）〈第八章〉：「水善利萬物而不爭。」〔註297〕

（6）〈第十六章〉：「萬物並作，吾以觀復。」〔註298〕

（7）〈第三十二章〉：「侯王若能守之，萬物將自賓。」〔註299〕

（8）〈第三十四章〉：「大道氾兮，……。萬物恃之而生而不辭，……，衣養萬物而不為主。……；萬物歸焉而不為主。」〔註300〕

（9）〈第三十七章〉：「侯王若能守之，萬物將自化。」〔註301〕

（10）〈第三十九章〉：「萬物得一以生，……萬物無以生將恐滅，……」〔註302〕

（11）〈第四十章〉：「天下萬物生於有，有生於無。」〔註303〕

（12）〈第四十二章〉：「道生一，一生二，二生三，三生萬物。萬物負陰而抱陽。」〔註304〕

（13）〈第五十一章〉：「是以萬物莫不尊道而貴德。」〔註305〕

（14）〈第六十二章〉：「道者萬物之奧。」〔註306〕

（15）〈第六十四章〉：「以輔萬物之自然，而不敢為。」〔註307〕

（16）〈第七十六章〉：「萬物草木之生也柔脆，其死也枯槁。」〔註308〕

就以上諸章句而言，老子所有稱指之萬物，〔註309〕與吾人一般平常所說

〔註294〕同註6，（晉）王弼著、（唐）陸德明釋文《老子道德經注·第二章》，頁2。

〔註295〕同註6，（晉）王弼著、（唐）陸德明釋文《老子道德經注·第四章》，頁3。

〔註296〕同註6，（晉）王弼著、（唐）陸德明釋文《老子道德經注·第五章》，頁3。

〔註297〕同註6，（晉）王弼著、（唐）陸德明釋文《老子道德經注·第八章》，頁4。

〔註298〕同註6，（晉）王弼著、（唐）陸德明釋文《老子道德經注·第十六章》，頁9。

〔註299〕同註6，（晉）王弼著、（唐）陸德明釋文《老子道德經注·第三十二章》，頁18。

〔註300〕同註6，（晉）王弼著、（唐）陸德明釋文《老子道德經注·第三十四章》，頁20。

〔註301〕同註6，（晉）王弼著、（唐）陸德明釋文《老子道德經注·第三十七章》，頁21。

〔註302〕同註6，（晉）王弼著、（唐）陸德明釋文《老子道德經注·第三十九章》，頁25。

〔註303〕同註6，（晉）王弼著、（唐）陸德明釋文《老子道德經注·第四十章》，頁25。

〔註304〕同註6，（晉）王弼著、（唐）陸德明釋文《老子道德經注·第四十二章》，頁26。

〔註305〕同註6，（晉）王弼著、（唐）陸德明釋文《老子道德經注·第五十一章》，頁31。

〔註306〕同註6，（晉）王弼著、（唐）陸德明釋文《老子道德經注·第六十二章》，頁38。

〔註307〕同註6，（晉）王弼著、（唐）陸德明釋文《老子道德經注·第六十四章》，頁39。

〔註308〕同註6，（晉）王弼著、（唐）陸德明釋文《老子道德經注·第七十六章》，頁45。

〔註309〕《道德經》書中萬物諸如：「貨」（〈第三章〉）、「芻狗」（〈第五章〉）、「水」（〈第八章〉）、「金玉」（〈第九章〉）、「車」（〈第十一章〉）、「戶牖」（〈第十一章〉）……

之萬物並無不同，凡舉目所見自然界之一切事事物物，舉凡草木花果、鳥獸蟲鱗、江河海洋、風雨雷電、日月星辰、車馬船翼、飲食財貨、五行八卦……種種諸等不勝枚舉之事物皆是萬物，是以《道德經》書中所稱指之萬物並無與他人殊異之特殊處。

　　而則，就老子眼中世界之萬物如何生成，以及萬物之如何運行，實有其獨特之處。首就萬物之生成而言，老子於〈第四十章〉有云：「天下萬物生於有，有生於無。」〔註310〕而吾人基於《道德經・第一章》即云：「無、名天地之始；有、名萬物之母。」〔註311〕是以吾人得以知曉老子認為天下之萬物生於有、而有生於無，此意即部分萬物直接由道所生（如：草木、星辰），而部分萬物則由道所生之萬物所再生（間接所生，如：桌子係由木材所構成、房子係由各種建材所構成）。而老子於〈第四十二章〉所云之：「道生一，一生二，二生三，三生萬物。」〔註312〕亦顯示出萬物由道直接或間接所生，且其生成過程係由簡單而複雜。

　　其次，就道直接或間接生成萬物之不同層面生成變化而言，老子於〈第五十一章〉有云：

　　　　道生之，德畜之，物形之，勢成之。是以萬物莫不尊道而貴德。道之尊，德之貴，夫莫之命而常自然。故道生之，德畜之，長之育之，亭之毒之，養之覆之。生而不有，為而不恃，長而不宰。是謂玄德。

　　　　〔註313〕

此中，馮友蘭先生如是看法：

　　　　老子認為，萬物的形成和發展，有四個階段。首先，萬物都由道所構成，依靠道才能生出來（「道生之」）。其次，生出來以後，萬物各得到自己的本性，依靠自己的本性以維持自己的存在（「德畜之」）。有了自己的本性以後，在有一定的形體，才能成為物（「物形之」）。最後，物的形成和發展還要受周遭環境的培養和限制（「勢成之」）。在這些階段中，道和德是基本的。沒有道，萬物無所從出；沒有德，

　　　　等，均為萬物之一般例子且均非特別重要者。

〔註310〕同註6，（晉）王弼著、（唐）陸德明釋文《老子道德經注・第四十章》，頁25。
〔註311〕同註6，（晉）王弼著、（唐）陸德明釋文《老子道德經注・第一章》，頁1。
〔註312〕同註6，（晉）王弼著、（唐）陸德明釋文《老子道德經注・第四十二章》，頁26。
〔註313〕同註6，（晉）王弼著、（唐）陸德明釋文《老子道德經注・第五十一章》，頁31～32。

萬物就沒有了自己的本性；所以說：「萬物莫不尊道而貴德」。但是，道生長萬物，是自然而然如此；萬物依靠道長生和變化，也是自然如此的；這就是說並沒有什麼主宰他們如此，所以說：「莫之命而常自然」。……因為道不是有意識，有目的地創造萬物，所以老子又說：「生而不有，為而不恃，長而不宰」。就是說，道生長了萬物，卻不以萬物為己有；道使萬物形成，卻不自己以為有功；道是萬物的首長，卻不以自己為萬物的主宰。這些論點表明，萬物的形成和變化不是受超自然的意志支配的。〔註314〕

馮友蘭先生此種看法，有幾點需探討：

（1）就「道生之」而言，馮友蘭先生認為「萬物都由道所構成」似乎表示萬物均「直接」由道所生成，而前面吾人探討過「桌子」、「房子」皆由「木材」、「建材（鋼筋混擬土等）」所輾轉而成，此不可能由道所直接生成。是以「道生之」當視為部分萬物直接由道所生，而部分萬物則由道所生之萬物所再生。此意即：「萬物都直接或間接由道所生成。」

（2）馮友蘭先生認為「道生之，德畜之，物形之，勢成之。」〔註315〕係表明萬物之形成和發展分為「道生」→「德畜」→「物形」→「勢成」四個「階段」，此論點顯然將自然界萬物生成變化予以逐一分割區別，而則現實環境中萬物之生成變化並非如此。「道」生成萬物、與「德」畜養萬物二者在位階上確有不同，一者或可謂形而上、一者則當轉至形而下，而則二種位階層次當可同時發生變化而並行不悖，並非一定要「道先生」方能「德後畜」。而「物形之，勢成之」二者則皆發生於現象界，乃同一邏輯語言之不同說法，此以表現萬物生成時內在、外在所示生物性、物理性之生成變化，此變化不僅可同時發生，亦可與「道生之」、「德畜之」二位階同時作用而無疑。是以就「道生之，德畜之，物形之，勢成之。」等四句，吾人當以「道生」、「德畜」與「物形、勢成」三位階層面觀之，而非以「道生」→「德畜」→「物形」→「勢成」四階段來看待之。

（3）在本文第二章中吾人曾探討及「老子之道的道」意義所在，就老子之看法，其「道」係「自然而然」，是以與馮友蘭先生所云之：「道不是有意

〔註314〕見同註45，劉福增著《老子哲學新論》，頁404，此為劉福增先生引馮友蘭先生所言。

〔註315〕同註6，（晉）王弼著、（唐）陸德明釋文《老子道德經注·第五十一章》，頁31。

識，有目的地創造萬物」看法相同，亦即「道」係「無意思、意志力」。而老子於此〈第五十一章〉所云：「萬物莫不尊道而貴德」，則「萬物」顯因「尊崇」道、「珍貴」德而具「有意思、意志力」之意義存在。此中顯然老子並未將「無意思、意志力」的「道」產生（直接或間接）「有意思、意志力」的「萬物」之謬思有所說明，而致形成「道成養──不宰──萬物尊崇」之萬物觀。

是以就以上萬物生成而言，吾人可知萬物由道直接或間接所生成，而萬物生成於「道生」、「德畜」與「物形、勢成」三位階、層面之變化中；老子之萬物觀即在「道成養──不宰──萬物尊崇」中。

最後，就萬物生成後如何運行來看，老子於〈第十六章〉中提及：

> 致虛極，守靜篤。萬物並作，吾以觀復。夫物芸芸，各復歸其根。歸根曰靜，是謂復命。復命曰常，知常曰明。不知常，妄作凶。〔註316〕

此中雖強調吾人之修身功夫，而亦顯然說明了萬物生成以後之發展狀態。吾人「極」、「篤」的「致虛」、「守靜」，目的顯然在「知（明）」吾人所「觀」之「萬物並作」與「各歸其根」之「復（命）」發展狀態，以達到「不妄作」而「避凶」之成果。

就「復」而言，顯現生成發展之萬物，是在不斷變化運轉狀態中。而則就萬物之「歸根」而言：若將「根」詮解為「道」，則萬物勢必終究回歸道中，而此當形成一封閉之宇宙，那麼封閉之宇宙決無法產生由萬物所生成之萬物（亦即間接由道所生之萬物），如此則決無法形成「夫物芸芸」之娑婆世界；而若將「根」詮解為「根本」，則萬物復歸其恆常之根本，則萬物可回歸其道、或其德、或其他之根本，則形成一開放之宇宙，當可形成玄妙無比之芸芸眾生與世界。是以，就老子，萬物於生成之後，便在不斷地歸其根本中與變化之運轉狀態中，不斷地發展著。

2、老子《道德經》之天地觀

就老子《道德經》書中之天地觀而論，主要依據「天」、「地」和「天地」等之重要觀念或詞句加以討論，而與此諸等有所關聯者，則為「天下」一詞。為便釐析，吾人當先就《道德經》書中具「天下」一詞之章句，及此章句中「天下」一詞之意義加以臚列如下：

（1）〈第二章〉云：「天下皆知美之為美，斯惡已。皆知善之為善，斯不

〔註316〕同註6，（晉）王弼著、（唐）陸德明釋文《老子道德經注‧第十六章》，頁9。

善已。」〔註317〕此中「天下」一詞當作「人間世」或「世人」之解，且此「天下」於章句中可有可無。

（2）〈第十三章〉云：「故貴以身爲天下，若可寄天下；愛以身爲天下，若可託天下。」〔註318〕此中「天下」一詞當作「邦域」之解。

（3）〈第二十二章〉云：「是以聖人抱一爲天下式。……。夫惟不爭，故天下莫能與之爭。」〔註319〕「天下」一詞當作「人間世」或「世人」之解，且此「天下」於章句中亦可有可無。

（4）〈第二十五章〉云：「有物混成，先天地生。寂兮寥兮，獨立不改，周行而不殆，可以爲天下母。」〔註320〕此中「天下」一詞當作廣義之「世界」解，而此「世界」含攝此「宇宙」、此所有諸人.事.物之「世界」、「人間世」、「世人」或特定政治意涵之「邦域」等諸義，以下凡作「世界」解者亦同此亦。

（5）〈第二十六章〉云：「奈何萬乘之主，而以身輕天下？輕則失本，躁則失君。」〔註321〕此中「天下」一詞當作「邦域」之解。

（6）〈第二十八章〉云：「知其雄，守其雌，爲天下谿。……。知其白，守其黑，爲天下式。……。知其榮，守其辱，爲天下谷。」〔註322〕此中「天下」一詞亦當作一廣義之「世界」解。

（7）〈第二十九章〉云：「將欲取天下而爲之，吾見其不得已。天下神器，不可爲也。」〔註323〕此中「天下」一詞亦當作廣義之「世界」解。

（8）〈第三十章〉云：「以道佐人主者，不以兵強天下。」〔註324〕此中「天下」一詞亦當爲廣義之「世界」解，且此「天下」一詞於章句中亦可有可無。

（9）〈第三十一章〉云：「夫樂殺人者，則不可得志於天下矣。」〔註325〕此中「天下」一詞亦當作一廣義之「世界」解，且「天下」一詞於章句中亦可有可無。

〔註317〕同註6，（晉）王弼著、（唐）陸德明釋文《老子道德經注‧第二章》，頁1。
〔註318〕同註6，（晉）王弼著、（唐）陸德明釋文《老子道德經注‧第十三章》，頁7。
〔註319〕同註6，（晉）王弼著、（唐）陸德明釋文《老子道德經注‧第二十二章》，頁12。
〔註320〕同註6，（晉）王弼著、（唐）陸德明釋文《老子道德經注‧第二十五章》，頁14。
〔註321〕同註6，（晉）王弼著、（唐）陸德明釋文《老子道德經注‧第二十六章》，頁15。
〔註322〕同註6，（晉）王弼著、（唐）陸德明釋文《老子道德經注‧第二十八章》，頁16。
〔註323〕同註6，（晉）王弼著、（唐）陸德明釋文《老子道德經注‧第二十九章》，頁17。
〔註324〕同註6，（晉）王弼著、（唐）陸德明釋文《老子道德經注‧第三十章》，頁17。
〔註325〕同註6，（晉）王弼著、（唐）陸德明釋文《老子道德經注‧第三十一章》，頁18。

（10）〈第三十二章〉云：「道常無名，樸雖小，天下莫能臣也。」〔註326〕此中「天下」一詞可作「宇宙」、「世界」、「人間世」、「世人」或「邦域」等解，且「天下」一詞於章句中亦可有可無。

（11）〈第三十二章〉云：「譬道之在天下，猶川谷之與江海。」〔註327〕此中「天下」一詞亦當作廣義之「世界」解。

（12）〈第三十五章〉云：「執大象，天下往。往而不害，安平太。」〔註328〕此中「天下」一詞亦應當一廣義之「世界」解。

（13）〈第三十七章〉云：「不欲以靜，天下將自定。」〔註329〕此中「天下」一詞亦當作一廣義之「世界」解，且「天下」一詞於章句中亦可有可無。

（14）〈第三十九章〉云：「侯王得一以為天下貞。」〔註330〕此中「天下」一詞亦應當作一廣義之「世界」解。

（15）〈第四十章〉云：「天下萬物生於有，有生於無。」〔註331〕此中「天下」一詞當作「宇宙」之解，而「萬物」本就在「天下（宇宙）」中，是以「天下」一詞可謂多餘。

（16）〈第四十三章〉云：「天下之至柔，馳騁天下之至堅。……不言之教，無為之益，天下希及之。」〔註332〕此中「天下」可作「宇宙」、「世界」、「人間世」、「世人」或「邦域」等解，且此「天下」一詞於章句中亦可有可無。

（17）〈第四十五章〉云：「清靜為天下正。」〔註333〕此中「天下」一詞當作廣義之「世界」解。

（18）〈第四十六章〉云：「天下有道，卻走馬以糞；天下無道，戎馬生於郊。」〔註334〕此中「天下」一詞亦作一廣義之「世界」解，且「天下」於章句中亦可有可無。

（19）〈第四十七章〉云：「不出戶，知天下。」〔註335〕此中「天下」一

〔註326〕同註6，（晉）王弼著、（唐）陸德明釋文《老子道德經注・第三十二章》，頁18。
〔註327〕同註6，（晉）王弼著、（唐）陸德明釋文《老子道德經注・第三十二章》，頁19。
〔註328〕同註6，（晉）王弼著、（唐）陸德明釋文《老子道德經注・第三十五章》，頁20。
〔註329〕同註6，（晉）王弼著、（唐）陸德明釋文《老子道德經注・第三十七章》，頁21。
〔註330〕同註6，（晉）王弼著、（唐）陸德明釋文《老子道德經注・第三十九章》，頁25。
〔註331〕同註6，（晉）王弼著、（唐）陸德明釋文《老子道德經注・第四十章》，頁25。
〔註332〕同註6，（晉）王弼著、（唐）陸德明釋文《老子道德經注・第四十三章》，頁27。
〔註333〕同註6，（晉）王弼著、（唐）陸德明釋文《老子道德經注・第四十五章》，頁28。
〔註334〕同註6，（晉）王弼著、（唐）陸德明釋文《老子道德經注・第四十六章》，頁28。
〔註335〕同註6，（晉）王弼著、（唐）陸德明釋文《老子道德經注・第四十七章》，頁29。

詞亦當一廣義之「世界」解。

（20）〈第四十八章〉云：「取天下常以無事，及其有事，不足以取天下。」
〔註336〕此中「天下」一詞亦作一廣義之「世界」解。

（21）〈第四十九章〉云：「聖人在天下，歙歙爲天下渾其心。聖人皆孩
之。」〔註337〕此中「天下」一詞亦當一廣義之「世界」解。

（22）〈第五十二章〉云：「天下有始，以爲天下母。」〔註338〕此中「天
下」一詞亦當爲一廣義之「世界」解。

（23）〈第五十四章〉云：「修之於天下，其德乃普。……，以天下觀天
下。吾何以知天下然哉？以此。」〔註339〕此中「天下」一詞亦當作廣義之「世
界」解。

（24）〈第五十六章〉云：「故爲天下貴。」〔註340〕此中「天下」一詞亦
當作廣義之「世界」解。

（25）〈第五十七章〉云：「以正治國，以奇用兵，以無事取天下。……
天下多忌諱，而民彌貧。」〔註341〕此中「天下」一詞亦作廣義之「世界」解。

（26）〈第六十章〉云：「以道莅天下，其鬼不神。」〔註342〕此中「天下」
一詞亦作廣義之「世界」解。

（27）〈第六十一章〉云：「大國者下流，天下之交。天下之牝，牝常以
靜勝牡，以靜爲下。」〔註343〕此中「天下」一詞亦當一廣義之「世界」解。

（28）〈第六十二章〉云：「故爲天下貴。」〔註344〕此中「天下」一詞亦
當作一廣義之「世界」解。

（29）〈第六十三章〉云：「天下難事，必作於易；天下大事，必作於細。」
〔註345〕此中「天下」一詞亦當作廣義之「世界」解，且「天下」於章句中亦

〔註336〕同註6，（晉）王弼著、（唐）陸德明釋文《老子道德經注·第四十八章》，頁29。
〔註337〕同註6，（晉）王弼著、（唐）陸德明釋文《老子道德經注·第四十九章》，頁30。
〔註338〕同註6，（晉）王弼著、（唐）陸德明釋文《老子道德經注·第五十二章》，頁32。
〔註339〕同註6，（晉）王弼著、（唐）陸德明釋文《老子道德經注·第五十四章》，頁33。
〔註340〕同註6，（晉）王弼著、（唐）陸德明釋文《老子道德經注·第五十六章》，頁34。
〔註341〕同註6，（晉）王弼著、（唐）陸德明釋文《老子道德經注·第五十七章》，頁34～
35。
〔註342〕同註6，（晉）王弼著、（唐）陸德明釋文《老子道德經注·第六十章》，頁36～37。
〔註343〕同註6，（晉）王弼著、（唐）陸德明釋文《老子道德經注·第六十一章》，頁37。
〔註344〕同註6，（晉）王弼著、（唐）陸德明釋文《老子道德經注·第六十二章》，頁38。
〔註345〕同註6，（晉）王弼著、（唐）陸德明釋文《老子道德經注·第六十三章》，頁38。

可有可無。

（30）〈第六十六章〉云：「是以天下樂推而不厭。以其不爭，故天下莫能與之爭。」〔註346〕「天下」一詞亦當爲廣義之「世界」解，且「天下」一詞亦可有可無。

（31）〈第六十七章〉云：「天下皆謂我道大。……三曰不敢爲天下先。……不敢爲天下先，故能成器長。」〔註347〕此中「天下」一詞亦當爲一廣義之「世界」解，且此「天下」於章句中亦可有可無。

（32）〈第七十章〉云：「天下莫能知，莫能行。」〔註348〕此中「天下」亦作一廣義之「世界」解，且此「天下」一詞於章句中亦可有可無。

（33）〈第七十七章〉云：「孰能有餘以奉天下？唯有道者。」〔註349〕此中「天下」一詞亦當作廣義之「世界」解。

（34）〈第七十八章〉云：「天下莫柔弱於水。……天下莫不知，莫能行。……受國不祥，是謂天下王。」〔註350〕此中「天下」一詞亦當作廣義之「世界」解，且「天下」一詞於章句中亦可有可無。

吾人就以上臚列章句綜合論之，則老子《道德經》全書中「天下」之定義與一般人對「天下」之定義並無差別：「天下」一詞，多數作爲一廣義之「世界」來解，此一概念含攝吾人所居知此「宇宙」；及此所有諸人、事、萬物之「世界」、「人間世」、「世人」或特定政治意涵之「邦域（國家）」等。另外，少數「天下」一詞則有特定專指爲「宇宙」、或「世界」、或「人間世」、「世人」或「邦域（國家）」之詮解。而由於《道德經》有些「天下」之詞句用法，類於吾人現今之「口頭禪」，是以部份「天下」之詞句於章句中當屬可有可無之用詞。

其次，扣除「天下」一詞後，吾人接續由「天」、「地」和「天地」等詞句，來探討老子的「天」之看法。如同筆者於第二章中就老子之思想背景探討所了解，老子之「天」之受人注目者，在其「天」之性格；一如前章中所錄陳鼓應先生之看法：

　　馮友蘭認爲，在中國文字中，「天」有五義：物質之天、主宰之天或意志之天、運命之天、自然之天，以及義理之天或道德之天。概括

〔註346〕同註6，（晉）王弼著、（唐）陸德明釋文《老子道德經注・第六十六章》，頁40。
〔註347〕同註6，（晉）王弼著、（唐）陸德明釋文《老子道德經注・第六十七章》，頁41。
〔註348〕同註6，（晉）王弼著、（唐）陸德明釋文《老子道德經注・第七十章》，頁42。
〔註349〕同註6，（晉）王弼著、（唐）陸德明釋文《老子道德經注・第七十七章》，頁45。
〔註350〕同註6，（晉）王弼著、（唐）陸德明釋文《老子道德經注・第七十八章》，頁46。

來說，老子的「天」是自然意義的，……「天」的概念，據古籍所
載，約源於殷周之際。從古籍的思想線索看，老子的自然之天可以
上溯於《易》與《詩》、《書》時期。《易經》有言：「飛龍在天」（〈乾
卦〉）、「有隕自天」（〈姤卦〉）；《尚書》「天乃雨，反風」（〈金藤〉）；
以及《詩經》「三星在天」（〈唐風・綢繆〉）、「迨天之未陰雨」（〈幽
風・鴟鴞〉）和「其飛戾天」（〈小雅・采芑〉）等，都是指自然之天。
老子的「天」，基本上是屬於「自然之天」。〔註351〕

徐復觀先生亦認為：

> 由宗教的墮落，而使天成為一自然的存在，這更與人智覺醒後的一
> 般常識相符。在《詩經》、《春秋》時代中，已露出了自然之天的端
> 倪。老子思想最大的貢獻之一，在於對此自然之天的生成、創造，
> 提供了新地、有系統的解釋。在這一解釋之下，才把古代原始宗教
> 的殘渣，滌蕩的一乾二淨；中國才出現了由合理思維所構成的形上
> 學的宇宙論。〔註352〕

依上述二人之看法，則老子之「天」當屬「自然之天」無疑。

　　而則，老子《道德經》書中之「天」若果全為「自然之天」，則其當皆無
意志可言，是邪？吾人先就《道德經》書中具單一「天」字之章句，加以分
別臚列如下：

　　（1）〈第九章〉云：「功遂身退，天之道。」〔註353〕

　　（2）〈第十六章〉云：「知常容，容乃公，公乃王，王乃天，天乃道，道

〔註351〕參見陳鼓應著《老莊新論》，頁111，臺北：五南圖書出版股份有限公司，2007
年2月三版一刷。又馮友蘭先生「天之五義」見其所著《中國哲學史（上冊）》
中提及：「在中國文字中，所謂天有五義：曰物質之天，即與地相對之天。曰
主宰之天，即所謂皇天上帝，有人格的天，帝。曰運命之天，乃指人生中吾
人所無奈何者，如孟子所謂"若夫成功則天也"之天是也。曰自然之天，乃
指自然之運行，如《荀子・天篇》所說天是也。曰義理之天，乃謂宇宙之最
高原理，如《中庸》所說"天命之為性"之天是也。《詩》、《書》、《左傳》、《國
語》中所謂之天，除指物質之天之外，似皆指主宰之天。《論語》中孔子所說
之天，亦皆主宰之天也。」參見馮友蘭著《中國哲學史（上冊）》，頁43，香
港：三聯書店有限公司，2000年2月香港第一版第三次印刷。

〔註352〕參見徐復觀著《中國人性論史——先秦篇》，頁325，臺北：臺灣商務印書館，
2003年10月初版第十三次印刷。

〔註353〕同註6，（晉）王弼著、（唐）陸德明釋文《老子道德經注・第九章》，頁5。

乃久。」〔註354〕

　　（3）〈第二十五章〉云：「故道大，天大，地大，王亦大。」〔註355〕

　　（4）〈第二十五章〉云：「人法地，地法天，天法道，道法自然。」〔註356〕

　　（5）〈第三十九章〉云：「天得一以清，地得一以寧。……天無以清將恐裂，地無以寧將恐發。」〔註357〕

　　（6）〈第四十七章〉云：「不出戶，知天下；不闚牖，見天道。」〔註358〕

　　（7）〈第五十九章〉云：「治人事天，莫若嗇。」〔註359〕

　　（8）〈第六十二章〉云：「故立天子，置三公。」〔註360〕

　　（9）〈第六十七章〉云：「天將救之，以慈衛之。」〔註361〕

　　（10）〈第六十八章〉云：「是謂配天之極。」〔註362〕

　　（11）〈第七十三章〉云：「天之所惡，孰知其故？……。天之道，不爭而善勝，……。天網恢恢，疏而不失。」〔註363〕

　　（12）〈第七十七章〉云：「天之道，其猶張弓與！……天之道，損有餘而補不足。」〔註364〕

　　（13）〈第七十九章〉云：「天道無親，常與善人。」〔註365〕

　　（14）〈第八十一章〉云：「天之道，利而不害。」〔註366〕

　　此中「天」能「功遂身退」、〔註367〕能「法道」、〔註368〕能「救之」、〔註369〕

〔註354〕同註6，（晉）王弼著、（唐）陸德明釋文《老子道德經注・第十六章》，頁9。

〔註355〕同註6，（晉）王弼著、（唐）陸德明釋文《老子道德經注・第二十五章》，頁14。

〔註356〕同註6，（晉）王弼著、（唐）陸德明釋文《老子道德經注・第二十五章》，頁14。

〔註357〕同註6，（晉）王弼著、（唐）陸德明釋文《老子道德經注・第三十九章》，頁24～25。

〔註358〕同註6，（晉）王弼著、（唐）陸德明釋文《老子道德經注・第四十七章》，頁29。

〔註359〕同註6，（晉）王弼著、（唐）陸德明釋文《老子道德經注・第五十九章》，頁36。

〔註360〕同註6，（晉）王弼著、（唐）陸德明釋文《老子道德經注・第六十二章》，頁38。

〔註361〕同註6，（晉）王弼著、（唐）陸德明釋文《老子道德經注・第六十七章》，頁41。

〔註362〕同註6，（晉）王弼著、（唐）陸德明釋文《老子道德經注・第六十八章》，頁41。

〔註363〕同註6，（晉）王弼著、（唐）陸德明釋文《老子道德經注・第七十三章》，頁43～44。

〔註364〕同註6，（晉）王弼著、（唐）陸德明釋文《老子道德經注・第七十七章》，頁45。

〔註365〕同註6，（晉）王弼著、（唐）陸德明釋文《老子道德經注・第七十九章》，頁46。

〔註366〕同註6，（晉）王弼著、（唐）陸德明釋文《老子道德經注・第八十一章》，頁47。

〔註367〕同註6，（晉）王弼著、（唐）陸德明釋文《老子道德經注・第九章》，頁5。

〔註368〕同註6，（晉）王弼著、（唐）陸德明釋文《老子道德經注・第二十五章》，頁14。

〔註369〕同註6，（晉）王弼著、（唐）陸德明釋文《老子道德經注・第六十七章》，頁41。

能「惡」、〔註370〕能「不爭而善勝」、〔註371〕能「損有餘而補不足」、〔註372〕能「常與善人」、〔註373〕能「利而不害」。〔註374〕老子之「天」既能爲諸事，那麼就老子而言，此種使用單一「天」字之「天」，必然爲意志之天，且兼具「主宰之天」（「天無以清將恐裂」〔註375〕）、「運命之天」（「天將救之」、〔註376〕「常與善人」〔註377〕）、「義理之天」（「天乃道」、〔註378〕「天法道」〔註379〕）等諸性格。

接著吾人就老子《道德經》書中具「天地」或「地」一詞之章句，加以臚列如下：

（1）〈第一章〉云：「無、名天地之始。」〔註380〕

（2）〈第五章〉云：「天地不仁，以萬物爲芻狗；……。天地之間，其猶橐籥乎！」〔註381〕

（3）〈第六章〉云：「玄牝之門，是謂天地根。」〔註382〕

（4）〈第七章〉云：「天長地久。天地所以能長且久者，以其不自生，故能長生。」〔註383〕

（5）〈第八章〉云：「居善地。」〔註384〕

（6）〈第二十三章〉云：「希言自然。故飄風不終朝，驟雨不終日。孰爲此者？天地。天地尚不能久，而況於人乎？」〔註385〕

（7）〈第二十五章〉云：「有物混成，先天地生。」〔註386〕

〔註370〕同註6，（晉）王弼著、（唐）陸德明釋文《老子道德經注‧第七十三章》，頁43。
〔註371〕同註6，（晉）王弼著、（唐）陸德明釋文《老子道德經注‧第七十三章》，頁43。
〔註372〕同註6，（晉）王弼著、（唐）陸德明釋文《老子道德經注‧第七十七章》，頁45。
〔註373〕同註6，（晉）王弼著、（唐）陸德明釋文《老子道德經注‧第七十九章》，頁46。
〔註374〕同註6，（晉）王弼著、（唐）陸德明釋文《老子道德經注‧第八十一章》，頁47。
〔註375〕同註6，（晉）王弼著、（唐）陸德明釋文《老子道德經注‧第三十九章》，頁25。
〔註376〕同註6，（晉）王弼著、（唐）陸德明釋文《老子道德經注‧第六十七章》，頁41。
〔註377〕同註6，（晉）王弼著、（唐）陸德明釋文《老子道德經注‧第七十九章》，頁46。
〔註378〕同註6，（晉）王弼著、（唐）陸德明釋文《老子道德經注‧第十六章》，頁9。
〔註379〕同註6，（晉）王弼著、（唐）陸德明釋文《老子道德經注‧第二十五章》，頁14。
〔註380〕同註6，（晉）王弼著、（唐）陸德明釋文《老子道德經注‧第一章》，頁1。
〔註381〕同註6，（晉）王弼著、（唐）陸德明釋文《老子道德經注‧第五章》，頁3。
〔註382〕同註6，（晉）王弼著、（唐）陸德明釋文《老子道德經注‧第六章》，頁4。
〔註383〕同註6，（晉）王弼著、（唐）陸德明釋文《老子道德經注‧第七章》，頁4。
〔註384〕同註6，（晉）王弼著、（唐）陸德明釋文《老子道德經注‧第八章》，頁4。
〔註385〕同註6，（晉）王弼著、（唐）陸德明釋文《老子道德經注‧第二十三章》，頁13。
〔註386〕同註6，（晉）王弼著、（唐）陸德明釋文《老子道德經注‧第二十五章》，頁14。

（8）〈第三十二章〉云：「天地相合，以降甘露，民莫之令而自均。」〔註387〕

（9）〈第五十章〉云：「人之生，動之死地，亦十有三。……以其無死地。」〔註388〕

此中單一「地」之章句，顯然即爲純然物質之概念，而「天地」一詞則顯示出「天」與「地」兩相渾然結合爲一體之自然界物質且長久存在之概念，是已就此部分而言，則《道德經》之「天」當有「物質之天」（「飄風」、〔註389〕「驟雨」、〔註390〕「甘露」〔註391〕）與「自然之天」（「不仁」、〔註392〕「能長且久」〔註393〕）之概念而不具意志性可言。

是以徐復觀先生所謂「老子之天」爲：「把古代原始宗教的殘渣，滌蕩的一乾二淨。」〔註394〕之言顯有不明之處。吾人僅能認爲老子試圖將古代「具意志的天」（「主宰」、「運命」、「義理」諸性格）轉變爲「無意志的天」（「物質」、「自然」性格），而則亦如吾人日常生活之口頭禪「天哪！」一般，老子當然未可能完全將天之概念「滌蕩的一乾二淨」矣。

總就老子之「天地觀」而言，由上列之探討可知，《道德經》書中之「天下」、「天地」、「天」、「地」等詞與一般吾人日常生活中所用者並無二致。其「天下」之一詞之概念並未有特別之含意、概念。其「天地」一詞或「地」單一字詞之概念，則屬不具意志性之「物質之天」與「自然之天」。而因其「天」之單一字詞具有意志性，且兼具「主宰之天」、「運命之天」與「義理之天」等諸性格。是以老子之「天」實具意志與非意志雙重性格，而僅不能單以「規律」、「法則」、「自然」等限制其意義，亦只能用其「老子的自然而然之天」來特指稱「老子的天」之概念。

另外，老子僅於〈第一章〉：「無、名天地之始；有、名萬物之母。」〔註395〕與〈第二十五章〉：「有物混成，先天地生。……可以爲天下母。」〔註396〕此二

〔註387〕同註6，（晉）王弼著、（唐）陸德明釋文《老子道德經注・第三十二章》，頁19。
〔註388〕同註6，（晉）王弼著、（唐）陸德明釋文《老子道德經注・第五十章》，頁30～31。
〔註389〕同註6，（晉）王弼著、（唐）陸德明釋文《老子道德經注・第二十三章》，頁13。
〔註390〕同註6，（晉）王弼著、（唐）陸德明釋文《老子道德經注・第二十三章》，頁13。
〔註391〕同註6，（晉）王弼著、（唐）陸德明釋文《老子道德經注・第三十二章》，頁19。
〔註392〕同註6，（晉）王弼著、（唐）陸德明釋文《老子道德經注・第五章》，頁3。
〔註393〕同註6，（晉）王弼著、（唐）陸德明釋文《老子道德經注・第七章》，頁4。
〔註394〕同註352，徐復觀著《中國人性論史──先秦篇》，頁325。
〔註395〕同註6，（晉）王弼著、（唐）陸德明釋文《老子道德經注・第一章》，頁1。
〔註396〕同註6，（晉）王弼著、（唐）陸德明釋文《老子道德經注・第二十五章》，頁14。

章中表明「道」不僅生「天地」且亦生「萬物」。由於老子只言「天地」可作「飄風」、〔註397〕「驟雨」、〔註398〕「降甘露」〔註399〕等事，而其所云：「道生一，一生二，二生三，三生萬物。」〔註400〕只表明萬物由道直接或間接所生，卻未表明「天地」可生「萬物」。），是以我們只能說，在老子心中「天地」、「萬物」都在老子的「世界」中而都由「道」所生（直接或間接），而「天地」、「萬物」兩者似乎並無隸屬關係，只能說「萬物」在此「天地」中吧！

3、老子《道德經》之人間觀

就「人間」而言，當然以「人」及其所居之「社會組織」為基本組成，是以此處探討老子《道德經》之人間觀便當以《道德經》書中對於「人」及「社會組織」之論述為其範圍而分別論之。

（1）老子之「人」

老子《道德經》全書中所論之「人」分為二類。一為具區別的明指之對象，如：「聖人」、「民」、「吾」、「嬰兒」、「士」、「百姓」、「忠臣」、「眾人」、「俗人」、「人」、「王」、「官長」、「人主」、「將軍」、「侯王」、「我」……等。另一則並未明指出對象，但大多為「聖人」（統治者）與一般「民」（被統治者）之意。

就老子概念中，理想之人格與理想統治者多以「聖人」一詞之概念表現，與此概念相當者則有「上善」、〔註401〕「善為士者」、〔註402〕「善人」、〔註403〕「君子」、〔註404〕「大丈夫」、〔註405〕「上士」〔註406〕等皆有「聖人」之意。除了「聖人」以外，《道德經》書中之一般統治者還有「王」、〔註407〕「太上」、〔註408〕「萬乘之主」、〔註409〕「人主」、〔註410〕「將軍」、〔註411〕「侯王」

〔註397〕同註6，（晉）王弼著、（唐）陸德明釋文《老子道德經注・第二十三章》，頁13。
〔註398〕同註6，（晉）王弼著、（唐）陸德明釋文《老子道德經注・第二十三章》，頁13。
〔註399〕同註6，（晉）王弼著、（唐）陸德明釋文《老子道德經注・第三十二章》，頁19。
〔註400〕同註6，（晉）王弼著、（唐）陸德明釋文《老子道德經注・第四十二章》，頁26。
〔註401〕同註6，（晉）王弼著、（唐）陸德明釋文《老子道德經注・第八章》，頁4。
〔註402〕同註6，（晉）王弼著、（唐）陸德明釋文《老子道德經注・第十五章》，頁8。
〔註403〕同註6，（晉）王弼著、（唐）陸德明釋文《老子道德經注・第二十七章》，頁16。
〔註404〕同註6，（晉）王弼著、（唐）陸德明釋文《老子道德經注・第三十一章》，頁18。
〔註405〕同註6，（晉）王弼著、（唐）陸德明釋文《老子道德經注・第三十八章》，頁23。
〔註406〕同註6，（晉）王弼著、（唐）陸德明釋文《老子道德經注・第四十一章》，頁26。
〔註407〕同註6，（晉）王弼著、（唐）陸德明釋文《老子道德經注・第十六章》，頁9。
〔註408〕同註6，（晉）王弼著、（唐）陸德明釋文《老子道德經注・第十七章》，頁9。
〔註409〕同註6，（晉）王弼著、（唐）陸德明釋文《老子道德經注・第二十六章》，頁15。

〔註412〕等稱呼。而與此相對之被統治者則爲「民」、〔註413〕「百姓」〔註414〕與「眾人」〔註415〕等詞。另外，老子書中亦有「眾人……我」之「我」與「眾人」〔註416〕兩兩相對性之人。

　　就老子《道德經》書中「聖人」之人格理想而言，吾人已於第二節就此論及聖人之內在修養與外在治國都達到「自然」、「寡欲」、「質樸」、「貴柔」、「主靜」、「無爲」、「絕智」等與「老子的道」諸性格相應之德行。那麼，是否老子皆希望人人皆達到此種「聖人」諸德行呢？劉福增先生對《道德經》論及人間之語句，有如是看法：

> 老子的講話有斷言和引言，但他的斷言，尤其是講人間的，大部分
> 是爲準備勸諭人，尤其是統治者，而講的。他講這些的基本方式是，
> （1）道是F（怎樣怎樣），（所以）人，尤其是聖人——理想的人或
> 理想的統治者——「應該」是F（怎樣怎樣）；（2）人（一般）是F
> （怎樣怎樣）（老子心目中不好的性格），（所以）人，尤其是聖人，
> 「應該」不F（不去怎樣怎樣）或「應該」G（對F的一種改正）。
> 〔註417〕

此種看法十分眞切，吾人回視老子《道德經》全書及吾人前文所探究，亦多此種斷言。而此一斷言形式既已因要求「聖人應當怎樣怎樣」與「聖人應當不去作一般人怎樣之不好德性」；那麼，老子語句中便似已顯露出「聖人」與「眾人」二分對立之矛盾，如是，則「聖人」顯成爲一理想人格，而非人人皆可達成。

　　吾人就老子於〈第二十五章〉所言道之楷式來看：「道大，天大，地大，王亦大。域中有四大，而王居其一焉。人法地，地法天，天法道，道法自然。」〔註418〕此中老子雖提出人（效法）→地（效法）→天（效法）→道（效法）→自然而然之楷式，而則老子在前既已明言「道」、「天」、「地」、「王」爲此

〔註410〕同註6，（晉）王弼著、（唐）陸德明釋文《老子道德經注・第三十章》，頁17。
〔註411〕同註6，（晉）王弼著、（唐）陸德明釋文《老子道德經注・第三十一章》，頁18。
〔註412〕同註6，（晉）王弼著、（唐）陸德明釋文《老子道德經注・第三十二章》，頁18。
〔註413〕同註6，（晉）王弼著、（唐）陸德明釋文《老子道德經注・第三章》，頁2。
〔註414〕同註6，（晉）王弼著、（唐）陸德明釋文《老子道德經注・第五章》，頁3。
〔註415〕同註6，（晉）王弼著、（唐）陸德明釋文《老子道德經注・第八章》，頁4。
〔註416〕同註6，（晉）王弼著、（唐）陸德明釋文《老子道德經注・第二十章》，頁11。
〔註417〕同註45，劉福增著《老子哲學新論》，頁421。
〔註418〕同註6，（晉）王弼著、（唐）陸德明釋文《老子道德經注・第二十五章》，頁14。

世界之四大，那麼此中之「人」當指「王」、「聖人」，而仍是「理想之統治者」
而並非一般之俗人、眾人。是以「道」之境界於此顯然惟有「聖人」方得效
法、成就之。

再就老子在〈第二十章〉所云：

> 眾人熙熙，如享太牢，如春登臺。我獨泊兮其未兆，如嬰兒之未孩。
> 儽儽兮若無所歸。眾人皆有餘，而我獨若遺。我愚人之心也哉，沌
> 沌兮！俗人昭昭，我獨昏昏。俗人察察，我獨悶悶。澹兮其若海，
> 飂兮若無止。眾人皆有以，而我獨頑似鄙。我獨異於人，而貴食母。

〔註 419〕

吾人意謂：「眾人熙熙攘攘，如同享受太牢之盛宴，如同春天之登台遠眺；只
有我自己淡泊寧靜呀，沒有任何欲求的表現，就如同嬰兒未能嘻笑；懶懶散
散的，就如同沒有去處一般。眾人皆自得自滿，而我卻似不足；我如同愚人
之心一般，渾渾沌沌的。眾人皆昭彰顯著，而我卻獨自昏暗不明。眾人明辨
分別，而我卻悶頭悶腦；淡泊沉靜有如大海一般，飄逸飛揚而無止境。眾人
皆有才能之用，而我卻獨愚笨而鄙陋。我獨異於眾人，而珍貴著生養萬物的
道。」此中亦仍是透露出老子欲以一「理想之我」而對比於「一般之眾人」，
那麼也並非人人皆能成爲「理想之人」。

是以，就老子《道德經》全書來看，雖老子道出其心目中理想之人格修
養標準爲何，而則此終究仍是「理想」，就落實於一般吾人眾人之實踐方法上，
則仍似乎有所欠缺而未言明。

（2）老子之「社會組織」

老子《道德經》書中用以表示「社會組織」之用詞，計有：「師」、〔註 420〕
「軍」、〔註 421〕「朝」、〔註 422〕「家」、〔註 423〕「鄉」、〔註 424〕「邦」〔註 425〕
等僅出現於一章者；及「國」、「國家」等較常出現之名詞。

就〈第三十章〉中老子所云：「師之所處，荊棘生焉。大軍之後，必有凶

〔註 419〕同註 6，（晉）王弼著、（唐）陸德明釋文《老子道德經注・第二十章》，頁 11。
〔註 420〕同註 6，（晉）王弼著、（唐）陸德明釋文《老子道德經注・第三十章》，頁 17。
〔註 421〕同註 6，（晉）王弼著、（唐）陸德明釋文《老子道德經注・第三十章》，頁 17。
〔註 422〕同註 6，（晉）王弼著、（唐）陸德明釋文《老子道德經注・第五十三章》，頁 32。
〔註 423〕同註 6，（晉）王弼著、（唐）陸德明釋文《老子道德經注・第五十四章》，頁 33。
〔註 424〕同註 6，（晉）王弼著、（唐）陸德明釋文《老子道德經注・第五十四章》，頁 33。
〔註 425〕同註 6，（晉）王弼著、（唐）陸德明釋文《老子道德經注・第五十四章》，頁 33。

年。」〔註426〕此中「師」、「軍」雖具社會組織意義，但顯然爲一具負面意義
（「荊棘生焉」、「必有凶年」）之社會組織。〈第五十三章〉所云：「朝甚除，
田甚蕪，倉甚虛」〔註427〕中之「朝」亦表現出「朝廷」很敗亂之意。而〈第
五十四章〉所云：「修之於身，……；修之於家，……；修之於鄉，……；修
之於國，……；修之於天下，……。故以身觀身，以家觀家，以鄉觀鄉，以
國觀國，以天下觀天下。」〔註428〕之「家」、「鄉」、「邦」則爲層遞對比之詞
句，似乎未有特別說明。是以，吾人認爲在此無須探討此一類種僅出現於一
章者之「社會組織」，而當以「國」、「國家」等較常出現之名詞來探討。

　　老子《道德經》對「國家（邦、國）」一概念的探討，主要仍在聖人（理
想統治者）如何治國，以及國與國如何相待之概念上。就「聖人如何治國」
上，吾人已於前文及上一節「聖人外在治國良方」乙項探討中，得知聖人之
治國標準當爲「自然」、「寡欲」、「質樸」、「貴柔」、「主靜」、「無爲」、「絕智」……
等諸德行，此諸德性亦與老子心中之「道」的諸性格相應，是以對老子而言，
聖人治國之理想，當在使人回歸於「自然之道」，回歸於老子心中的「道」。
而就另「國與國之相待上」，吾人亦於上節「老子中理想之國家」之探討中，
得知老子強調「大、小國都要謙下靜柔」且「大國要謙下於小國」，「小國寡
民」並非老子心中理想社會或理想國，其眞正念茲在茲的理想國度，仍當是
由老子心中「聖人」依「老子的道」所治理的國度無疑。

　　就整個老子人間觀來看，老子論人、論社會組織，不管是人、聖人、統治
者、侯王、百姓、眾人、俗人、國、國家、邦……等概念名詞，都在其人間觀
的探討範圍中。老子對於「聖人」、「國家」都有理想，這理想都在以老子之「道」
的諸性格所建立者。較特別的是，老子論及「天地」、「萬物」皆爲「道」所生，
但對於「人」，老子卻僅於〈第二十五章〉中談到：「人法地，地法天，天法道，
道法自然。」〔註429〕的楷式而未論及人是否爲道所生之問題，不僅「生」有問
題，且人的「死」反又因老子說：「死而不亡者壽。」〔註430〕而更增迷惑。而

〔註426〕同註6，（晉）王弼著、（唐）陸德明釋文《老子道德經注・第三十章》，頁17。
〔註427〕同註6，（晉）王弼著、（唐）陸德明釋文《老子道德經注・第五十三章》，頁32。
〔註428〕同註6，（晉）王弼著、（唐）陸德明釋文《老子道德經注・第五十四章》，頁33。
〔註429〕同註6，（晉）王弼著、（唐）陸德明釋文《老子道德經注・第二十五章》，頁14。
〔註430〕《道德經・第三十三章》云：「知人者智，自知者明。勝人者有力，自勝者強。
　　　　知足者富，強行者有志。不失其所者久，死而不亡者壽。」此章重點似在講
　　　　個人修養之功夫。前二段明白指出對他人「詐智」、「力勝」的非，與相對之
　　　　自己要求「自明」、「自勝」的是，才是老子心中的智者、強者。第三段則直

又因「聖人」係老子人格理想，如何落實於人間爲吾人一般眾人所實踐，亦見欠缺而未言明；是以吾人只能言老子「人間觀」之於其「世界觀」中，仍有極大空隙而未能言明。

4、老子《道德經》之道觀

老子之「道」似乎龐大而又分歧，此不若孔子之道得以「忠恕」二字來簡而論之，〔註431〕茲因老子《道德經》全書章句中對「道」一字有種種說詞，是以吾人當就書中「道」之意義分別探析，方能理解《道德經》道觀之眞意。吾人對於老子《道德經》道觀之探討，業已於第二章第一節之三「老子《道德經》思想概述」文中探討過，此中可得二種結論。

其一，就老子《道德經》的「道」一字而言，「道」具有四種意義：

（1）「說」（say）：此一義僅見於〈第一章〉：「道可『道』，非常道；」〔註432〕句中第二個「道」字。

（2）「道路」、「道路」（way, road）：此一義亦僅見於〈第五十三章〉：「使我介然有知，行於大『道』，惟施是畏。大『道』甚夷，而民好徑。……非『道』也哉！」〔註433〕其中之三個「道」字，即是當「道路」、「道路」解之。

（3）「準則」（principle）、「道理」或「路徑」：凡《道德經》全書中所云「天之道」、〔註434〕「天道」、〔註435〕「人之道」〔註436〕和「聖人之道」

接提出自己能感到滿足、與自己能堅毅勤行，才是老子心中的「富人」與「志者」。第四段則提到人能不迷失自己在天地萬物中之位置，叫做持久；與人死後仍不亡失者，稱之壽者。前三段意義，吾人能了解及接受；第四段前文所謂之「人不迷失其於天地萬物之位置」，當是相應於〈第二十五章〉「四大」之與天、地、道相對之主張；而則後文所謂「人死後仍不亡失者」是表示人之德風存在？亦或是建立之軟、硬體設施存在？亦或是人之道存在？實無法探知。同註6，（晉）王弼著、（唐）陸德明釋文《老子道德經注·第四十三章》，頁27，及〈第二十五章〉，頁14。

〔註431〕《論語·里仁第四·第十五章》：「子曰：『參乎！吾道一以貫之。』曾子曰：『唯。』子出，門人問曰：『何謂也？』曾子曰：『夫子之道，忠恕而已矣！』」此當是指孔子之道，在於「忠恕」二字。參見（魏）何晏注、（宋）邢昺疏《論語·里仁第四》，頁37，臺北市：藝文印書館，1968年2月初版。

〔註432〕同註6，（晉）王弼著、（唐）陸德明釋文《老子道德經注·第一章》，頁1。

〔註433〕同註6，（晉）王弼著、（唐）陸德明釋文《老子道德經注·第五十三章》，頁32～33。

〔註434〕同註6，（晉）王弼著、（唐）陸德明釋文《老子道德經注·第七十三章》，頁43。

〔註435〕同註6，（晉）王弼著、（唐）陸德明釋文《老子道德經注·第四十七章》，頁29。

〔註436〕同註6，（晉）王弼著、（唐）陸德明釋文《老子道德經注·第七十七章》，頁45。

〔註437〕（如：〈第八十一章〉）等句中之「道」字，皆為「準則」之意。「準則」當通名使用，表示為「天」、「人」或「聖人」等諸「個別準則」之通稱。

（4）老子之道的「道」（Tao）：《道德經》書中全部章句除了被列舉為「說」、「道路」、「準則」等意義之「道」之外，其餘幾乎所有其他章句中之「道」字，皆作老子之道的「道」此一意義解。這一老子之道的「道」當視作一專名，與前面諸意義有極大不同，僅僅針對老子哲學和老子心目中的那個且只有一個的道而言。如〈第二十五章〉所云：「有物混成，先天地生。寂兮寥兮，獨立不改，周行而不殆，可以為天下母。吾不知其名，字之曰『道』，強為之名曰『大』。」〔註438〕此中「道」字即當為老子之道的「道」一意解。

其二，吾人藉由老子各種不同的述寫來了解老子之道的「道」的種種性格，也藉此了解由老子自己所看到、想到、推測或體驗到的這些性格所展示出來的世界景象，此即是老子「道觀」。探討此一「道觀」時，需捨去老子《道德經》全書中具有「說」、「道路」、「準則」等意義之「道」後，方能進一步探討之。老子「道觀」下所展現的諸性格如下：

（1）道是在天地之先就已生成的一混然的東西，且為萬物的本源。如〈第二十五章〉老子所云：「有物混成，先天地生。寂兮寥兮，獨立不改，周行而不殆，可以為天下母。」〔註439〕即是。

（2）道也是萬物的貯藏庇蔭所。如〈第六十二章〉所云：「道者萬物之奧。」〔註440〕即此意。

（3）道也是人、天和地的楷示。〈第二十五章〉云：「人法地，地法天，天法道，道法自然。」〔註441〕指人、天、地都當「取法」或「依循」道，而道本身所遵循者是其自身的自然而然。

（4）道是恍惚的，但有形象、有精質。〈第二十一章〉云：「道之為物，惟恍惟惚。惚兮恍兮，其中有象；恍兮惚兮，其中有物。窈兮冥兮，其中有精。其精甚真，其中有信。」〔註442〕即是此意。

（5）道不斷在運動、運行，道的作用是柔弱的。如：〈第四十章〉云：「反

〔註437〕同註6，（晉）王弼著、（唐）陸德明釋文《老子道德經注・第八十一章》，頁47。
〔註438〕同註6，（晉）王弼著、（唐）陸德明釋文《老子道德經注・第二十五章》，頁14。
〔註439〕同註6，（晉）王弼著、（唐）陸德明釋文《老子道德經注・第二十五章》，頁14。
〔註440〕同註6，（晉）王弼著、（唐）陸德明釋文《老子道德經注・第六十二章》，頁38。
〔註441〕同註6，（晉）王弼著、（唐）陸德明釋文《老子道德經注・第二十五章》，頁14。
〔註442〕同註6，（晉）王弼著、（唐）陸德明釋文《老子道德經注・第二十一章》，頁12。

者道之動，弱者道之用。」〔註443〕即此特性。

（6）道無名、無聲，而質樸。此即〈第三十二章〉所云：「道常無名，樸。」〔註444〕

（7）道之規律的指標在無欲、柔弱、不爭、虛靜與無爲……等。如如〈第三十四章〉云：「大道氾兮，……，常無欲，可名於小。」、〔註445〕〈第四十章〉云：「反者道之動，弱者道之用。」、〔註446〕〈第七十三章〉云：「天之道，不爭而善勝。」、〔註447〕〈第十六章〉云：「致虛極，守靜篤。萬物並作。」、〔註448〕〈第三十七章〉云：「道常無爲而無不爲」〔註449〕……等皆是。

吾人就老子《道德經》之「道觀」而論，《道德經》書中的道具有：「說」、「道路」、「準則」以及老子之道的「道」四種意義。而就老子之道的「道」此一專名所展現之諸性格言：「道」爲老子宇宙觀中之最高階，亦構成此宇宙之天、地、萬物，其動力規則在於「自然而然」，而其指標則在無欲、柔弱、不爭、虛靜與無爲等。

5、老子《道德經》之世界觀

老子《道德經》的世界觀爲何？此爲吾人在探討《道德經》書中的萬物觀、天地觀、人間觀及道觀之後，所欲綜結探討者。就老子《道德經》書中，並無「宇宙」或「世界」之詞句或足以相當地解釋之概念，較接近的約莫僅有「天下」、「天地」或「萬物」等詞，而其中以「天下」一詞，可謂最接近老子心目中之宇宙或世界；另外，就只有〈第二十五章〉所云：「域中有四大」〔註450〕中之「域」亦可視爲老子心中宇宙或世界之詞。就老子《道德經》之世界觀，吾人臚列要點如下：

（1）老子之世界由「道」、「天地」、「萬物」、「人間」構成。

就〈第一章〉所云之：「道可道，非常道；……。無、名天地之始；有、名萬物之母。」〔註451〕與〈第二十五章〉所云：「道大，天大，地大，王亦大。

〔註443〕同註6，（晉）王弼著、（唐）陸德明釋文《老子道德經注・第四十章》，頁25。
〔註444〕同註6，（晉）王弼著、（唐）陸德明釋文《老子道德經注・第三十二章》，頁18。
〔註445〕同註6，（晉）王弼著、（唐）陸德明釋文《老子道德經注・第三十四章》，頁20。
〔註446〕同註6，（晉）王弼著、（唐）陸德明釋文《老子道德經注・第四十章》，頁25。
〔註447〕同註6，（晉）王弼著、（唐）陸德明釋文《老子道德經注・第七十三章》，頁43。
〔註448〕同註6，（晉）王弼著、（唐）陸德明釋文《老子道德經注・第十六章》，頁9。
〔註449〕同註6，（晉）王弼著、（唐）陸德明釋文《老子道德經注・第三十七章》，頁21。
〔註450〕同註6，（晉）王弼著、（唐）陸德明釋文《老子道德經注・第二十五章》，頁14。
〔註451〕同註6，（晉）王弼著、（唐）陸德明釋文《老子道德經注・第一章》，頁1。

域中有四大，而王居其一焉。」〔註452〕及前文中之多所探討，可以確定老子之世界就只有、且只有「道」、「天地」、「萬物」、「人間」四個構成，此世界中無分天堂與地獄、更無分兩儀與八卦，有、無與陰、陽對老子而言，只是用以指稱相對性之概念，並未要求人就此強行二分世界爲何。是以，過多的闡釋反而會偏離了老子心中之世界。

（2）老子之世界均「依循」或「應該依循」道之道理或準則以運行或行爲。

〈第二十五章〉中老子所云：「人法地，地法天，天法道，道法自然。」〔註453〕之楷式，不僅係老子心目中「道」之性格之一，亦當是整個老子世界觀之最高準則與依據，由人（效法）→地（效法）→天（效法）→道之過程，使道成爲最高層之基本原理。是以「道法自然」並非要「道」去效法一個比其更高級、更高層叫做「自然」之物或概念，而係因「道」本身即宇宙中至高之自然而然，是故「道」當遵循著其自己的自然而然。而這自然而然的指標爲何？當然亦在吾人前面所探討所得的「無欲」、「柔弱」、「不爭」、「虛靜」與「無爲」……等。

（3）就老子人間觀來看，此一人間始終並不完美。

相對於「道」的完美與最高級，老子之「人間觀」於其「世界觀」中顯然並非完美，且仍有極大空隙而未能言明。

首就「人」而言，人雖位居四大之一，但此一種人惟有老子心目中理想的「聖人」才是，眞正的實境就如老子〈第七十七章〉所云：「天之道，損有餘而補不足；人之道，則不然，損不足以奉有餘。」〔註454〕是以，雖老子道出其心目中理想「聖人」之人格修養標準爲何，而則此終究仍是「理想」，就如何落實於一般吾人眾人之實踐方法上，則仍有所欠缺而未明。

次就「社會組織」而言，老子「聖人」治國理想之極致，當在使人心回歸於老子之「道」中。而則現實環境中，國家治理多至：「民不畏死」〔註455〕之地步，顯見「聖人」治國之理想，亦如「聖人」之人格修養般難以達成。另在「國與國之相待上」，老子強調「大、小國都要謙下靜柔」且極重視「大國要謙下於小國」，而則現實中「以兵強天下」〔註456〕之景，顯現當時邦國間

〔註452〕同註6，（晉）王弼著、（唐）陸德明釋文《老子道德經注・第二十五章》，頁14。
〔註453〕同註6，（晉）王弼著、（唐）陸德明釋文《老子道德經注・第二十五章》，頁14。
〔註454〕同註6，（晉）王弼著、（唐）陸德明釋文《老子道德經注・第七十七章》，頁45。
〔註455〕同註6，（晉）王弼著、（唐）陸德明釋文《老子道德經注・第七十四章》，頁44。
〔註456〕同註6，（晉）王弼著、（唐）陸德明釋文《老子道德經注・第三十章》，頁17。

強欺弱、大凌小之情形層出不窮,「天下無道,戎馬生於郊」〔註457〕之事實現狀終究多於「天下有道,卻走馬以糞」那麼,老子「大國者下流」〔註458〕當然徒成口號耳,就連「小國寡民」〔註459〕此一桃花源式之理想國亦絕無可能無以實現矣。

第四節　老子《道德經》之教育方法

「教育方法」定義為何,吾人首先必須探討之。就此,陳迺臣先生指出:

> 所謂方法,應是能夠達成某種特定目的之方法。方法在本質上言,只是一種工具,它本身在整個教育歷程中不算是一種目的。但是對一個學教育的學生而言,他如果才開始研習某一種教育的方法,那麼在某一特定的時間裡,他以熟練此一方法為目的,此時此一方法演練本身便暫時地成為一種目的。然而,一旦學生已經熟練了此種方法,則在下一個階段他還要應用此方法來達到特定的教育目標。〔註460〕

此一說法,顯然係就教育歷程中「教育方法」與「教育目的」之縱向關係而論之。亦即將一整體之教育目的,予以階段性分割為若干分項之教育目的,此種分項教育目的亦即是教育方法。猶如數學之「四則運算」,可約略分割為「數」、「加、減」、「乘、除」等之概念方法,學習者須先逐步學會此諸等分項概念方法,方成完成最後「四則運算」之學習;而此中「數」、「加、減」、「乘、除」等各階段之概念方法,即分項之教育目的,亦是教育方法。教育目的不僅可細分為各分項之教育方法,其本身亦可成為其他教育目的中之教育方法之一,但如就此定義,顯然仍無法得知其實質內容。

另外,高強華先生指出:

> 教育方法,……是教育歷程中實現教育目的,達成教育理想的手段與步驟。因此訓育與輔導的方法,教學和評量,各種視聽教具器材的使用、教案製作和單元設計等,均是有效的教育方法。〔註461〕

此中以「達成教育理想的手段與步驟」為教育方法之定義極為貼切,而對教

〔註457〕同註6,(晉)王弼著、(唐)陸德明釋文《老子道德經注‧第四十六章》,頁28。
〔註458〕同註6,(晉)王弼著、(唐)陸德明釋文《老子道德經注‧第六十一章》,頁37。
〔註459〕同註6,(晉)王弼著、(唐)陸德明釋文《老子道德經注‧第八十章》,頁46。
〔註460〕同註130,陳迺臣著《教育哲學》,頁295。
〔註461〕同註13,郭為藩、高強華著《教育學新論》,頁183。

育方法橫向所應涵括之內容、範圍顯亦已明白條列。是以，吾人認為：為期有效達成教育目的或理想之實踐，教學者必須規劃以何種措施或手段，以引領學習者依據教學者所設計之步驟，逐步完成教育之學習，此一步驟與手段，即為「教育方法」。

在「教育方法」之探討上，吾人認為，為求提升整體之教學效率，良好之教育方法，先當講求其正確原則，以為教育方法之依據，此諸原則即為所謂之「教育原則」。高強華先生認為教學原則基本上有八項，吾人今簡錄臚列如下：〔註462〕

1、準備原則：此指教師欲求良好成效之教學，必須基於良好、完善之準備。教師之準備當包括：教育目標之訂定、學生之了解、教材之選擇、環境之佈置、教案之編製等；其他若學生之動機或心向、基本之能力和經驗等，亦屬此準備原則之範疇中。

2、類化原則：類化於教育中，係指根據舊經驗以吸收新知識之作用。溫故可以知新，無論教材編選或教法設計實施，均依此類化原則以循序漸進，必能事半功倍。

3、興趣原則：興趣可產生持久之注意與努力，能誘發、激勵出學習的興趣，方能成為學生日後願意主動學習與長久持續之動力。除教材教法本此興趣原則外，教師之學識態度或幽默感，亦可激發學生之興趣。

4、自動原則：教師不能代替或強迫學生學習，惟有積極主動學習方能產生長期與有效之學習。凡問題情境之解決與設計、編序或練習教學法，均以此原則為基礎。

5、個別適應原則：整個教學顧及學生身心、年齡、智力、才能、性向、需要及學習經驗之個別差異，因材施教使個人適性發展並充分發揮其潛能，此即是個別適應原則。

6、社會化原則：個別適應原則在發展個性，而社會化原則之作用則在培養群性。期使每一個體均能適應社會環境，運用社會文化資源，並進而促進整個社會之革新與進步。

7、熟練原則：熟能生巧，學習上能達熟練境地，不僅將終生不忘，且更能有效作深一層之類化學習。

8、同時學習原則：完整之學習不僅在單純之知識傳授，且包含技能、態

〔註462〕同註13，郭為藩、高強華著《教育學新論》，頁211～213。

度、理想、興趣與價值等。課程設計兼重主、副、輔之學習，教學注意學生顯著、潛在之學習，韓愈所謂之「師者，所以傳道授業解惑也。」亦即此意。

除上述八項重要原則外，尚有思考原則、系統化原則、科學化原則、藝術化原則、計畫化原則……等，此等皆為良好教育方法之依據，如能對諸教育原則深切瞭解、融會貫通，自必提升教學效率、達至教育目標。

在建立正確之教育原則以為依據後，面對種種教育方法，如何建立客觀標準，以檢視此教育方法之良莠，為第二階段所當探討之重點。對此，陳迺臣先生認為：「所謂好的教育方法，意思是說，它能在最經濟的條件下達成最大的預期教育目標，而且產生最小的不良的副作用。」依循此一定義，概分良好教育方法之三大標準要件如下：〔註463〕

1、最經濟的條件

最經濟的條件可能包含數項：最少的金錢，最少的時間，最簡單的程序，以及最少的人力等。教育之作為，若能達至與預定之教育目標相符應之成效，則為好的學習效果。因人之個別差異所致，達至良好教學效果之時間、方法亦不一，是以最經濟之條件，未必構成良好學習效果之充分必要條件；而則能達到同樣之教學目標，越能節省人力、物力與時間，卻仍是越好之教育方法。

2、最大的預期目標

教育目標為思考教育內容與方法前最重要之決定性、充分必要因素。未有教育目標，則教育內容與方法皆為空談；惟有教育目標設定之後，教師方能選擇、組織最能有效達成教育目標之教育內容與方法。是以好的教育方法，必需以能夠達到最大的（即使並非百分之百）預期的教育目標，為其重要之條件。

3、最小的不良副作用

某些教育方法或可能最經濟，亦達到最大預期目標，而則卻同時產生了一些預期中或非預期中之不良副作用。此等不良副作用，部分並非立即顯現，而是在潛伏相當時間之後方顯現出來；例如家庭教育中「電視（網路）」往往取代父母成為陪伴小孩子之要角，電視（網路）中屢見不鮮所報導之暴力、血腥、色情等現象，往往成為小孩子潛移默化中所習傚之對象，長此以往不僅造成犯罪年齡降至國小學童，甚且往往犯罪之後更無絲毫後悔、做錯事等

〔註463〕同註130，陳迺臣著《教育哲學》，頁295～311。

諸理性反應之表現。是以教學設計者，必須基於其教學倫理與專業判斷，審慎評估其教育內容與方法，是否將造成預期中或非預期中之不良副作用，否則長期以後造成慘痛代價之付出豈非得不償失。

如上所述，一個好的教育方法，必須同時兼備上述三個標準要項，如只具備單一或其中兩個標準要項，均非良好之教育方法。目前就教育學者歸納與適當命名之良好教育方法，計有：詰問法、練習法、演講法、啟發法、自學輔導法、個別化方法、創造法、設計法、社會化法、編序法、發表法、協同教學法……等等，各方法皆有其優點，亦有其限制，但大體均能符應此上述三標準要項，若要深論各種方法及應用，則不僅吾人力尤未逮，且非本文所研究範圍，故之在此不贅言之。

總之，吾人探討教育方法，當先就其相關教育原則加以分析，方能了解其教育方法之所依據；其次，再以符應最經濟條件、最大預期教育目標與最小之不良副作用等三大標準要件檢視，當能探討出具提升教學效率功能之教育方法矣。據此，吾人此處探討老子《道德經》之教育方法，亦當分別就其教育原則與教育方法分別探討之。

一、老子《道德經》之教育原則

依據老子《道德經》之全書內容，吾人臚列其符應相關之教育原則如下：

（一）準備原則

老子於〈第一章〉如是云：

> 道可道，非常道；名可名，非常名。無、名天地之始；有、名萬物
> 之母。故常無，欲以觀其妙；常有，欲以觀其徼。此兩者，同出而
> 異名，同謂之玄。玄之又玄，眾妙之門。〔註464〕

此中，以「道」為開端，顯以申明其整個思想體系中心皆在其「道」字中，是以吾人對其教育體系之探討，不論其教育意義、教育目的、教育內容，甚而其教育原則、教育方法等，亦當皆以「道」為中心而次第展開。

其次，「可道，非常道」與「可名，非常名」二句中，亦已提示吾人對於「道」之探討，不可單就「文字」或「字詞」即加以評斷其稱指為何，吾人需就文字所處整個篇章之脈絡，甚而整個全書中所提示相同之文字之各篇章

〔註464〕同註6，（晉）王弼著、（唐）陸德明釋文《老子道德經注・第一章》，頁1。

之種定義，加以分析、探究始能評判其稱指之內容。是以，吾人先前諸章中之所以對「道」之諸意義不斷探討，亦源因於此。不過，畢竟吾人甚或任何人皆非老子本人，歷經時、空之變遷，吾人所面對者終究只是「此時此處經無數人所闡釋」之老子《道德經》之言語文字，而非「彼時彼處經老子本人所書寫」之《道德經》之言語文字；是以，仍難免於吾人所道非老子之「道」、吾人所名非老子之「名」之糾纏中。

第三，「無、名天地之始；有、名萬物之母。」句中，顯示出老子教育思想中極獨特之「宇宙觀」（抑或「世界觀」），「道」、「天地」、「萬物」構成老子此「宇宙觀」中之要素，人非排除於此世界外，因為無人何以「觀無之妙」？無人何以「觀有之徼」？是以此「觀」即成老子特殊之「道觀」，以此「道觀」而成之世界，自而形成「道」、「天地」、「萬物」、「人」混之而居成之「世界」。

是以老子〈第一章〉即已明顯告知吾人，老子欲申明其「道」，而吾人當由其「道觀」以「觀」老子之「道」。

（二）類化原則

前節中提及王美蘭先生所歸納指出，老子對於吾人所指示之道德律則，多以「去彼取此」之「正言若反」樣貌出現。〔註465〕吾人再簡列如下：

1、去「有為」取「無為」：如：〈第五十七章〉：「我無為而民自化」。〔註466〕

2、去「人為」取「自然」：如：〈第二十五章〉：「人法地，地法天，天法道，道法自然。」〔註467〕

3、去「盈」取「虛」：如：〈第四章〉：「道沖，而用之或不盈。」〔註468〕

4、去「躁」取「靜」：如：〈第二十六章〉云：「重為輕根，靜為躁君。是以聖人終日行不離輜重。」〔註469〕

5、去「為目」取「為腹」：如：〈第十二章〉云：「五色令人目盲；五音令人耳聾；五味令人口爽；馳騁畋獵，令人心發狂；難得之貨，令人行妨。是以聖人為腹不為目，故去彼取此。」〔註470〕

6、去「奢」、去「泰」、去「甚」，取「嗇」、「儉」：如：〈第二十九章〉

〔註465〕同註215，王美蘭撰《老、孔道德思想之比較及其教育實踐》，頁90～92。
〔註466〕同註6，（晉）王弼著、（唐）陸德明釋文《老子道德經注·第五十七章》，頁35。
〔註467〕同註6，（晉）王弼著、（唐）陸德明釋文《老子道德經注·第二十五章》，頁14。
〔註468〕同註6，（晉）王弼著、（唐）陸德明釋文《老子道德經注·第四章》，頁3。
〔註469〕同註6，（晉）王弼著、（唐）陸德明釋文《老子道德經注·第二十六章》，頁15。
〔註470〕同註6，（晉）王弼著、（唐）陸德明釋文《老子道德經注·第十二章》，頁6。

云：「是以聖人去甚，去奢，去泰。」、〔註471〕〈第五十九章〉：「治人事天，莫若嗇。」、〈〔註472〕第六十七章〉：「儉故能廣」〔註473〕

7、去「禮」、「智」取「道」、「德」：如：〈第三十八章〉云：「夫禮者，忠信之薄，而亂之首。前識者，道之華，而愚之始。是以大丈夫處其厚，不居其薄，處其實，不居其華。故去彼取此。」〔註474〕

8、去「智巧」取「愚」：如：〈第二十章〉云：「我愚人之心也哉，沌沌兮！俗人昭昭，我獨昏昏。俗人察察，我獨悶悶。」〔註475〕

9、去「自見」、「自貴」，取「自知」、「自愛」：如：〈第七十二章〉云：「是以聖人自知不自見，自愛不自貴。故去彼取此。」〔註476〕

此種樣貌，如同劉福增先生所言，皆以二種形式出現：〔註477〕

1、道是 F（怎樣怎樣），（所以）人，尤其是聖人——理想的人或理想的統治者——「應該」是 F（怎樣怎樣）。

2、人（一般）是 F（怎樣怎樣）（老子心目中不好的性格），（所以）人，尤其是聖人，「應該」不 F（不去怎樣怎樣）或「應該」G（對 F 的一種改正）。

而此等形式亦皆屬「類化原則」之教育原則無疑。雖其言語主為勸諭「人」，尤其是「統治者」（聖人）而講的，而則此中不僅提示出老子個人所見之「道觀」，且更警示居此世界之吾人（「人」），當更以「道」之「自然（而然）」為吾人安身立命之道德規律。

（三）興趣原則

本文第一節中吾人探討老子「正言若反」之表達方式，此一以「否定詞」（全書 81 章中否定字共 391 字，平均每章即約出現 4.83 次）形式所表現「辯證的詭辭」，〔註478〕經過吳慧貞先生探討發現：老子之「正言若反」≠（不等於）全部皆為「否定命題」。其語言型態，包含：不必然型態命題、否定命題、

〔註471〕同註6，（晉）王弼著、（唐）陸德明釋文《老子道德經注・第二十九章》，頁17。
〔註472〕同註6，（晉）王弼著、（唐）陸德明釋文《老子道德經注・第五十九章》，頁36。
〔註473〕同註6，（晉）王弼著、（唐）陸德明釋文《老子道德經注・第六十七章》，頁41。
〔註474〕同註6，（晉）王弼著、（唐）陸德明釋文《老子道德經注・第三十八章》，頁23。
〔註475〕同註6，（晉）王弼著、（唐）陸德明釋文《老子道德經注・第二十章》，頁11。
〔註476〕同註6，（晉）王弼著、（唐）陸德明釋文《老子道德經注・第七十二章》，頁43。
〔註477〕見同註45，劉福增著《老子哲學新論》，頁421。
〔註478〕同註22，牟宗三著《中國哲學十九講》，頁140。

相對法等三大類型，而其相對法形式，更又包含集合命題（關係命題、比較命題、原因命題等）、一般句型（又包括：相即而對的句式、疑問句式、疑似句式等）等。〔註479〕此諸種種語言型態，一皆顯現出老子深諳中文語言用法之妙，「正言若反」之表達形式不僅無以窮盡，其所引發世人對於「道」之探討亦無窮盡矣。

是以，此種老子「正言若反」之超越思維方式，引發學者閱讀研究之興趣，而藉此深入研究二元性對立思維並無法窮盡、超越老子之「道」與整部《道德經》之旨趣意涵，並進而發覺惟由不斷力行實踐的工夫，方有達成至真、至善境界之可能。

（四）自動原則

教育歷程之重點，在於引導學生對於教育內容產生興趣，能夠主動與積極的學習，方能達成教育持久改變之成效。人類是否能作到教育講求的自動學習原則呢？依據老子的觀點，恐怕難已達成！老子在〈第七十章〉中申明：「吾言甚易知，甚易行。天下莫能知，莫能行。」〔註480〕就老子個人來看，其所揭櫫的「道」透由吾人前文數次的分析，可謂清晰明瞭，其特性不外自然、質樸、無爲、不爭、守柔……等，而則能依道而行的聖王既已難覓，又何況乎一般只喜爭權奪利、嘵嘵不休之凡夫俗子。是以老子在〈第七十章〉章末所謂之「聖人被褐懷玉」〔註481〕不僅是一理想未達的感慨，恐怕亦是老子個人心中之感慨矣！

（五）個別適應原則

對於天下之萬物，老子於〈第二十九章〉有云：「物或行或隨，或歔或吹，或強或羸，或挫或隳。」〔註482〕此中表明萬物之態勢，有的前行、有的後隨；有的緩噓、有的急吹；有的強健、有的羸弱；有的培育、有的墮落，不僅兩兩相對，且型態各異。不惟萬物如此，每個學習者於個人之身心、年齡、智力、才能、性向、需要及學習經驗等諸方面，亦各具其差異性與獨特性，絕不可以強用完全一致之教育方式來教育之。如是，既不能強用完全一致之教育方式來教育之，那麼如何應之以「因材施教」呢？

〔註479〕同註84，吳慧貞撰《老子正言若反的語言模式研究》，頁134～159。
〔註480〕同註6，（晉）王弼著、（唐）陸德明釋文《老子道德經注・第七十章》，頁42。
〔註481〕同註6，（晉）王弼著、（唐）陸德明釋文《老子道德經注・第七十章》，頁42。
〔註482〕同註6，（晉）王弼著、（唐）陸德明釋文《老子道德經注・第二十九章》，頁17。

首先，吾人需知，老子〈第四十章〉所云：「天下萬物生於有，有生於無。」、〔註483〕〈第一章〉所云：「無、名天地之始；有、名萬物之母。」〔註484〕及〈第四十二章〉所云之：「道生一，一生二，二生三，三生萬物。」〔註485〕等句意，言明不僅天下萬物皆由道直接或間接所生；且萬物之生成過程皆由簡單而逐漸複雜。教育之「道」亦復如是，教學者直接之「有言」與間接之「無言（行止）」皆足以產生教育之功；不惟教育目標、內容之設計需由簡而繁、由易而難，學習者之學習成就亦非一蹴即成，亦當是由簡而繁、由易而難、由淺而深。

其次，老子於〈第五十一章〉中如是云：

> 道生之，德畜之，物形之，勢成之。是以萬物莫不尊道而貴德。道之尊，德之貴，夫莫之命而常自然。故道生之，德畜之，長之育之，亭之毒之，養之覆之。生而不有，為而不恃，長而不宰。是謂玄德。
>
> 〔註486〕

老子認為：由形而上之「道」、衍生出萬物原理之「德」，配合萬物本身「物形、勢成」之內、外變化而成就世間萬物。是以，萬物皆以有意識、有目的地之作用「尊崇」道、「珍貴」德。而則，老子之「道」係以無意識、無目的性地循著其「自然而然」之動力以創生、長養、保護、化育萬物。是以反因「道」的「不有」、「不恃」、「不宰」而處處顯現出其玄妙之德性於世間。

教育之道亦復如是，教育潛移默化之效，肇基於深遠宏大之教育目標，由教學者化為教學課程、內容、教法以實踐之，而則真正之改變仍需教學過程中教學者之「勢成」是否能與學習者之「物形」兩相配合；教育講求自然而然之因勢利導，配合教學者之身心發展、需求、興趣、能力等主、客觀因素而逐步化育之，太過講究績效、成就與強制性，反而揠苗助長而得不償失。人類自生存之始即已存在教育之事實，自漁獵社會、農業社會、工業社會而至今科技發達之社會，為求種族生存與繁衍，故而無時不處皆在教育中；當動力來自本身之需求時，教育便自然而然如「道」一般發揮長養化育之功以成就人類個體內外之變化，而則若反以「教育」為動力而宰制個體時，個體

〔註483〕同註6，（晉）王弼著、（唐）陸德明釋文《老子道德經注・第四十章》，頁25。

〔註484〕同註6，（晉）王弼著、（唐）陸德明釋文《老子道德經注・第一章》，頁1。

〔註485〕同註6，（晉）王弼著、（唐）陸德明釋文《老子道德經注・第四十二章》，頁26。

〔註486〕同註6，（晉）王弼著、（唐）陸德明釋文《老子道德經注・第五十一章》，頁31～32。

不僅無以成就、且將更陷退化之途，亦如今日之教育因於形式主義、功利與績效主義，學子只爲了文憑而受教育，結果反造成學習意願低落、程度大幅下降、道德行爲嚴重脫序等現象，即是明證。

最後，老子於〈第二章〉云：

> 天下皆知美之爲美，斯惡已。皆知善之爲善，斯不善已。故有無相生，難易相成，長短相較，高下相傾，音聲相和，前後相隨。是以聖人處無爲之事，行不言之教。〔註487〕

此中明顯道出萬事萬物「相對性」之原理，事物的「美」、「易」、「長」、「高」、「前」特性，若無「惡」、「難」、「短」、「下」、「後」相對特性之比較，則無以顯現事物之所以爲「美」、「易」、「長」、「高」、「前」之性，是以老子告知吾人「處無爲之事，行不言之教。」生命之可貴，在於「無限的可能性」，絕不可以就一時相對比較之結果而據以判定「任何生命的結局」，教學者（教師、家長）在教育過程中，往往會因爲學習者一時的負向反應（較遲鈍、較過動）而予以「標籤化」（笨小孩、壞孩子），卻不知學習領悟的歷程中，每個個體的「潛伏期」與「反饋性」是不相同的，絕不可一以視之。

同時，相同的事態，亦未必造成相同的絕局，同樣是「失敗」，有人臥薪嚐膽、有人卻一蹶不振，臥薪嚐膽者了解「生於憂患」之理，是以奮發圖強、樂觀以對而終至成功，一蹶不振者陷溺於「死於安樂」之境，總認爲「我不可能失敗」、「我是絕對的強者」，是以不願、不敢面對錯誤失敗，而終究自取滅亡。過去的臺灣社會，人人貧窮且物質匱乏，如此卻造就了人人向上生長的動力，大家勤勞、努力且上進，是以，不僅帶動了經濟起飛、使人民所得逐年提高，也使臺灣成爲當時世界所矚目的「亞洲四小龍」之一，而此種正是「生於憂患」的寫照。而今台灣社會，人人生活富裕了，習慣於舒適、奢華的生活，如此過度的放縱慾望，致使生命停止生長，失去生機；當大人、小孩一遇問題，除了逃避、自殺，根本就不願以智慧來解決之，如此衍生許多心理疾病與社會問題，此種正是「死於安樂」的寫照。而此種種一切，皆必須歸咎於吾人自滿於現象界之「知識」，卻不願深入了解更深層事物根本之「智慧」，那麼又何能「處無爲之事，行不言之教。」〔註488〕呢？

（六）社會化原則

〔註487〕同註6，（晉）王弼著、（唐）陸德明釋文《老子道德經注・第二章》，頁1～2。
〔註488〕同註6，（晉）王弼著、（唐）陸德明釋文《老子道德經注・第二章》，頁2。

〈第四章〉中老子有言:「道沖,而用之或不盈。淵兮似萬物之宗;挫其銳,解其紛,和其光,同其塵。湛兮似或存。吾不知誰之子,象帝之先。」〔註489〕此中老子認為:道的本體是空虛的,但道的作用卻沒有窮盡。道幽微淵深,像似萬物之宗主;道收斂其鋒芒、遂能解除其紛擾、隱藏其光耀、自能混同於塵俗中。道清靜而無形,卻似乎存在於世。我不知「道」由何而產生,但似乎在天帝以前就已有它。

吾人以為:教育的實質亦復如是,教育在促進生命的生長,使生命經由不斷學習的歷程,而逐步自我覺知的向上提升,我們看不到「教育」存在何處,但卻處處存在著教育的作用與功效。教育的目的,在促進每個生命能夠正面去看待與覺知現象界中所存陽顯與陰隱相對性的衝突與矛盾,而卻不溺陷於對立與矛盾中,而這如何去作,即是「挫其銳,解其紛,和其光,同其塵。」四句。此四句不僅是道的特性,亦是一和諧共存之道;老子提示吾人:「能夠不露鋒芒,自能解除紛爭、困擾;能夠隱藏光耀,自能混同塵俗、與大家共存共榮。」惟如此,人類與萬物方能和諧生長而共榮共存。

何種人最能與天地、萬物和諧共存呢?老子認為,惟有天真無邪之「赤子」。〈第五十五章〉中老子如是云:

> 含德之厚,比於赤子。蜂蠆虺蛇不螫,猛獸不據,攫鳥不搏。骨弱筋柔而握固。未知牝牡之合而脧作,精之至也。終日號而不嗄,和之至也。知和曰常,知常曰明。益生曰祥,心使氣曰強。物壯則老,是謂不道,不道早已。〔註490〕

其意謂:含德渾厚之人,有如天真無邪之赤子,雖然柔弱但卻精氣充滿。蜂蠆虺蛇諸毒蟲不螫他,猛獸攫鳥諸禽獸不傷他;小拳頭握起來很緊、胲子常常勃起、整天號哭嗓子卻不會瘖啞,這都是因為他精氣、和淳至極的原故。能知「和」者叫做「常」,能知「常」者叫做「明」;不順應自然而縱欲貪生者必生災禍,而以有欲之心驅使生理之氣者便是逞強;萬物一旦強大盛壯之時便開始趨於衰老,這便是不合於道的,而不合於道者勢將早逝。

吾人認為:老子心中最接近道者,為天真無邪之「嬰兒」,是以修道致極而含德渾厚者,當亦具此「赤子之心」;具亦子之心者,知萬物和諧共存之常

〔註489〕同註6,(晉)王弼著、(唐)陸德明釋文《老子道德經注·第四章》,頁3。

〔註490〕同註6,(晉)王弼著、(唐)陸德明釋文《老子道德經注·第五十五章》,頁33～34。

道，故而不去縱欲、逞強，故而能保長生。是以吾人所求之教育目標，不在
強制作爲，而當使學子了解萬物欣欣向榮、和諧共存之常道，並常保此一赤
子之心，方能保全生命之久遠。

除了常保赤子之心，又有何者爲吾人處世長生久存之道呢？老子於〈第
六十七章〉有云：「我有三寶，持而保之：一曰慈，二曰儉，三曰不敢爲天下
先。慈故能勇，儉故能廣，不敢爲天下先，故能成器長。」〔註491〕此中「慈」、
「儉」、「讓」三寶即是吾人長生久存之要道。「慈」之德不僅在長上之於後晚
輩，亦在對萬物心存「無私無我」之慈愛。「儉」之德不僅在主觀之儉省，亦
在客觀上對萬事萬物存此「不有」、「不恃」之心，若老子所言：「及吾無身，
吾有何患？」〔註492〕惟除去內、外奢求之心，方能眞正減除世間諸紛擾。「讓」
之德則在主體之自我面對外在情境之他種人、物時，所表現之謙卑胸懷，如
同〈第二十二章〉所云：「夫惟不爭，故天下莫能與之爭。」〔註493〕當吾人謙
讓，又何有所爭執不休矣！每個人由自我實踐中出發、且力行不輟此三寶，
那麼當大災難來臨時，自能勇而無懼。

面對當前教育之困境，因功利與個人主義之專揚，而使人人「自以爲是」、
「自以爲大」，是以世間爭奪不斷而致紛擾不休，爲了謀求個人財勢權位，而
逞兇鬥狠、奢華浪費且爭奪不讓，此無異於將老子之「慈」、「儉」、「讓」三
寶抛諸腦後，那麼就如老子所說：「今舍慈且勇，舍儉且廣，舍後且先，死矣！」
〔註494〕最後不僅陷萬物於浩劫之中，亦將陷人類自身於滅亡一途矣！

（七）熟練原則

對於任何學問，如未付諸眞實地實踐與練習，恐怕都是空談一場。是以
老子於〈第六十四章〉中有如是看法：

> 其安易持，其未兆易謀，其脆易泮，其微易散。爲之於未有，治之
> 於未亂。合抱之木，生於毫末；九層之臺，起於累土；千里之行，
> 始於足下。爲者敗之，執者失之。是以聖人無爲故無敗；無執故無
> 失。民之從事，常於幾成而敗之。愼終如始，則無敗事。是以聖人
> 欲不欲，不貴難得之貨；學不學，復眾人之所過。以輔萬物之自然，

〔註491〕同註6，（晉）王弼著、（唐）陸德明釋文《老子道德經注·第六十七章》，頁41。
〔註492〕同註6，（晉）王弼著、（唐）陸德明釋文《老子道德經注·第十三章》，頁7。
〔註493〕同註6，（晉）王弼著、（唐）陸德明釋文《老子道德經注·第二十二章》，頁12。
〔註494〕同註6，（晉）王弼著、（唐）陸德明釋文《老子道德經注·第六十七章》，頁41。

而不敢爲。〔註495〕

吾人其意謂：安定者，容易保持；未顯露徵兆者，容易圖謀；脆弱者，容易
渙散分解；細微者，容易消散。事情尚未萌發即先處理好，亂事尚未成形即
先治理好。合抱之大樹木，生之於毫末般的嫩芽；九層樓之高臺，是由一筐
筐泥土所慢慢堆築而成；千里的遠行，仍需足下一步步所走出。此皆順自然
而行之結果，而非出於有心之作爲；凡有心作爲者，必有所敗；執著不改者，
必有損失。所以聖人無爲，因此無敗；無所固執，因此無失。人民所從事者，
常於幾近成功之時失敗。如果能謹慎終了，一如開始之際，則無失敗之事。
所以聖人去欲而不欲，不去珍貴難得之貨；去學而不學，以回復眾人所錯失
的過錯。以此輔助萬物的自然發展，而不敢有所作爲。

此中顯示老子幾項重要觀點：

1、就「其安易持，其未兆易謀，其脆易泮，其微易散。爲之於未有，治
之於未亂。」而言，凡事「豫則立，不豫則廢」，惟有健全的準備，
方能收事半功倍之效。而如何能做到最健全之準備，當然必須對此事
物所基本之原理、原則了解透徹，透過不斷的觀察、思維與實踐，方
能收到維持、預防與治亂之效，而這不斷地「觀察、思維與實踐」，
就是「精熟」、就是「熟練」了

2、就「合抱之木，生於毫末；九層之臺，起於累土；千里之行，始於足下。」
而言，「萬丈高樓，仍需平地而起」，一切事物惟有從頭而起始，方能
成就而有效；「海市蜃樓」憑空而出之物終究虛空一場，任誰亦不能久
處、久住。胡適先生言：「要怎麼收穫，先那麼栽」道理亦在此！

3、就「爲者敗之，執者失之。是以聖人無爲故無敗；無執故無失。」而
言，所謂「金玉滿堂，莫之能守；富貴而驕，自遺其咎。」〔註496〕
眾人之所「爲」與所「執」，總常出於一己之所私，見可欲、難得之
富貴名祿而爭奪不已，是以當然「敗」、當然「失」。聖人抱持「吾無
身，吾有何患」〔註497〕之立場，知道、守道且依道而行，是以「生
而不有，爲而不恃，功成而弗居。」〔註498〕當然能成功。

〔註495〕同註6，（晉）王弼著、（唐）陸德明釋文《老子道德經注‧第六十四章》，頁39。
〔註496〕同註6，（晉）王弼著、（唐）陸德明釋文《老子道德經注‧第九章》，頁5。
〔註497〕同註6，（晉）王弼著、（唐）陸德明釋文《老子道德經注‧第十三章》，頁7。
〔註498〕同註6，（晉）王弼著、（唐）陸德明釋文《老子道德經注‧第二章》，頁2。

4、就「民之從事，常於幾成而敗之。慎終如始，則無敗事。」〔註499〕
而言，老子強調「始終如一、慎終如始」之看法、要求吾人「一步步
腳踏實地」去實踐，失敗的原因往往在於吾人此心只想一步登天，殊
不知「羅馬亦非一天所造成」，不願意一步一腳印地去實踐，當然失
敗囉。

5、就「是以聖人欲不欲，不貴難得之貨；學不學，復眾人之所過。以輔
萬物之自然，而不敢為。」〔註500〕而言，所謂「萬物之自然」即是
「道」之特性，世人之所貴、之所學，往往多在「富貴名祿」之中，
此種並非聖人所要的「道」亦非老子所要吾人去追尋者。

總之，精熟原則之要點在「熟能生巧」，老子一再於《道德經》諸章中，
提示吾人，世間之「富貴名祿」並非恆久之物，惟有質樸、自然之「道」，方
是此世間、此宇宙之吾人所當追尋之者，而不僅知「道」容易、行「道」亦
不困難，重點卻在吾人是否願意「知行合一」，不斷在生活情境中力行「觀察、
思惟與實踐」，方能真正的成「道」、得「道」。

（八）同時學習原則

前文有言，一個完整之學習不僅在單純之知識傳授，且應包含技能、態
度、理想、興趣與價值等。準此，老子於〈第十一章〉說道：

> 三十輻，共一轂，當其無，有車之用。埏埴以為器，當其無，有器
> 之用。鑿戶牖以為室，當其無，有室之用。故有之以為利，無之以
> 為用。〔註501〕

此中，老子提示吾人：事物除了一般吾人所能看到「有」之功用外，亦具備
有其「無」或「空無」之作用。就車子而言，由於轂的圓孔或中空，故使車
輪可與車子接合，而使車輪得以轉動使車子行進；就器皿而言，由於中間的
空虛，是以器皿得以盛物；就房室而言，因門窗與房室有其空間，是已具備
了房室的功用。由於這些空間上的「無」與「空無」，才使得車、器、室具備
了可行、可盛、可置諸等「有」之功用，而一旦將此諸空間填滿「有」，那麼
卻也再「無」其他功用可言；是以「有」固有其功能，而「無」與「空無」
亦然有用、甚至於有大用。

〔註499〕同註6，（晉）王弼著、（唐）陸德明釋文《老子道德經注・第六十四章》，頁39。
〔註500〕同註6，（晉）王弼著、（唐）陸德明釋文《老子道德經注・第六十四章》，頁39。
〔註501〕同註6，（晉）王弼著、（唐）陸德明釋文《老子道德經注・第十一章》，頁6。

　　進一步來看，「有」與「無」於老子心中亦成為「利」與「用」之別：當木頭作成輪子、泥土作成陶罐之後，輪子、陶罐已成為「一定之功用」，只能拿來承載物品、裝置食物；此種對老子來說，只是「利」，即「有限之用」。然則，木頭除了作輪子仍有諸多用途（桌椅、宮室、雕刻……等），泥土除了作陶罐亦有諸多用途（磚瓦、杯碗泥偶……等），只有在木頭、泥土未被依特定用途來製成特定之物時，方有「無限的用途」、「無限的妙用」。是以「利」是「有限的用」，而「用」是「無限的用」。

　　據此，就教育對象之個體而言，人自生至死皆在受教育，而既在受教育則每個人都有「無限發展」之可能，是以除了「因材施教」外，更應積極導引使每一學生將其「無限的潛能」發展出來，而非以「標籤」定位與「限制」個別學生的發展，如此才是可以「帶著走」的活的教育。別忘了，學習不僅只有學到有限地單純之知識、技能，教師的潛移默化中，亦足以影響學生一生態度、理想、興趣與價值等的學習。能讓學生發展其「無限的潛能」，這才是教育的最佳成效。

　　吾人總就老子《道德經》之教育原則而論，其思想諸多符應「準備」、「類化」、「興趣」、「自動」、「個別適應」、「社會化」、「熟練」、「同時學習」……等教育方法之基本依據於其中，是以吾人言及老子《道德經》深具教育義涵，當屬無疑。

二、老子《道德經》之教育方法

　　前文已提，教育方法之良窳，端視是否符應「最經濟條件」、「最大預期教育目標」與「最小之不良副作用」等三要件，今吾人試就老子《道德經》中符應此三標準之教育方法，分別探討之。

（一）強調「正反相成」

　　有形的事物，常是吾人於教育過程中，所一再強調的部分，而此卻也流於形式、外表之表面效度之追求。老子於〈第一章〉中即開宗明義說道：

> 道可道，非常道；名可名，非常名。無、名天地之始；有、名萬物
> 之母。故常無，欲以觀其妙；常有，欲以觀其徼。〔註502〕

一切萬世萬物根本之道，非在「可道」亦或「可名」；固然「有」以形成萬物，

〔註502〕同註6，（晉）王弼著、（唐）陸德明釋文《老子道德經注・第一章》，頁1。

而則「無」方是天地之創始，是以要從「有」而「觀其徼」、從「無」而「觀其妙」。就如同老子於〈第二章〉所言：「故有無相生，難易相成，長短相較，高下相傾，音聲相和，前後相隨。」〔註503〕正、反兩面係相輔相成，相依相隨而缺一不可，包含教育在內所有一切學問、道理，皆須注意到有無、正反兩面之成效；就如同老子在〈第十一章〉所云：

> 三十輻，共一轂，當其無，有車之用。埏埴以爲器，當其無，有器之用。鑿戶牖以爲室，當其無，有室之用。故有之以爲利，無之以爲用。〔註504〕

老子以三個「用」字，不僅強調出「有」之「利」，也突顯出了「無」之「用」；「有」在於定型後的實質利益，「無」則在於未定型前無以倫比的千萬種用途。老子並非一位的反對，就如同前文所探討老子並非反教育一般，重點在於老子要問吾人「如何做？」而非「作什麼？」

在教育的實際應用上，我們所教育的對象——每一個人，都有「無限發展」之可能性，現階段的學習成就表現，不代表未來一定會如此，所謂之「因材施教」，除了讓學生能積極正向的學習外，更應努力誘導每一學生隱而未顯的能力，使其將「無限的潛能」表現出來；針對課程教材、教法上，更需順應時空之變化作「因、革、損、益」之調整，非以「一成不變」之模式來「框架住」學生之學習歷程與成果。古來強調教師之責任不僅在「經師」且在「人師」，如能在有限的資源下，敏感覺知未來整個國際、社會之發展趨勢並隨時改變、活用教材教法，使之達成教育活動真正的實質成效，這才是真正的「無用之用」，也才是「人師」該有的表現；如果還只是跟著現有教材、教法走，則學生不僅無「帶著走」的知識，且更使教育淪落於「有限之利」上，那麼就只是個無專長的「經師」罷了！

教育之本：在「傳道、授業、解惑」，在「正德」、「利用」、「厚生」；值此廿一世紀資訊科技爆炸之時代，教育現況亦淪於用「過去的知識」、教導「現在的學生」、去應用到「未來的生活」，過度強調「背多分」、「隨你高興」、「速食文化」的外在效標，而不再教導學童運用「智慧」真正去「觀察」、「理解」此自然界萬事萬物「有形」、「無形」的根本妙義、旨趣，那麼學童又如何能「應用」？「分析」？甚而更近一步將之「綜合」、「評鑑」內化於個人生活

〔註503〕同註6，（晉）王弼著、（唐）陸德明釋文《老子道德經注‧第二章》，頁1～2。
〔註504〕同註6，（晉）王弼著、（唐）陸德明釋文《老子道德經注‧第十一章》，頁6。

適應之中？

（二）重視「絕學求真」

就老子〈第二十章〉所云：「絕學無憂」〔註505〕來論，經前文探討已得，老子並非「愚民教育」主張者，其只在反對當時智詐、狡辯之學，因為「為學日益，為道日損。」，〔註506〕此種妄知、虛詐的假學問，只會導致民生凋弊、戰爭頻繁與社會人心極度不安之結局；相反地，藉由「執道」、〔註507〕「保道」〔註508〕而使社會、國家復歸於淳樸、安定之生活，這才是老子內心之期盼。

對照於今日現實社會，「知識經濟」社會的來臨，「為學」成為每個人能否生存之唯一所仰，而隨著知識學問不斷幾何倍數的暴增，吾人卻無暇、也極少去反思到：此種「為學」是否反使人類離自我生命越來越遠？是否導致人類的自大驕慢以致悖離正道而逐步走向毀滅之途？吾人試觀現今台灣社會實況，在「少子化現象」日益嚴重下，致使現代兒童個個成為「天之驕子」，由於父母們不願讓心肝寶貝「輸在起跑點」，是以大家拼命賺錢、且一味盲目的將孩子送往安親班、才藝班、補習班學習；其結果是：父母們犧牲自己健康與心力，更犧牲了自己與孩子互動交心的時間，孩子在一天當中與父母講不到五分鐘的話，除了桌子上的金錢與留言，孩子、父母皆不知對方身在何處，那麼除了電視、電腦、網咖、聊天室之外，請問還有何處可以讓他找回安全感、找到歡樂的時光呢？長此以往，「為學」果真有益？吾人當深省之！

其次，再看現今資訊氾濫之事實：電視與傳播媒體，隨著科技日異的提昇，透過各種管道與途徑，隨時隨地滲透到每個人生活中，吾人每日都在接受大批訊息之刺激，是以在潛移默化中受到媒體、廣告之洗腦而不自覺，吾人之視聽受到混淆而至盲從、隨俗流轉而尚癡迷不悟，結果眾人一起追趕流行、享用名牌，拼命消耗地球物資以致造成地球物種、環境之浩劫。長此以往，此種「為學」亦果真有益？無怪乎老子亦云：「五色令人目盲；五音令人耳聾；五味令人口爽；馳騁畋獵，令人心發狂；難得之貨，令人行妨。」〔註509〕

〔註505〕同註6，（晉）王弼著、（唐）陸德明釋文《老子道德經注·第二十章》，頁11。
〔註506〕同註6，（晉）王弼著、（唐）陸德明釋文《老子道德經注·第四十八章》，頁29。
〔註507〕《道德經·第十四章》有云：「執古之道，以御今之有。能知古始，是謂道紀。」
　　　　同註6，（晉）王弼著、（唐）陸德明釋文《老子道德經注·第十四章》，頁8。
〔註508〕同註6，（晉）王弼著、（唐）陸德明釋文《老子道德經注·第十五章》，頁8。
〔註509〕同註6，（晉）王弼著、（唐）陸德明釋文《老子道德經注·第十二章》，頁6。

面對此種社會現實演進，就教育角度言之，「爲學」眞有益？抑只是「爲學日益，爲道日損」？吾人必須就此「爲學」之必然性與必要性，審愼思考一個問題：此種教育有否悖離了「道」？有否悖離吾人原始質樸之「眞」？科技發明固使吾人脫離了茹毛飮血、鑿穴而居且生命短促之原始人類生活，而則亦使現代人類喪失了本有對於自然界一切事物之感察與覺知能力。一如現代 e 化之尖端科技，人類百般諸事皆仰賴電腦運作而順遂無礙，而則一旦面臨停電或電腦當機，不僅銀行、股市停擺、醫院大排長龍、工廠作業中斷，恐怕各行各業亦均無法正常運作，此時面對接踵而來如天文數字般之各種鉅額虧損，豈仍是「科技本乎人性」？恐當非「科技宰制人性」邪？是以，老子所言「爲學日益，爲道日損。」〔註 510〕之警語，在穿越數千年時空後，仍是今日教育所當注重者。

（三）提倡「自然無爲」

老子言「道」的教育，最重要者即在以「自然無爲」之手段，讓教育回歸於「質樸眞實」的「道」中，此才是教育目的之終極呈現。而則，於老子眼中「自然」與「無爲」爲何？皆當分析探討才是。

就「自然」而言：「自然」爲老子之「道」的具體表現，亦其整個思想之最高指導原則。此「自然」一詞並非現象界中完全任物「自生自滅」之自然，而係透過輔助之功，使萬物能「自己如此」，當萬物能安穩於「自己如此」之現實狀態中，即是達到「自然而然」的具體呈現；就人類當前進化之歷程而言，人類科技不可能使之完全回復至原始自然世界中，是故老子所謂「自然」，當非一般人所謂之「原始自然」，而係回歸於一種不妄作、虛飾下「質樸眞實」之自然。

次就「無爲」言之：「無爲」係一種「有而似無」的作爲，係相應於老子「自然」之「道」所採取之手段。此亦係是整個「老子之道」動力所在，其「有而似無」中之「有」在述明「無爲」之實踐，不可能眞的毫無任何行動，〔註 511〕

〔註 510〕同註 6，（晉）王弼著、（唐）陸德明釋文《老子道德經注・第四十八章》，頁 29。

〔註 511〕就老子〈第一章〉開宗明義即言：「無、名天地之始；有、名萬物之母。故常無，欲以觀其妙；常有，欲以觀其徼。」其中「常有」、「常無」已表明老子並非要「去有」或「去無」。（第二章）：「故有無相生……萬物作焉而不辭，生而不有，爲而不恃，功成而弗居。」更提示吾人要注意事物「有、無」的相對性，以及「無爲」中仍有「作」、「生」、「爲」等動力方能成「功」。吾人試觀自然事實現象中，部分動、植物於冬眠狀態下幾乎無心跳、脈動等生命跡象可言，而則並不代表已然"死亡"，當外在條件具足時，此諸物種便會

而「似無」則進一步說明「無爲」之「爲」的特點，此即是「見素抱樸」、「虛靜恬淡」……等。吾人從老子〈第八十一章〉所云：「既以爲人己愈有，既以爲人己愈多。天之道，利而不害；聖人之道，爲而不爭」〔註512〕乙句中之「爲而不爭」即可覺知：老子所言「無爲」並非「不要作爲」，而係「不要做出違反自然的妄爲」，要順應「自然」以減少人爲妄作，以免生事擾民。〔註513〕

教育中如何實踐「自然無爲」呢？老子在〈第二十五章〉提示：「人法地，地法天，天法道，道法自然。」〔註514〕過與不及只徒落得「唯之與阿，相去幾何？」〔註515〕之下場，唯有遵循自然之天道而不妄作，才是吾人從事教育所當行之手段。在教育現場中，當因應每一位學生本質上身心狀況、智能發展之個別差異，順其自然本性加以誘導啓發，切不可放任其自生自滅或妄加無理限制，否則只有失敗一途。其次，老子言：「道常無爲而無不爲。」〔註516〕填鴨式教學只有讓學生被動而消極學習，權威式管教亦只會阻斷師生雙向溝通，反而壓抑了學生自動自發的學習與獨立思考能力，是故採行民主式的管教策略與積極正向引導式之教學方法，即是當前教育仍應確實實踐的。

（四）講求「不言之教」

「不言之教」並非不言不語，老子於〈第二章〉雖云：「聖人處無爲之事，行不言之教。」〔註517〕但亦指陳因「道」所爲「萬物作焉而不辭，生而不有，爲而不恃，功成而弗居。」〔註518〕之功，是以其功亦自然呈現「夫唯弗居，是

自然甦醒而繼續生長；是以，於特定情況下，所謂之「拒絕行動」或「沒有反應」亦仍是一種行動或作爲。同註6，（晉）王弼著、（唐）陸德明釋文《老子道德經注・第一章》，頁1。
〔註512〕同註6，（晉）王弼著、（唐）陸德明釋文《老子道德經注・第八十一章》，頁47。
〔註513〕另外，老子之所以主張「自然無爲」，王美蘭先生認爲：「我們可以說，老子的自然無爲之愛，就是一種順應個體發展的適性之愛，眞摯、誠懇而不佔有。老子因爲洞察到太有心有爲的愛所可能產生的兩種危機：一是『把愛當特權』，即是在愛的宣言下，將一切行爲合理化；二是『把愛當貸款』，以爲『付出是爲了獲得』，這樣的愛已經不純正了。因此提出自然無爲之心，讓慈愛沒有負累，更沒有扭曲。」同註215，王美蘭撰《老、孔道德思想之比較及其教育實踐》，頁90～92。
〔註514〕同註6，（晉）王弼著、（唐）陸德明釋文《老子道德經注・第二十五章》，頁14。
〔註515〕同註6，（晉）王弼著、（唐）陸德明釋文《老子道德經注・第二十章》，頁11。
〔註516〕同註6，（晉）王弼著、（唐）陸德明釋文《老子道德經注・第三十七章》，頁21。
〔註517〕同註6，（晉）王弼著、（唐）陸德明釋文《老子道德經注・第二章》，頁2。
〔註518〕同註6，（晉）王弼著、（唐）陸德明釋文《老子道德經注・第二章》，頁2。

以不去。」﹝註519﹞而老子一再提示著吾人：「多言數窮，不如守中。」、﹝註520﹞「知者不言，言者不知。」、﹝註521﹞「信言不美，美言不信。善者不辯，辯者不善。知者不博，博者不知。」﹝註522﹞等語；此皆強調了：「過多的話語，還不如做得好！說得少！」

現今教育現狀中，不論中外各國，皆已對「不言之教」探討及其深遠，所謂之「潛在課程」或「身教」、「境教」，實際就是老子所言的「不言之教」。但凡從事教育者皆深知「身教」、「境教」之功，有時遠比「言教」來得更重要也影響更大，而則現今因為大眾傳播媒體所盛行誇大、不實的報導與政治人物所帶領欺詐、謊騙的政治現實，結果不僅造成社會的動盪不安、經濟的蕭條頹廢與百姓的生計窘困外，更使新一代年輕學子學會了逃避現實、不負責任，而寧願沉浸於網路虛擬世界中作宅男、御女，如此影響之結果，豈又是數千年前之老子所樂見的！是以，不僅是教師，所有大眾媒體、公眾人物，均應當注意及「身教」、「境教」等之「潛在課程」，是給青少年學子們最好的教學示範，「多言不做」還不如「不言而做」；當所有的大人們，時時以青少年為念，一切所作所為皆以「愛」為出發點，皆以裨益其身心發展為依歸，大家在言行舉止上時時展現「愛」的熱忱與行動，而青少年們自必能耳濡目染、潛移默化而自然歸善了。

（五）擅用「去彼取此」

前節已論老子多以「去彼取此」樣貌蘊含其道德律則，以作為形上之「道」落實為吾人實踐道德行為之指標依據。諸如：去「有為」取「無為」、去「人為」取「自然」、去「盈」取「虛」、去「躁」取「靜」、去「為目」取「為腹」、去「奢、泰、甚」取「嗇、儉」、去「禮、智」取「道、德」、去「智巧」取「愚」、去「自見、自貴」取「自知、自愛」……等，此都一再顯示出老子所講求「自然無為」之道，實際皆在直指那人人本有具足：清靜、純正、誠懇、無負擔、不佔有的「心」；如果老子明示，那麼人們便只會流於形式化、認知上的概念而不去實踐，唯有採用「去彼取此」樣貌，方能使人們經由深一層的探求、覺知，而真正地去反省實踐與採取作為。

﹝註519﹞同註6，（晉）王弼著、（唐）陸德明釋文《老子道德經注・第二章》，頁2。

﹝註520﹞同註6，（晉）王弼著、（唐）陸德明釋文《老子道德經注・第五章》，頁3。

﹝註521﹞同註6，（晉）王弼著、（唐）陸德明釋文《老子道德經注・第五十六章》，頁34。

﹝註522﹞同註6，（晉）王弼著、（唐）陸德明釋文《老子道德經注・第八十一章》，頁47。

「去彼取此」之模式，實則可謂「非Ｑ即Ｐ」之邏輯推理思維，在教育領域中，諸如：語言學習、邏輯思考、自然科學控制變因實驗……等方面均可廣加應用，吾人皆可藉由「去彼取此」之應用，而得到「損惡益善」之功效。

（六）力行「反省實踐」

老子於〈第七十章〉：「吾言甚易知，甚易行。天下莫能知，莫能行。」〔註523〕揭櫫其思想係不僅「易知」而且「易行」，但可惜的是總遭人「誤解」而「窒礙難行」，是以如能力行「反省實踐」，才是眞正學到老子思想的眞髓。教育講究「即知即行」、「知行合一」，唯有眞正的力行「反省實踐」，「知識」才能成爲吾人之「智慧」。就老子力行「反省實踐」上，有下列幾項要點可資說明：

1、「致虛守靜」

老子〈第十六章〉中提出「致虛守靜」觀點，其云：

> 致虛極，守靜篤。萬物並作，吾以觀復。夫物芸芸，各復歸其根。歸根曰靜，是謂復命。復命曰常，知常曰明。不知常，妄作凶。〔註524〕

關於此點，因吾人業於前文「道的實踐功夫」中已提及，故不再贅言。在此僅重複強調二個老子的想法：

（1）惟吾人內心「致虛守靜」，能擺脫一切執著和事物之羈絆，方得使身心合一、摶氣柔和、心無雜念、感官柔靜、知曉四方之目標達成，也方能經由「復命」→「知常」而「洞明」、而感知萬物的「歸根」、「復命」，而達到對「道」的全般理解，並契入「道」之境界中。

（2）「致虛守靜」實踐工夫之目標，在個人能達成：Ａ、身、心、靈合一而不分離；Ｂ、摶氣柔和如嬰兒一般；Ｃ、洗清幽深心思中所有雜念，使之無任何瑕疵；Ｄ、五官（眼、耳、鼻、舌、身）之開合，能作到柔與寧靜；Ｅ、能通曉四方、廣達天下而無智詐。能通達此五點，亦代表其人修道業已有所成就。

吾人深知在教育上，學生學習之成效受到「環境」與「遺傳」兩大因素之影響，茲因「遺傳」所致之學生身、心狀況屬先天而無以改變者，是以教學者所當努力處，便在改變與控制外在「環境」因素，使之減少環境的不利

〔註523〕同註6，（晉）王弼著、（唐）陸德明釋文《老子道德經注・第七十章》，頁42。
〔註524〕同註6，（晉）王弼著、（唐）陸德明釋文《老子道德經注・第十六章》，頁9。

誘因，並進而使學習者藉由增加學習動機、興趣，而激發專注力、理解力，而達成有效的、長期的學習。而此種教學歷程之作為，豈不與「致虛守靜」異曲同工邪？

2、「勤而行之」

在〈第四十一章〉中老子提道：「上士聞道，勤而行之；中士聞道，若存若亡；下士聞道，大笑之。」〔註525〕老子將士人（知識份子）分為三等，認為：上等的士人（知識份子）是聽說了「道」就努力去實行的；中等的士人（知識份子）則聽了「道」而無動於衷、半信半疑；至於下等的士人（知識份子）那就根本是聽說了「道」就一笑置之而不去理會了。

淵博的知識、學問，要靠不斷地去實踐才能達成，在《論語》中孔子也一樣表示如此看法，諸如：〈學而第一‧第一章〉：「學而時習之，不亦說乎？」〔註526〕與〈里仁第四‧第二十四章〉：「君子欲訥於言，而敏於行。」〔註527〕這不也說明了學問要靠日積月累的功夫去實踐、去勤行，才會有所成就。是以吾人教育子弟，亦當注意到，學習效果的評鑑，重點並非在最後的總結性評量，而更應注意平日的形成性評量，才能真正了解到學生的所學是否真實有效。

3、「防患未然」

老子於〈第六十四章〉云：「其安易持，其未兆易謀，其脆易泮，其微易散。為之於未有，治之於未亂。」〔註528〕指出一切事物在穩定中容易維持、在尚未顯現變化跡象前容易條理、在脆弱之際容易加以消解、在微小之際容易加以打散；面對現實一切事物的變化，如果想要掌握其變化的規律，那就要有「為之於未有，治之於未亂。」這種「防患未然」的觀念。

此一話語本是老子對於事物變化的自然規律，所覺知體悟而發的；但對於教育活動而言卻也深具啓發意義。吾人在道德教育實施中，可以發覺到，對於學生良好品格、道德情操的培養，往往要特別注意觀察的學生日常生活表現，由其言行舉止、思想態度上不斷地細心考察、慎重對待與及時引導，那麼自然而能「防患未然」而使之不斷向善。

〔註525〕同註6，（晉）王弼著、（唐）陸德明釋文《老子道德經注‧第四十一章》，頁26。
〔註526〕同註431，（魏）何晏注、（宋）邢昺疏《論語‧學而第一》，頁5。
〔註527〕同註431，（魏）何晏注、（宋）邢昺疏《論語‧里仁第四》，頁38。
〔註528〕同註6，（晉）王弼著、（唐）陸德明釋文《老子道德經注‧第六十四章》，頁39。

4、「循序漸進」

老子〈第六十三章〉云：「圖難於其易，爲大於其細。天下難事，必作於易；天下大事，必作於細。」〔註529〕〈第六十四章〉又云：「合抱之木，生於毫末；九層之臺，起於累土；千里之行，始於足下。」〔註530〕他認爲事物的難和易是互相轉化的：只要能把握好時機，在事物還容易的時候著手、從細微處作規劃，那麼難事、大事皆可成爲易事、小事；相對的，如未能掌握契機、循序而進，恐怕就只有易事、小事成爲難事、大事的結局。

這說明了凡事均應由容易、細小之事著手，若以耐心、毅力持之以恆，則必能竟其功；所謂「萬丈高樓由地起」，即是說明此一道理。此一原則應用於教育上，也指出了所有的教育成就，都必須遵守此一由大處著眼、小處著手，腳踏實地、依序向前的根本原則；如果只圖方便急就而操之過急、而不按部就班，那麼就只有落得偃苗助長而一事無成的下場。

（七）注重「師生關係」

「師生關係」係近年教育研究始闡揚之實務重點，然其部份要義已於老子《道德經》中有所陳述，今探討如下：

1、「吾亦信之」

成爲一個現代專業、敬業教師的最根本條件，在於教師必須具有「教育愛」，否則一切皆是空談。在老子眼中，「聖人」是當時先民社會唯一可以同時兼負政教合一大任的領導者，是君王、也是教師，轄下的臣民就是他的弟子、學生，是以對聖人品德的要求也無異是對所有教師的要求。在此吾人僅就老子所要求聖人之「愛」，來探討「教育愛」。

老子在〈第四十九章〉如是云：

> 聖人無常心，以百姓心爲心。善者吾善之，不善者吾亦善之，德善。
>
> 信者吾信之，不信者吾亦信之，德信。聖人在天下，歙歙爲天下渾
>
> 其心。聖人皆孩之。〔註531〕

他認爲理想的統政者，自己不要有私心、私意、私情，而要以百姓的心爲心。並且不論是善者或不善者，都一體善待；不論是信者或不信者，都一體信任。

〔註529〕同註6，（晉）王弼著、（唐）陸德明釋文《老子道德經注·第六十三章》，頁38。

〔註530〕同註6，（晉）王弼著、（唐）陸德明釋文《老子道德經注·第六十四章》，頁39。

〔註531〕同註6，（晉）王弼著、（唐）陸德明釋文《老子道德經注·第四十九章》，頁30。

所有臣民皆一視同仁，把百姓都當作嬰孩般純眞對待。〔註532〕就因對善良的人，我善待他；對不善良的人，我也善待他；那麼，就可以使人人皆向善。也因對守信的人，我信任他；對不守信的人，我也信任他；那麼，可以使人人皆守信。如此，自然民風向善而淳厚了

　　身爲一個教師，教育所有學生亦當如是。對於所有我們教育的對象，不因其個人道德、行爲表現而加以區別、標示，更不可將教師個人的好惡喜怒加以投射在任一個學生身上。如同老子〈第二十七章〉所強調：「聖人常善救人，故無棄人；常善救物，故無棄物。」教師全般信任所有學生，不僅信任自己所喜愛的學生，也信任自己所不喜歡的學生，那麼相信每個學生都能成爲可以信賴的學生，相對地，所有學生也才會信賴這位教師；如果每位教師堅持此一樂觀態度，堅信每個學生都可以經由教育愛而由壞變好的積極向善，那麼自然而然就會因爲師生間的相互信賴與支持鼓勵，而讓每位學生經由教育的歷程，達到人盡其才、遷惡向善的目標，如此不就是整個國際社會一片要求教育改革的眞正目標所在嗎？

　　2、「貴師、愛師」

　　我們所要學習的對象，當然以老師爲主，而老子認爲所謂的「老師」不僅僅是狹隘的指稱在學校中從事教學工作的那群人，因爲所有的一切人、事、物，都是我們所要學習的對象，而當然也都是我們的老師。學生如何對待老師，在老子〈第二十七章〉中也提到：「善人者，不善人之師；不善人者，善人之資。不貴其師，不愛其資，雖智大迷。」〔註533〕其意是說：善人可以做不善人的老師，不善人可以做善人的借鑒；如果不珍貴老師、不愛惜借鑒，那麼這種人雖有智巧自以爲聰明，其實是個大迷糊。

　　這是個智慧的講法，就教育的角度來看，顯示老子不僅重視教師的角色，也強調「貴師」、「愛師」的重要性。凡天下事物一皆有正反兩面，端視吾人如何去看待它，正面固然有益，但無反面的借鑒又豈能領會到正面的妙要在何處？是以學習不僅要向好人學習，還要向不好的人學習；向好人學習，才能平坦順利成功，也因向不好的人學習，吸取其教訓、引之爲借鏡，那麼自己就不會犯下同樣的錯誤了。這也就是老子主張「貴師」、「愛師」的智慧所在，唐明皇以

〔註532〕此處解釋採用劉福增先生釋著。同註 82，劉福增編著《老子精讀》，頁 159〜161。

〔註533〕同註6，（晉）王弼著、（唐）陸德明釋文《老子道德經注・第二十七章》，頁 16。

古爲鏡、以人爲鏡，爲唐朝開啓了太平盛世，不就是由「貴師」、「愛師」所得到了。而《論語・述而第七・第二十一章》中孔子所說：「三人行，必有我師焉。擇其善者而從之；其不善者而改之。」〔註534〕不也是這個智慧道理？

（八）闡揚「生活三寶」

在前文討論老子《道德經》之教育內容中，吾人論及老子在生活知能上，主張人人保持「慈」（慈愛）、「儉」（儉省）及「不敢爲天下先」（謙讓）等「生活三寶」。〔註535〕這「生活三寶」係老子在目睹整個社會不安、民生凋弊現象中，以虛靜、清明的心，去領悟到的智慧箴言。依循前文探討中對老子思想的了解，此三寶在意義上：所謂之「慈」不僅限於人倫之慈，也包含了對宇宙萬事萬物「無私無我」、「自然無爲」般眞摯、誠懇且不扭曲、不佔有的「大愛」；所謂之「儉」不僅在「儉省」、在「少思寡欲」，更是吾人對自己涵養德行之眞正力行實踐的功夫；所謂之「讓」也當然不只在「柔弱不爭」，更是主體之自我對外在情境之人、事、物所表現之謙卑胸懷。

吾人就人我關係上更具體地來說：老子所主張的三寶，「儉」德在於自我的身體力行實踐，「讓」德則是自我面對外界情境時所表現柔性禮讓的行爲，而「慈」德則是發乎內心而積極主動對外在萬事萬物的眞誠關愛。在此，不禁使人聯想到《大學》所揭櫫「修、齊、治、平」〔註536〕主張，與《論語》所謂「推己及人」的「忠恕之道」〔註537〕精神，豈非不謀而合。

教育成敗之關鍵，在於「教育愛」，也就是「無我無私」、「自然無爲」的愛，透過力行實踐老子「慈、儉、讓」生活三寶的功夫，使學生在潛移默化中受教師高尚品德的薰陶影響，學生的道德品行必能在充滿教育愛的環境中得到陶冶，在眞摯、誠懇不佔有、不扭曲的生活中時時滋長向善，沒有繁瑣規章制度與空洞說教來束縛那天眞、自由、活潑的本性，那麼這種教育制度

〔註534〕同註431，（魏）何晏注、（宋）邢昺疏《論語・述而第七》，頁63。

〔註535〕因《道德經・第六十七章》云：「我有三寶，持而保之：一曰慈，二曰儉，三曰不敢爲天下先。慈故能勇，儉故能廣，不敢爲天下先，故能成器長。」是故吾人可知，老子在生活知能上主張人人保持「慈」（慈愛）、「儉」（儉省）及「不敢爲天下先」（謙讓）等「生活三寶」，同註6，（晉）王弼著、（唐）陸德明釋文《老子道德經注・第六十七章》，頁41。

〔註536〕同註3，（宋）朱熹註《四書集注・大學》，頁8～9。

〔註537〕《論語・里仁第四・第十五章》有載：「子曰：『參乎！吾道一以貫之。』曾子曰：『唯。』子出，門人問曰：『何謂也？』曾子曰：『夫子之道，忠恕而已矣！』」，同註431，（魏）何晏注、（宋）邢昺疏《論語・里仁第四》，頁37

必能帶領學生走向至善，必能培育出真正安邦定國的優異人才。

第五節　本章小結：老子《道德經》教育思想概觀

對於老子《道德經》全書所蘊含之教育思想，藉由教育意義、教育目的、教育方法、教育內容等四小節之探討，當可大略知其梗概，今吾人仍試就此四項簡略歸納，以求提綱挈領之功。

一、老子《道德經》之教育意義

（一）老子並非「反智」、「反教育」

因老子《道德經》所主張之「絕聖棄智」與「無為」，故常為一般學者誤解為「反智」、「反教育」，今透由對《道德經》全部篇章之論析，了解實則並非如此，其因如下：

1、就「反智」而言：一般人認為老子的「絕聖棄智」含「反智的」觀點，這是錯誤的看法。老子所反對的只是「多智巧詐」的「智詐」。

2、就「知」而言：老子對於「知道」、「知識」、「了解」、「知足」……等並未抱持否定的態度，他不全面反對「知」。

3、就「學」而言：同樣的，一般人認為老子的「絕學無憂」是「反教育的」論點也是錯誤。他雖然反對某些「學」，但並非全面的學，也贊成某些「學」的。

4、吾人就整個《道德經》篇章來看，老子不反「德」、不反「知」、不反「學」，因此「不反」，即蘊含「積極肯定」與主張，故而老子根本不反「教育」。

（二）老子「正言若反」之教育理念

老子並非要完全的"絕""棄"掉「智」與「學」，其反而意圖透過"絕""棄"來告訴人們真正的「智」、真正的「學」為何？此種採取之方式即是「正言若反」的辯證。今略述其要點於下：

1、老子了解到：人們藉由認知主體、被認知客體及主、客體間所生之關聯等三要素，來認知此一世界。

2、他更進一步觀察到，感官認知並不完全可靠，是以藉助「正言若反」的辯證方法來突破。

3、「正言若反」係藉由「反言」而使認知之主體覺知「正言」之所在，故認知不再陷於獨斷、二分與對立矛盾中，能更積極之抽離、超越進而化解

兩者所存在之對立性格，而達到全盤地、一體地相互融攝了解，更能達到至真、至善的境界中。

　　4、「正言若反」之表達詞句，包含「不必然的型態命題」、「否定命題」與「相對法」……等諸類；其所使用之大量否定語言用詞形式，並非單一的形式、二元性對立思維即可全部概括說明。這提示吾人惟由工夫的實踐著手，方有契入「正言若反」之超越思維境界之可能。

　　5、老子之教育理念亦藉「正言若反」之辯證方式表現之，透由《道德經》字裡行間所表現，時刻提醒世人不要過度執著於「教育為何？」「仁義道德為何？」，而應真正回歸於「如何」來實踐教育理念、目標，讓教育能發揮其最大功效。

二、老子《道德經》之教育目的

　　教育目的在探討「用什麼」來教育出「何種人」和「何種結果」；故本處先探討老子《道德經》思想體系中心所在之「老子之『道』的教育哲理」，其次接著論析「老子《道德經》中理想之人格」，最後則以「老子《道德經》中理想之國家」為最後主題。

（一）老子之「道」中之教育哲理

　　藉由老子《道德經》書中兼論「道」與「人」之篇章探尋，吾人得到其教育哲理之重點如下：

　　1、「道」為萬物之本源，且為人、天地、萬物之楷模，惟有除去人類之妄作，才能回歸於天地萬物之源、回歸於道。

　　2、老子雖認同「人」異於萬物而居四大之一，但「人之道」畢竟仍有缺損，故人之修道當取法且依循「道」之規律指標才是。

　　3、修道之實踐工夫在「致虛守靜」，要想擺脫一切執著和事物之羈絆，惟有透由「致虛守靜」方得達成身心合一、摶氣柔和、心無雜念、感官柔靜、知曉四方等目標，也方能經由「復命」、而「知常」、而「洞明」，最後契入「道」之境界中。

（二）老子《道德經》中理想之人格

　　在老子《道德經》中，以「聖人」為其心目中最理想之人格。其要點如下：

　　1、聖人之內在修為德行標準計有：無為、無私、無欲、守道、沖虛、素

樸、持重、守靜、善救人、善救物、不自是、不自炫、不莽勇、去甚、去奢、去泰、與人而不取人、方而不割、廉而不劌、直而不肆、光而不耀……等。

2、聖人之外在治國德行標準計有：「無為之治」、「無我無私」、「不好高騖大」、「謙沖為懷」、「受國垢辱」……等諸德行。

3、一切內、外德行，皆與老子之「道」的諸性格不謀而合；是以對老子而言，教育之理想人格培養的真正目的，當在使人回歸於「自然無為」的老子之「道」中。

4、老子使用「嬰兒」一詞，並非要人真正身形回歸「嬰兒」之狀態，而係藉嬰兒以形容、補充「道」之純真、無邪、質樸等性格；其心目中理想人格仍在「聖人」中。

（三）老子《道德經》中理想之國家

老子《道德經》書中理想國家的重要概念如下：

1、老子強調「大、小國都要謙下靜柔」且「大國更要謙下於小國」，並未強調「小國比大國要來得更好」等語。

2、「小國寡民」之場景，只意味著老子期望人們回到「簡單」、「樸實」的「道」的生活，是以「小國寡民」並非老子所主張的理想國度！

3、老子重視「以道治天下」，不論大、小國一皆以「道」來治理，而非「背道而馳」；是以老子心中真正的理想國度，乃是「聖人」依「老子的道」所治理的國度。

三、老子《道德經》之教育內容

老子原本無所謂「一定要教育什麼人」，或「一定要教育什麼內容、方法」之主張；因此僅依循現代課程教育之五種重點方向，略為探析老子所隱而未現之教育內容。

（一）生存的知能

「生存的知能」主在探析文中相關於身心健康、以及種族延續的所需的各種知識和能力。老子《道德經》提示吾人如下：

1、「柔弱勝剛強」：「堅強」並非無敵，由於其彰顯外溢，往往自暴其短而無法持久；「柔弱」者由於含藏內斂，更富生命之韌性，是以老子視之為久存處世之道。

2、「反非智」、「反非學」：老子反對人偽造假、巧詐奸惡之「知」與「學」，教育重在力行實踐而不執著，「身教」勝於「言教」是最要之道。

3、「無爭故無尤」：事物之有無、難易、美醜……等皆是人類主觀認知之慾念，除了相續不斷煩惱、爭奪外，又有什麼？惟有無為、無爭方能保其不去而無尤。

（二）生活之知能

「生活知能」主要包括食、衣、住、行、育、樂與謀生（職業）等方面之技能，目的在提昇生活之品質，此中老子提示下列四點：

1、「見素抱樸，少私寡欲」：物質生活的優渥不僅使人奢華、浪費，更導致百病、心靈空虛、匱乏；唯有「少私寡欲」方能回歸自然、尋回本心且長視久生。

2、「為腹不為目，去彼取此」：過度放縱「慾望」，只會讓心靈向外馳逐而永無休止，甚而發狂取死；唯有「知足」方能回歸自我心靈深處，安寧、長樂且長生。

3、「吾之有大患，為吾有身」：人之憂患乃因血肉之軀受到外在環境誘惑，而引起無止之慾望與連綿不絕之苦；面對誘惑如能「去甚、去奢、去泰」、「知足」且「知止」，便能控制欲望而不為所制，進而免諸煩惱、斷除大患。

4、「我有三寶，持而保之」：當人人具足對萬物無私無我之「慈」、對自我刻苦要求之「儉」與對萬物謙卑胸懷之「讓」且力行不輟此三寶時，那麼再大的災難來臨都能勇而無懼。

（三）道德及精神修養的理念和方法

「道德及精神修養的理念和方法」之探討，係用以成就教育內容「求善」、「求美」之向度；老子《道德經》提示吾人如下四重點：

1、「致虛守靜」：人惟有常保虛靜境界，才能開闊心靈、廣納眾理，進而取捨、領悟，方能層由「明心」、「復性」而最後達至與萬物合一的「洞明」之境。

2、「涵養水德」：上善者若水一般，能滋養萬物而不爭，居眾人所惡而卑下，故不招任何怨尤與過患。人當扮好自己角色，各盡其責而不計較，才是社會生生不息的安定力量。

3、「報怨以德」：真正的善，在保有自然之和諧；解怨的根本在於無怨，而非大怨已生再求和解。一如嬰兒般無心的天真，不執著於分別、比較，就

不知感恩、報怨，自然無怨。

　　4、「去彼取此」：道德實踐的真正重點不在「是什麼？」而在「如何做？」德行不該停滯於形式化的認知，而要經深一層的探求、覺知，並真正地反省、實踐道德於真實生活中才是至善。是以「去彼取此」不僅直指人人那本有具足：清靜、純正、誠懇、無負擔、不佔有的「心」，更在回歸「自然無為」之道。

（四）社會服務的正確觀念和做法

　　道德修養重點在於個人「修身、齊家」層次，而「社會服務之觀念與做法」則偏重在教導吾人如何「治國、平天下」；就老子心中的理想，吾人探析出下列三要點：

　　1、「聖人不仁」：理想的政治領導者並非「麻木不仁」，而係無一己之私、以百姓之心為其心，能擔當國家重責大任、且謙沖為懷；以「道」來治理天下、講求「無為而治」，所以真正實踐了「無為而無所不為」的治國理想。

　　2、「大國下流」：老子期望聖人以「道」治理國家，使國與國間「謙下」相待，當國與國、人與鬼、聖人與百姓間皆自然而然兩不相傷害時，世界即充滿了和平，百姓便不會再過顛沛流離的日子。

　　3、「天下有道」：人的「有為」與「操持」只有導致國家「敗亡」、天下永無太平；唯有聖人以「道」治國，國與國間以「道德」相待，才有「卻走馬以糞」的太平景象。

（五）合理的人生觀與世界觀

　　人之特異處在於具理性思考與反省能力，故能在時、空限制中探尋出人生、世界之真相與存在之諸義，最後更建立出能和諧共存之人生觀、世界觀而逐步實踐於現實生活中。老子《道德經》中所含攝之人生觀、世界觀於下：

　　1、人生觀：老子所器重之「人」為一「善為道者」，惟具有：（1）超越時空境界之「太空人」；（2）回復本性最真之「真人」；（3）陰柔、內斂而不光燿之「月亮人」；（4）獨特超俗而不為名利所桎梏之「心靈自由人」；上等四種特質者方是老子心中的「善為道者」，而此亦構成其人生觀的特質。

　　2、世界觀：《道德經》全書中雖未見任何「世界」或「宇宙」詞句，但仍蘊含豐富之世界觀。其世界觀由其道觀、天地觀、萬物觀與人間觀所組合成，道、天地、萬物、人間皆屬一個宇宙中，且全部依「道」的原理在生成。唯一特殊的是，老子的「人」在其「世界觀」中顯然並非完美，且仍有極大

空隙而未言明出。

四、老子《道德經》之教育方法

教育方法之探析，當先討論其所依據之教育原則，方能再論其教育方法；據此，吾人所了解老子《道德經》之教育方法內涵如下：

（一）老子《道德經》之教育原則

老子《道德經》深具教育義涵，其所符應之教育原則如下八種：

1、準備原則：老子在〈第一章〉開宗明義所云：「道可道，非常道。」〔註538〕即言明其整個教育思想體系中心皆在其「道」字中，所有一切教育意義、目的、內容甚而教育方法等，一皆以「道」為中心而次第展開。

2、類化原則：老子以「正言若反」辯證方式提示其道德律則，其語句形式多以：（1）道是（怎樣怎樣），（所以）人，尤其是聖人「應該」是（怎樣怎樣）；（2）人（一般）是（怎樣）（不好的性格），（所以）人，尤其是聖人，「應該」不（不去怎樣）或「應該」（對治性格的改正）。此即屬之類化原則。

3、興趣原則：老子透由「正言若反」之超越思維，引發世人研究之興趣，要窮盡、透析老子之「道」，惟由不斷力行實踐的，方有契入超越主體境界之可能。

4、自動原則：老子所申明：「吾言甚易知，甚易行。天下莫能知，莫能行。」〔註539〕即指出自動學習原則重點在能夠主動與積極的學習，方能達成教育持久改變之成效。

5、個別適應原則：老子言：「物或行或隨，或歔或吹，或強或羸，或挫或隳。」〔註540〕萬物之態勢不一，各具其差異性與獨特性，唯「行不言之教。」〔註541〕方是「因材施教」之良方。

6、社會化原則：老子之「道」具「挫其銳，解其紛，和其光，同其塵。」〔註542〕特性，人常保赤子之心，且力行不輟三寶（慈、儉、讓），便能與萬物和諧生長而共榮共存。

〔註538〕同註6，（晉）王弼著、（唐）陸德明釋文《老子道德經注・第一章》，頁1。
〔註539〕同註6，（晉）王弼著、（唐）陸德明釋文《老子道德經注・第七十章》，頁42。
〔註540〕同註6，（晉）王弼著、（唐）陸德明釋文《老子道德經注・第二十九章》，頁17。
〔註541〕同註6，（晉）王弼著、（唐）陸德明釋文《老子道德經注・第二章》，頁2。
〔註542〕同註6，（晉）王弼著、（唐）陸德明釋文《老子道德經注・第四章》，頁3。

7、熟練原則：老子強調「慎終如始」〔註 543〕與「學不學，復眾人之所過。」〔註 544〕之看法，唯有不斷在生活情境中力行「觀察、思惟與實踐」，方能真正的成「道」、得「道」。

8、同時學習原則：老子提示「有之以為利，無之以為用。」〔註 545〕此表示「利」是「有限的用」，而「用」是「無限的用」。學習不僅只有學到有限地單純之知識、技能，教師的潛移默化中亦影響學生態度、理想、興趣與價值等的學習。

（二）老子《道德經》之教育方法

老子《道德經》中符應「最經濟」、「最大目標」與「最小不良副作用」等三要件之教育方法，概有八項：

1、強調「正反相成」：正、反兩面係相輔相成，相依相隨而缺一不可，包含教育在內所有一切學問、道理，皆須注意到有無、正反兩面之成效。課程教材、教法上，更需順應時空之變化作「因、革、損、益」之調整，非以「一成不變」之模式來「框架住」學生之學習歷程與成果。

2、重視「絕學求真」：妄知、虛詐的假學問，只會導致民生凋弊、戰爭頻繁與社會人心極度不安之結局；惟有執道、保道才能使社會、國家復歸於淳樸、安定之生活。「為學」真有益？抑只是「為學日益，為道日損」？吾人必須就此「為學」之必然性與必要性，審慎思考一個問題：如果教育的「為學」悖離了「道」、悖離了原始質樸的「真」，那就只是「為學日益，為道日損」！

3、提倡「自然無為」：以「自然無為」之手段，讓教育回歸於「質樸真實」的「道」中，才是教育的終極呈現。遵循自然之天道而不妄作，因應每一位學生身心狀況、智能發展之個別差異，順其自然本性加以誘導啟發，不放任其自生自滅或妄加無理限制，才是教育之最要。

4、講求「不言之教」：過多的話語，還不如做得好！說得少！「潛在課程」中之「身教」、「境教」即是「不言之教」，其效益上遠比「言教」來得更重要也影響更大。一切教育作為皆以「愛」為出發點，以裨益其身心發展為依歸，在言行舉止上，時時展現「愛」的熱忱與行動，學生們必能耳濡目然、潛移默化而自然歸善。

〔註 543〕同註 6，（晉）王弼著、（唐）陸德明釋文《老子道德經注‧第六十四章》，頁 39。
〔註 544〕同註 6，（晉）王弼著、（唐）陸德明釋文《老子道德經注‧第六十四章》，頁 39。
〔註 545〕同註 6，（晉）王弼著、（唐）陸德明釋文《老子道德經注‧第十一章》，頁 6。

5、擅用「去彼取此」：如果德行只流於形式、認知的概念而不去實踐便只是空談，唯有經過深一層的探求、覺知，才會眞正地去反省實踐與採取作爲。「非Q即P」之邏輯推理思維，在教育領域諸多方面均可廣加應用，吾人皆可藉由「去彼取此」之應用，而得到「損惡益善」之功效。

6、力行「反省實踐」：教育講究「即知即行」、「知行合一」，唯有眞正的力行「反省實踐」，「知識」才能成爲吾人之「智慧」。老子的力行「反省實踐」上，有下列幾項要點：

（1）「致虛守靜」：改變與控制外在「環境」因素，減少學習環境的不利誘因，進而增加學習動機、興趣，激發專注力、理解力，而達成有效的、長期的學習，此種教學歷程作爲，即是與「致虛守靜」異曲同工。

（2）「勤而行之」：學問要靠日積月纍的實踐、勤行，才會有所成就。學習效果的評鑑，平日的形成性評量遠比最後的總結性評量重要，如此才能眞正了解學生所學是否眞實有效。

（3）「防患未然」：要培養學生良好品格、道德情操，就要隨時注意觀察學生日常生活表現之言行舉止與思想態度，經由不斷細心考察、愼重對待與及時引導，自然能「防患未然」而使之不斷向善。

（4）「循序漸進」：事物的難和易是互相轉化的，凡事從容易、細小之事著手，以耐心、毅力持之以恒，則必能竟其功；只圖方便而操之過急、又不按部就班，就只有落得偃苗助長而一事無成。

7、注重「師生關係」：近年教育研究始闡揚「師生關係」之實務重點，然其部份要義已於《道德經》中有所陳述：

（1）「吾亦信之」：教師如無「教育愛」，其所謂專業、敬業皆是空談。當教師全般信任、公平對待所有學生，那麼所有學生也會全般信賴教師，如此所有學生都因教育愛而積極向善，便能達到人盡其才、遷惡向善的教育目標。

（2）「貴師、愛師」：學習不僅要向好人學習，還要向不好的人學習；向好人學習其成功關鍵所在，向不好的人學習、了解其錯誤所在，吸取其教訓、並引之爲借鑒，便不會重蹈覆轍。如果不珍貴老師、不愛惜借鑒，那麼這種人雖有智巧自以爲聰明，其實是個大迷糊，而這也就是老子主張「貴師」、「愛師」的智慧所在。

8、闡揚「生活三寶」：透過力行實踐老子「慈、儉、讓」生活三寶的功

夫，使學生在潛移默化中受到薰陶影響，學生道德品行在教育愛中得到陶冶、在眞摯誠懇中得到滋長、在自由天眞中活潑充分發展他們的至善，那麼必能培育出安邦定國的優異人才。

綜合老子《道德經》全書所蘊含之教育意義、教育目的、教育內容、教育方法等項探討結論，吾人彙整老子《道德經》教育思想體系概要如下表：

表四：老子《道德經》教育思想體系概要

主題	要　項	重　點　內　涵
教育意義	一、老子並非「反智」、「反教育」	1. 反對「多智巧詐」的「智詐」。 2. 不全面反對「知」。 3. 非反對全面的「學」，也贊成某些「學」。 4. 不反「德」、「知」、「學」，即含「積極肯定」與主張，是以老子根本不反「教育」。
	二、老子「正言若反」之教育理念	1. 老子了解人們認知世界、主體、客體、關聯三要素。 2. 感官認知並不完全可靠，認知活動等會受到限制，是以藉助「正言若反」辯證方法來突破。 3. 「正言若反」藉由「反言」使主體覺知「正言」所在，認知不再獨斷、二分與對立矛盾，能更積極抽離、超越、化解存在之對立性格，達到全盤相互融攝了解，更契入終極實相境界中。 4. 「正言若反」之表達永無法全部概括說明。惟由工夫實踐著手，方有契入「正言若反」超越思維境界可能。 5. 老子教育理念亦藉「正言若反」辯證方式表現，透由「絕聖而後聖功存，棄仁而後仁德厚」之眞意，提醒世人眞正回歸於「如何」來實踐教育。
教育目的	一、「道」中之教育哲理	1. 「道」爲萬物之本源，且爲人、天地、萬物之楷模，要除去人類之妄作，才能回歸於道。 2. 「人」雖異於萬物而居四大，但「人之道」仍有缺損。 3. 修道之實踐工夫在「致虛守靜」，惟有「致虛守靜」方能「復命」、「知常」、而「洞明」，最後契入「道」中。
	二、理想之人格——「聖人」	1. 聖人內在修爲標準有：無爲、無私、無欲、守道、沖虛、素樸、……等諸德行。 2. 聖人外在治國標準有：無爲之治、無我無私、不好高鶩大、謙沖爲懷、受國垢辱……等諸德行。 3. 老子教育理想人格培養的眞正目的，在使人回歸於「自然無爲」的老子之「道」中。 4. 老子藉嬰兒以形容、補充「道」之純眞、無邪、質樸等性格；其心目中理想人格仍在「聖人」中。